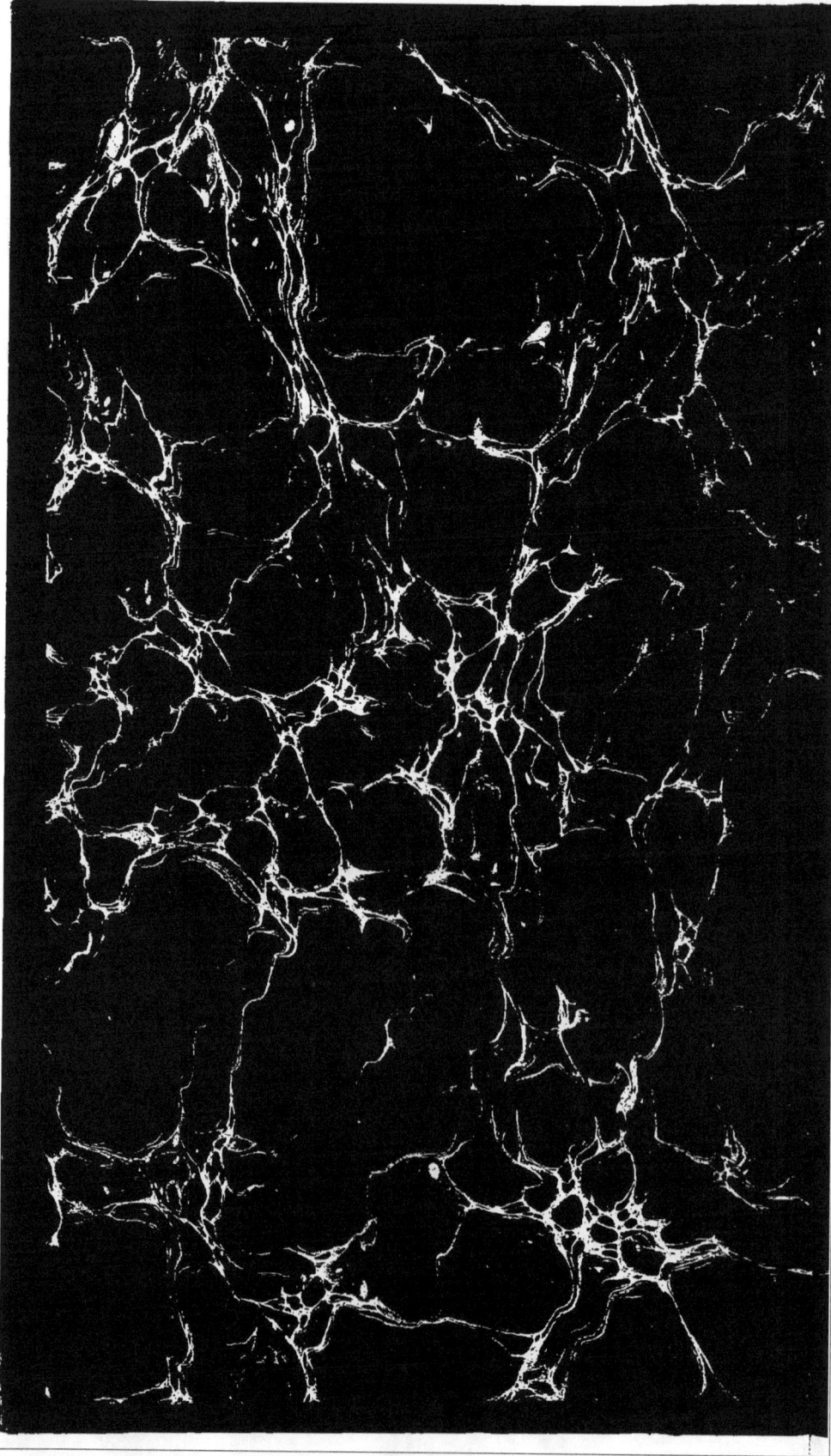

MÉMOIRES
SUR LA
REINE HORTENSE
ET LA FAMILLE IMPÉRIALE.

III

Impr. de E. Dépée, à Sceaux.

MÉMOIRES
SUR LA
REINE HORTENSE
ET LA FAMILLE IMPÉRIALE
PAR
MADEMOISELLE COCHELET,
Lectrice de la Reine.

(Madame Parquin.)

TOME TROISIÈME.

Deuxième Édition.

PARIS,
LADVOCAT, LIBRAIRE-ÉDITEUR.

1842

MÉMOIRES

SUR LA

REINE HORTENSE

ET LA

FAMILLE IMPÉRIALE

I.

Retour de l'Empereur. — Ses caresses à ses neveux. — Enthousiasme et acclamations. — Le régiment de Labédoyère. — Entrevue du duc de Vicence et de Boutikim. — Alliance secrète contre la Russie. — Papiers trouvés aux Tuileries. — Départ des ambassadeurs. — Politique de Napoléon. — Bouderie du faubourg Saint-Germain. — Tristes prévisions. — La Reine écrit à l'Empereur de Russie. — L'Anglais détrompé et les fusillades sur le Carrousel. — Lord Kinaird court après Napoléon. — Lettre d'Hortense à l'impératrice Marie-Louise. — Labédoyère est le héros du jour. — Sa conduite à Chambers. — Sa conversation avec l'Empereur. — L'enfant qui ressemble à son père.

Me voici à cette époque de 1815, si grande, si brillante et si désolante à la fois, qui confond la pensée par l'immensité des faits et par la rapidité avec laquelle ils s'entassent dans un si court espace de temps. Comment se rendre compte en un même jour de cette arrivée miraculeuse de Napoléon, et de la disparition du pouvoir de la veille, si ce n'est par le prestigieux ascendant du génie du plus grand homme qui ait existé? Rien ne saurait peindre l'enthousiasme qu'il inspirait : c'était de l'ivresse, du délire....

Le lendemain de l'arrivée de l'Empereur, la Reine se rendit de bonne heure aux Tuileries; elle y conduisit ses deux fils, qui étaient fort empressés de revoir leur oncle. Ils en furent accueillis avec tendresse, il les caressa beaucoup et les garda longtemps; il semblait qu'il voulût reporter sur ces deux jeunes têtes l'affection qu'il ne pouvait plus témoigner au fils dont il était privé. Il les montrait avec orgueil au peuple qui se pressait sous ses fenêtres, et ils assistèrent à la parade, ce qui fut pour eux une grande fête.

Libre de ma matinée par l'absence de la Reine, je l'employai à parcourir les promenades : j'éprouvais une agitation qui ne m'aurait pas permis de rester en place; j'avais besoin de donner l'essor à ma joie, en la mêlant à celle de toute une grande cité. La foule était telle aux abords des Tuileries, que c'était presque au péril de sa vie que l'on pouvait tenter d'y pénétrer; et pourtant chacun voulait y arriver à son tour, pour joindre ses acclamations à celles qui retentissaient de toutes parts. Le régiment de Labédoyère et le bataillon de la garde impériale qui revenait de l'île d'Elbe avaient bivouaqué sur la place du Carrousel. Tout le monde voulait les voir et leur donner la main, et c'était avec une vive émotion que l'on reconnaissait les mâles visages des vieux soldats d'Austerlitz, brunis par le soleil du midi. Ils étaient venus à marches forcées, et avaient fait dix-sept lieues le dernier jour, pour arriver en même temps que l'Empereur, ce qui n'avait pas été possible, quoiqu'ils eussent profité de bateaux pour descendre le canal d'Auxerre; mais la course de l'Empereur avait été si rapide que c'était plutôt un triomphe préparé par l'amour du peuple qui se précipitait au-devant de lui, qu'une conquête qu'il venait faire. Il n'avait rencontré d'obstacle nulle part, et partout il s'était recruté de toutes les troupes qu'il avait trouvées sur sa route, et il pouvait sans risque laisser en arrière celles qui, ayant été envoyées pour le combattre, se donnaient à lui. C'est pourquoi il se présentait partout seul de sa personne.

La foule encombrait non-seulement le jardin et la cour des Tuileries, mais toutes les rues adjacentes, et, selon une expression populaire, on aurait pu dire qu'une épingle n'y aurait pas trouvé place. Les fenêtres de toutes les maisons donnant sur le Carrousel étaient garnies de femmes élégantes qui se disputaient la nouveauté d'un pareil spectacle.

Pour bien comprendre le découragement du parti des Bourbons et l'enthousiasme qu'inspirait alors l'Empereur, il faut se rappeler toute la témérité et le merveilleux de son entreprise; et l'on avouera qu'il y avait bien de quoi surprendre et exalter. Aussi chacun disait-il : « Voilà notre Empereur; il » est plus grand que jamais, et rien ne sau- » rait dorénavant ni l'abattre ni nous l'enle- » ver; » et les cris de vive l'Empereur redoublaient.

Vers six heures du soir, je rentrai chez moi accablée de fatigue, et comptant y rester seule pour mieux me reposer. Peu de moments après je fus étonnée de voir entrer le duc de Vicence. « Je désire causer avec » Boutikim, me dit-il, et comme je tiens à » ce que personne n'en soit instruit, je lui ai » fait dire de venir chez vous; me pardonne-

» rez-vous, mademoiselle Cochelet, d'avoir
» ainsi compté sur votre obligeance? mais j'ai
» pensé que vous me rendriez volontiers ce
» service. » Il achevait à peine ces mots, que
Boutikim arriva : je le saluai et les laissai
seuls.

J'ai su depuis que le duc de Vicence avait
montré au chargé d'affaires de l'empereur de
Russie des papiers trouvés aux Tuileries chez
le comte de Blacas, auquel la précipitation de
son départ n'avait pas laissé le temps de penser
à les emporter ou à les détruire. C'était un
traité, une alliance conclue entre la France,
l'Autriche et l'Angleterre contre la Russie,
lorsque l'apparition de l'Empereur était venue
bouleverser tous les projets hostiles et les
tourner contre lui. Après le départ du duc,
Boutikim resta encore quelques instants
avec moi. Il me demanda mes commissions et
celles de la Reine pour l'empereur Alexandre
qu'il allait rejoindre. Il partait le surlendemain : on avait donné les passe-ports à tous les
ambassadeurs, qui étaient très-contents d'être
libres et d'en être quittes pour la peur, mais
qui ne pardonnaient pas aux Bourbons de les
avoir laissés dans cet embarras. C'était peut-
être un acte politique de l'Empereur de favo-

riser ainsi leur éloignement : chacun pouvait rapporter à son souverain le détail de ce qui venait de se passer sous ses yeux.

Boutikim revint le lendemain prendre une lettre pour l'empereur Alexandre : quand il me quitta je lui dis : « Vous voyez l'enthou-
» siasme qui ramène l'empereur Napoléon ;
» vous avez été à même de juger que personne
» n'a pu contribuer à son retour ; que c'est
» l'influence de la gloire sur des cœurs français
» et l'amour du peuple et de l'armée qui a
» tout fait. »

« — Certainement, me répondit Bouti-
» kim, je suis convaincu, malgré tous les ca-
» quets que je suis venu si souvent vous rap-
» porter sur la Reine, que ni sa majesté, ni
» quelque intrigue que ce soit, ne pouvaient
» amener rien de pareil en résultat. Mais,
» malgré l'enthousiasme réel dont je suis té-
» moin, il n'y a pourtant pas l'unanimité dont
» vous me parlez : allez de l'autre côté du
» pont Royal, voyez le faubourg Saint-Ger-
» main, tout y est triste, morne et en deuil ;
» les brillants équipages ont disparu, et Paris
» devra souffrir de cette absence du luxe et
» du mouvement de toutes les grandes fortu-
» nes territoriales de France. Si les grands

» noms ont perdu de leur influence, ils ont
» encore celle du château sur la chaumière;
» et celle des prêtres ne sera pas négligée dans
» certaines provinces.

» J'ignore si mon souverain voudra traiter
» avec l'empereur Napoléon; s'il ne croira
» pas avoir été trompé, lui qui, aux yeux
» de tous les autres souverains, s'était fait sa
» caution. Je vous écrirai, je vous le promets,
» si je le trouve bien disposé. »

Boutikim me laissa tout étourdie de ce qu'il venait de me dire: ses craintes gâtaient ma joie, la guerre me paraissait un malheur incalculable. Je finis pourtant par penser qu'il voyait trop en noir; et, pour me remettre, je n'eus besoin que de repasser dans ma mémoire le souvenir que je conservais de cet empereur Alexandre, si parfait, si libéral, qui avait toujours à la bouche les phrases les plus belles, les plus nobles sur le bonheur des peuples et sur les bienfaits de la paix... Je ne pouvais croire qu'une fois instruit du sentiment unanime qui avait replacé Napoléon sur le trône, il ne fût pas le premier à y applaudir; je le supposais assez grand pour reconnaître une erreur. « Je me suis trompé, » dirait-il...

Je me le rappelais chez moi, un soir, riant du dîner qu'il venait de faire chez Louis XVIII. Il me parlait alors de la grandeur de Napoléon, en homme qui n'avait pas cessé de l'admirer; il me semblait l'entendre nous finir ses éloges par ces mots : « C'était pourtant un » grand homme qui habitait là; » et il me désignait les Tuileries...

Tous ces souvenirs me raffermirent; ils semblaient me prouver que nous n'avions rien à craindre de lui, et que cette paix, après laquelle tout le monde soupirait, allait, sous l'égide de l'empereur Napoléon, assurer le bonheur et la prospérité de la France.

M. Bruce vint aussi peu de jours après prendre congé de moi; il se chargea de remettre à lady Olseston un petit livre de romances de la Reine, qu'elle lui avait promis.

« Je n'ose rester en France, me dit-il, dans
» la crainte de la guerre; je vais en Suisse, et
» de là je retournerai en Angleterre, empor-
» tant des souvenirs intéressants de tout ce
» que j'ai vu depuis peu de jours. J'ai couru
» dans les faubourgs, dans tous les quartiers
» de Paris; et maintenant je suis convaincu
» que votre cause est la cause nationale. C'est
» décidément vous qui avez raison, et je ne

» le pensais pas avant d'avoir vu par mes
» yeux. Je croyais l'Empereur un tyran dé-
» testé (1), et je le vois au contraire adoré!
» Le faubourg Saint-Germain est seul mécon-
» tent, parce que seul il perd quelque chose;
» mais ce n'est qu'une très-faible partie de
» la nation. Je vous souhaite donc réussite
» et bonheur, ainsi qu'à votre excellente
» reine. »

Ce fut, de tous les Anglais que je connaissais, le seul qui quitta Paris dans ces premiers moments. Lord Kynaird et beaucoup d'autres de sa nation restèrent pour attendre les événements. Ils n'étaient occupés qu'à chercher les moyens d'apercevoir l'Empereur, soit à la parade, soit lorsqu'à cheval, et suivi d'un seul aide-de-camp, il parcourait les boulevards et les faubourgs; alors la foule l'entourait et le forçait à revenir au pas, escorté par la population entière, qui se pressait pour le voir. C'est dans ce même temps que les journaux étrangers disaient qu'il était renfermé aux Tuileries

---

(1) On m'a assuré qu'un Anglais de très-bonne foi, venu en France pendant la première année de la restauration, disait en regardant la place du Carrousel : « C'est pourtant là que Buonaparte faisait fusiller » une ou deux personnes tous les jours, et qu'il s'en donnait le spec- » tacle en regardant par ses fenêtres. »

sans oser en sortir. Mais revenons au lendemain du 20 mars.

Lorsque, le 20 mars au soir, j'avais engagé la Reine, tout épuisée de fatigue, à faire violence au sommeil accablant qu'elle éprouvait, je croyais le courrier que l'on envoyait au prince Eugène prêt à partir; moi-même j'avais écrit à la hâte à la grande-duchesse de Baden et à la princesse Auguste, femme du prince Eugène. Dans ma précipitation, je ne savais en vérité ce que je leur avais mandé; mais, comme il fallait pour ce courrier un passe-port du ministre des affaires étrangères, son départ fut retardé de vingt-quatre heures; et, avant qu'il se mît en route, le duc de Vicence était venu prier la Reine, de la part de l'Empereur, d'écrire à l'impératrice Marie-Louise, et de *l'assurer du bonheur qu'il aurait à la revoir.*

La Reine fit ce que l'Empereur désirait, sans demander d'explication, quoiqu'il lui parût fort extraordinaire qu'il n'écrivît pas lui-même à sa femme et qu'il la chargeât d'une telle mission; ensuite elle pensa qu'il était peut-être un peu piqué contre celle qui l'avait en quelque sorte abandonné, et que ne voulant pas lui ôter tout espoir de raccommodement, il prenait ce biais pour lui donner le courage de revenir en France, et même d'insister près de son père, pour rejoindre un mari qui lui avait toujours montré tant d'affection. Sûr comme il l'était de sa tendresse, il laissait son indulgence expliquer la conduite de sa femme, et attribuait à sa jeunesse et à sa timidité le peu de caractère qu'elle avait montré au moment de la catastrophe de 1814. Telles furent au moins les pensées de la Reine, et elle écrivit à sa belle-sœur une lettre tout encourageante, inspirée par l'idée qu'elle s'était faite du désir de l'Empereur, d'après la seule phrase qui lui avait été indiquée comme substance de sa lettre.

Ce même jour, pendant que Boutikim et le duc de Vicence conféraient chez moi, je rejoignis la Reine. Labédoyère vint la voir; elle le retint à dîner, nous l'entourions à l'envi, et c'était à qui le féliciterait d'avoir le premier rejoint l'Empereur à la tête de son régiment; aussi, dans tous les lieux où il avait passé, en venant de Grenoble à Paris, il avait été accueilli, fêté, entouré; c'était le héros du jour.

Quant à lui, toujours grave et sérieux, il repoussait les compliments. « J'ai agi pour mon

» pays, disait-il, et parce que je suis convaincu
» que l'Empereur seul convient à la France,
» qu'il peut seul lui conserver sa gloire et lui
» donner les constitutions qu'elle désire. Je
» ne m'estimerais pas si j'étais passé à lui par
» entraînement ou par un intérêt quelconque;
» bien au contraire, je perds la fortune que
» les Bourbons rendaient à ma famille; je perds
» peut-être l'affection de ma femme, qui est
» partie avec sa mère, en me reprochant de
» l'avoir oubliée, sacrifiée!!...

» Qu'importe! Au reste, je crois avoir épar-
» gné à mon pays de grands malheurs, de
» grandes réactions politiques; et si j'ai im-
» molé mon bonheur à cette noble cause, je
» ne m'en repentirai jamais! »

En écoutant cet excellent jeune homme, on se sentait l'âme élevée; tant de désintéressement, tant de noblesse, rappelaient les temps héroïques, dont les sentiments se perdent tous les jours; et puis on se sentait attendri, en remarquant un nuage de tristesse répandu sur ce noble visage.

La Reine, voyant cette impression pénible, chercha à la calmer en lui rappelant que la tendresse de sa femme ne pouvait manquer de la ramener bientôt près de lui.

« Son reproche est juste, disait ce digne
» jeune homme ; j'ai sacrifié son intérêt, ce-
» lui de sa famille si dévouée aux Bourbons,
» au bien de mon pays. Je ne m'en repens pas;
» mais je conçois qu'elle puisse douter main-
» tenant de ma tendresse, et il est difficile d'ê-
» tre heureux après cela. » Un soupir à demi
étouffé laissa voir plus de sensibilité qu'il ne
voulait en montrer.

« Écrivez tout de suite à votre femme ce que
» vous éprouvez, dit vivement la Reine, et
» vous verrez si elle ne reviendra pas promp-
» tement.

— » Oui, elle reviendra, dit-il; mais com-
» ment effacer un premier reproche, motivé
» en quelque sorte par l'affection dont on ne
» doutait pas auparavant?

— » Une femme est ramenée facilement, re-
» prit la Reine, quand elle a réellement ai-
» mé ; votre vie entière, employée à la ren-
» dre heureuse, lui fera oublier un instant
» de chagrin.

— » A présent, reprit Labédoyère, je n'au-
» rai plus qu'à m'occuper de son bonheur,
» car je ne veux aucun emploi; j'ai refusé
» l'Empereur, qui voulait me nommer géné-
» ral ; je lui ai dit que je ne voulais pas de fa-

» veur pour une action que j'avais faite
» de conviction ; et aujourd'hui il n'a plus
» besoin de moi, à moins qu'il n'y ait la
» guerre. »

Il nous conta ensuite comment il avait rejoint l'Empereur à Vizille, qui est un bourg assez fort, à distance de trois lieues en avant de Grenoble. « Une dépêche du général Mar-
» chand, nous dit-il, qui commandait la sep-
» tième division militaire, m'arriva par exprès
» le 4 mars au soir, à Chambers, où se trouvait
» mon régiment ; il m'ordonnait de le réunir au
» plus vite, d'aller contre *Bonaparte*, qui ve-
» nait de débarquer à Cannes, et d'arrêter sa
» marche aventureuse sur Grenoble.

» J'étais bien décidé de lui conduire mon
» régiment, étant sûr que mes soldats suivraient
» en tout ma volonté ; mais, ne voulant pas com-
» promettre ceux de mes officiers qui auraient
» été d'un avis contraire, je les réunis en cercle
» devant le front du régiment, et je m'expri-
» mai ainsi d'une voix forte : Messieurs, je
» viens de recevoir l'ordre de me porter en
» avant, et de m'opposer au retour de l'Em-
» pereur, qui vient de débarquer en France ;
» marchons-nous contre lui, ou marchons-
» nous pour lui ? — Pour lui ! pour lui ! pour

» lui ! répondirent les officiers à l'unanimité,
» avec un enthousiasme difficile à décrire ; et
» les cris mille fois répétés de *vive l'Empe-*
» *reur!* me donnèrent la certitude que soldats
» et officiers partageaient mes sentiments ; je
» mis mon régiment en route, la joie dans le
» cœur.

» Dans une conversation que j'ai eue à Gre-
» noble avec l'Empereur, comme il me ques-
» tionnait sur l'opinion de la France, je lui dis
» que ma conscience m'obligeait de lui déclarer
» que le peuple français n'avait plus qu'un
» besoin, qu'un désir, celui de *la paix et de*
» *la liberté!* — Et que vous a répondu l'Empe-
» reur ? demanda la Reine. — Ces propres pa-
» roles, répliqua Labédoyère, et elles sont
» gravées dans ma mémoire, pour me récom-
» penser de ma conduite à Vizille : *Croyez-*
» *vous que les besoins et les désirs du peuple*
» *n'ont pas toujours été ma loi suprême? au-*
» *rais-je fait tant de choses, si je n'avais pas*
» *été soutenu par lui? s'il veut la liberté, moi*
» *seul je puis la lui donner, parce que moi seul*
» *je ne la crains pas. Quant à la paix, je ferai*
» *tout pour l'obtenir; les traités humiliants*
» *n'ont pas été faits par moi, mais je saurai*
» *m'en contenter, si cela convient à la France.*

» Vous voyez bien, madame, disait Labédoyère
» à la Reine, que je puis maintenant m'occu-
» per de mon bonheur intérieur, rendre heu-
» reuse ma femme, jouir du charmant enfant
» qu'elle m'a donné; la guerre seule m'obli-
» gerait à quitter une félicité pareille, car la
» guerre m'imposerait l'impérieux devoir de
» reprendre du service : or l'Empereur n'en
» veut plus, qui oserait en vouloir? »

Nous aimions tant M. Labédoyère, que nous fûmes tous enchantés d'apprendre quelques jours après que madame de Labédoyère était revenue, avec son fils, auprès de son mari.

Il accourut un matin chez moi, et m'amena ce bel et charmant enfant; il en était tout fier, et paraissait ravi de le tenir dans ses bras, et de montrer ce fils qu'il avait à peine vu, étant parti pour rejoindre son régiment après son mariage; et la garnison qu'il tenait dans le midi de la France ne lui permettant pas de venir visiter sa femme, qui demeurait chez sa mère à Paris. Je courus porter de suite le cher enfant chez la Reine, qui le caressa : elle lui trouva beaucoup de ressemblance avec son père, et fit des vœux pour qu'il en eût aussi les nobles et grandes qualités : c'était tout ce qu'on pouvait lui désirer de mieux.

II.

Mensonges des adulatrices. — Désappointement d'une dame. — Madame la duchesse douairière d'Orléans. — La duchesse de Bourbon et l'abbé de Saint-Phar. — Les princesses, pensionnées par l'Empereur. — Leur position identique à celle de la Reine. — Les victoires de celle-ci. — Être généreux rend fort. — La fleur favorite de la Reine. — Les ci-devant élégantes. — M. Adrien Cochelet nommé préfet. — Madame la duchesse de Bassano. — Bruits de guerre. — M. de Labédoyère, aide-de-camp de l'Empereur. — M. Benjamin Constant, l'homme à la mode. — L'acte additionnel. — Le vieux républicain impérialiste. — L'abbé politique par circonstance. — Le sequestre intempestif. — Un incorrigible. — Talleyrand à Vienne. — M. Sosthène de La Rochefoucauld, le duc de Raguse et M. de Vitrolles, proscrits. — L'Empereur oublie les injures. — Une gasconnade du maréchal Soult. — Il est nommé major-général. — La punition de Berthier. — Opinion de M. Sosthène. — L'air doux si trompeur. — L'abbé Duval. — Madame Ducayla chez la reine Hortense.

Quelques jours s'étaient à peine écoulés depuis le retour de l'Empereur, et déjà la vie tranquille, que la Reine préférait à tout, était remplacée par des obligations qui n'étaient guère de son goût; elle n'aimait pas à recevoir le matin, parce que c'était le seul moment qu'elle pût donner à ses enfants et à ses occupations accoutumées; mais elle avait beau faire fermer sa porte, bon gré, mal gré, on parvenait jusqu'à elle. C'était des pétitions à n'en plus finir; chacun avait quelque chose à demander, et s'adressait à la Reine, comme à l'organe qui pouvait le plus facilement arriver à l'Empereur.

Tous les jours, à sept heures du soir, la Reine se rendait aux Tuileries pour voir l'Empereur; souvent il travaillait encore, elle attendait et assistait à son dîner, où il y avait toujours quelques invités. A neuf ou dix heures elle rentrait chez elle pour y recevoir les personnes de sa société habituelle.

On n'y voyait alors d'étranger que lord Kynaird; mais beaucoup de Français et de Françaises, qu'on n'avait pas revus depuis une année, se pressaient d'y revenir.

Il y eut une dame qui dit à la Reine : « Vous » étiez à la campagne cet hiver, madame, » quand je me suis présentée plusieurs fois pour » voir votre majesté. » La Reine lui répondit : « *Oui, madame*; » mais elle ne put s'empêcher de sourire.

Une autre personne disait tout haut, pour être entendue : « Quant à moi, je l'ai toujours » appelée la Reine, et jamais la *duchesse de* » *Saint-Leu.*

— » Vous avez eu tort, madame, lui dis-je; la
» Reine ne désirait être que la duchesse; au reste
» elle ne tient pas plus à un titre qu'à un autre. »

La Reine envoya M. Devaux savoir, de sa part, des nouvelles de madame la duchesse d'Orléans, qui, s'étant cassé la jambe, était restée à Paris. Le premier officier de la duchesse vint ensuite remercier la Reine, et il s'établit entre ces deux princesses des relations de bienveillance qui parurent fort simples. La duchesse de Bourbon envoya aussi son frère naturel, l'abbé de Saint-Phar, expliquer à la Reine ce qu'elle désirait de la bienveillance de l'Empereur. Le duc de Bassano s'occupa avec beaucoup d'intérêt de ces princesses; et j'appris que l'Empereur avait enfin accordé à la duchesse d'Orléans et à la duchesse de Bourbon la permission de rester en France : il allouait un revenu de *quatre cent mille francs* à la première, et un de *deux cent mille* à la seconde.

Il semblait toujours que la reine eût remporté une victoire lorsqu'elle avait obtenu une grâce pour quelqu'un de malheureux; dans cette circonstance elle me disait : « Ces prin-
» cesses ont absolument la même position que
» moi il y a peu de jours : elles se trouvent
» isolées comme je l'étais, et sans appui

» dans leur patrie; je sais mieux que per-
» sonne combien cela est triste, et je trouve
» que c'est un devoir à moi de m'occuper d'el-
» les. Je suis bien aise aussi de trouver dans
» l'Empereur de nobles et généreux senti-
» ments : il fait un sort à ces princesses, tandis
» que moi, avec qui les Bourbons avaient
» contracté des engagements, on me calom-
» niait pour se dispenser de les remplir. Je
» pense que la cause la plus belle est celle où
» on ne craint pas d'être magnanime, et telle a
» été toujours la conduite de l'Empereur avec
» ses ennemis. Il est vrai que les politiques vous
» disent qu'il faut être fort pour être géné-
» reux; moi, je dis que d'être généreux rend
» fort. »

Le temps était si beau pour la saison, à la fin du mois de mars, que tous les jours ressemblaient à un jour de fête. On était en l'air; on se rencontrait en riant ; toutes les femmes et une grande partie des hommes portaient un bouquet de violettes, et ce bouquet devenait, sans qu'on y songeât, un signe de ralliement. Comme c'était la fleur favorite de la Reine, on en tira la conséquence que c'était elle qui l'avait choisie. Ceux qui s'obstinaient à croire que le retour de l'*île d'Elbe* avait été l'effet d'une conspiration, désignaient la Reine comme en ayant été le chef.

Ce propos était accrédité dans le faubourg Saint-Germain, où toute gaieté avait disparu. Si l'on apercevait une femme de cette société, elle était vêtue d'une robe de soie foncée, avec un mauvais schall et un vilain chapeau; c'était un visage que l'on reconnaissait, une des beautés citées, une ci-devant élégante du noble faubourg.

Ces dames attendaient sans doute de meilleurs jours pour paraître dans tout leur éclat; mais on assurait qu'elles ne perdaient pas leur temps pour travailler l'esprit des jeunes militaires de leur connaissance; à eux seuls probablement elles tenaient à se montrer jolies et parées. J'allais souvent chez la duchesse de Bassano. Le duc était parfait pour mon frère Adrien; il appréciait le mérite de ce jeune homme, auditeur au conseil-d'état, autrefois sous ses ordres, et qui avait si bien rempli ses devoirs dans toutes les intendances qui lui avaient été confiées; aussi le fit-il nommer préfet à Bar-le-Duc : ce qui avait comblé ma mère de satisfaction. Nous n'étions occupées qu'à monter le ménage de mon frère, qui partait bientôt pour sa préfecture : tout présageait pour nous un heureux avenir.

Mais les événements se jouent de nos désirs. Déjà des bruits de guerre venaient jeter l'alarme et attrister tous les visages. Il était démontré que l'Empereur voulait conserver la paix ; il envoya plusieurs officiers, qui ne furent pas reçus par les puissances alliées. On ne voulait plus traiter avec lui ; et une guerre acharnée allait être le prix des sentiments que la France venait de lui manifester si hautement.

A l'annonce de la guerre, M. de Labédoyère ne songea plus à donner sa démission ; et l'Empereur le nomma son aide-de-camp.

M. Benjamin Constant était dans ce moment l'homme à la mode. Dans tout Paris on n'entendait qu'un cri, c'était qu'on voulait une liberté entière ; et comme M. Benjamin Constant était l'homme libéral par excellence, il était reçu aux Tuileries. On pensait qu'il y donnait des conseils à l'Empereur, et cela enchantait tout le monde. Je le vis une fois à dîner chez la Reine, où il fut fort aimable. Suivant l'habitude de la maison, on ne parla nullement politique, mais beaucoup littérature, et il promit de venir un soir lire un petit roman (*Adolphe*), qu'il venait de composer.

Le résultat des visites de M. Benjamin

Constant aux Tuileries, ou plutôt le désir de liberté, hautement manifesté par tous les gens influents du moment, fit qu'un matin parut l'acte additionnel aux constitutions de l'Empire.

J'allais par hasard ce jour-là même faire quelques visites. Partout on ne parlait de cet acte que pour le critiquer avec acharnement; les hommes soupçonnés de royalisme, et ceux dont les idées étaient libérales, criaient plus haut que tous les autres; dans ces deux partis, chacun faisait chorus, et il semblait que les libertés accordées étaient un véritable esclavage.

Un vieil ami de ma mère défendait pourtant cet acte : Comment voulez-vous, disait-il, que l'Empereur qui a réorganisé la France, qui a créé toutes les lois qui la régissent et que nous avons tous adoptées, vous donne une nouvelle constitution, qui remette en question tout ce qui a été fait depuis quinze ans? cela n'a pas de sens.

On veut des libertés : eh bien, par l'acte additionnel, il y a plus de libertés en France qu'il n'y en eut jamais; même *la liberté illimitée de la presse;* et, certes, ce n'était pas le moment de la rétablir. Vous êtes environnés de royalistes qui ont repris courage et qui s'entendent avec les étrangers; la presse ira leur apprendre nos discussions et nos faiblesses, tandis que notre force est autant dans la peur que l'énergie nationale doit leur inspirer, que dans l'accord qui doit exister entre nous.

Le vieux républicain qui parlait ainsi avait paru des plus exagérés du temps de la révolution; mais dans le moment où nous nous trouvions, sa modération était qualifiée de faiblesse par beaucoup de monde. Cependant cet acte additionnel, où était stipulée l'expulsion des Bourbons du trône de France, fut affiché dans toutes les communes, dans toutes les mairies; et, en dépit des critiques des beaux-esprits du jour, il eut encore l'approbation du plus grand nombre, et fut signé par des millions de citoyens ayant droit de suffrage.

Si je n'avais pas si souvent entendu parler de cet acte dans mes visites, je crois vraiment qu'il aurait passé inaperçu par la Reine : je lui racontai les discussions dont il était l'objet, ce qui le lui fit lire avec attention; car elle avait déjà parcouru son journal, qui en parlait, et avait passé l'article politique, comme cela lui arrivait toujours.

Les officiers attachés à sa maison discutèrent entre eux s'ils devaient, ou non, aller signer cet acte, et, d'un commun accord, il fut convenu qu'ils iraient. Le bon abbé Bertrand me consulta en me disant : « Quoique je n'aie de ma vie signé aucun acte politique, je crois cependant de mon devoir de le faire dans cette circonstance, comme étant attaché à une princesse de la famille impériale, qui me comble de ses bontés. » J'approuvai l'abbé, tout en me promettant bien de lui faire payer mon conseil par mille plaisanteries. Je mis une sorte d'enfantillage à le tourmenter depuis constamment sur ce sujet. Un jour je lui disais que son nom avait été remarqué; que je savais que le parti bourbonniste le faisait suivre pour lui jouer quelque mauvais tour; une autre fois, qu'il était signalé comme un ecclésiastique à qui le clergé ne pardonnerait pas d'avoir donné un si mauvais exemple à tous les prêtres, en se prononçant ainsi dans un parti qui n'était pas le leur. Enfin j'étais rieuse, et l'abbé était si bon, que je me permettais souvent de m'égayer à ses dépens, en lui inspirant quelque effroi.

Un des premiers actes de l'Empereur avait été d'ordonner qu'on mît sous le séquestre les biens des hommes qui avaient livré la France à l'étranger ; il disait : « Ceux qui m'ont aban- » donné, je leur pardonne ; mais je suis in- » flexible pour qui a trahi la patrie. »

Ce ne fut encore qu'un cri de désapprobation. Le prince de Talleyrand était toujours au congrès de Vienne, travaillant les esprits pour entraîner les alliés contre la France ; et l'on voulait qu'il pût à son aise toucher les revenus de sa terre de Valençay et autres. L'Empereur, qui pensait autrement, était, disait-on, *incorrigible : on ne peut plus compter sur rien,* ajoutait-on, *s'il rétablit le séquestre.*

M. Sosthène de La Rochefoucauld était sur la liste des traîtres, pour avoir, avant l'abdication, et en face de l'étranger, concouru un des premiers à faire proclamer les Bourbons ; le duc de Raguse, M. de Vitrolles et deux ou trois autres personnes y étaient inscrits pour les mêmes motifs.

Quant aux injures et aux sottises dont l'Empereur avait été accablé pendant son absence, il était rempli d'indulgence ; il en donnait la preuve en recevant tous les jours M. Benjamin Constant.

La première fois que l'Empereur, revit le

maréchal Soult, qui était ministre de la guerre lors de son débarquement à Cannes, et qui l'avait si maltraité dans sa proclamation à l'armée, il lui dit : « Duc de Dalma-
» tie, savez-vous que vous avez tiré sur
» moi à mitraille? — Il est vrai, sire;
» mais c'est un coup de canon qui ne pou-
» vait vous atteindre. » Et l'Empereur le nomma major-général de l'armée, place qui avait toujours été occupée par Berthier. On assurait que l'Empereur avait dit : « Pour-
» quoi le prince de Neuchâtel a-t-il quitté la
» France? pourquoi ne s'est-il pas présenté
» aux Tuileries? Je ne lui aurais infligé qu'une
» seule punition, c'eût été de paraître la pre-
» mière fois devant moi en grand uniforme
» de capitaine des gardes du corps de Louis
» XVIII. »

M. de Lascours était revenu sans avoir pu rejoindre le roi; il me rapporta la lettre de la Reine, que je lui avais confiée et qu'il devait remettre à Louis XVIII. « Pourquoi n'avez-
» vous pas fait cette commission, lui dis-je?
» — Je n'ai pu atteindre le roi, qui allait très-
» vite en poste. J'ai voyagé avec M. Sosthène
» de Larochefoucauld, auquel je voulais re-
» mettre la lettre pour le roi, puisqu'il ne me

» cachait pas son dessein de quitter la France,
» et de suivre le sort de la famille royale;
» mais j'ai été arrêté quand j'ai vu son exal-
» tation contre la Reine. Il est parfaitement
» convaincu que c'est une conspiration qui
» ramène l'Empereur; que c'est par les intri-
» gues de la Reine et celles de quelques indi-
» vidus que s'est opéré le merveilleux débar-
» quement, et il m'a dit : Concevez-vous à quel
» point elle est dissimulée! je ne m'en serais
» jamais douté, moi qui la voyais assez sou-
» vent, et qui la croyais heureuse de sa vie
» tranquille. Peut-on *tromper ainsi avec un*
» *air si doux?* — Vous jugez bien, ajouta
» M. de Lascours, qu'après cette opinion pro-
» noncée d'une manière si véhémente, je n'ai
» pas cru devoir le charger de la commission
» de la Reine.

— »Vous avez très-bien fait, » lui dis-je, en reprenant la lettre avec vivacité, et je la rapportai à la Reine, ainsi que la conversation que m'avait répétée M. de Lascours.

« Je devine, dit la Reine en riant, ce
» qui a donné cette idée à M. Sosthène; il
» faut si peu de chose pour fixer l'opinion
» des hommes : c'est qu'en venant prendre
» congé de moi pour aller à Bordeaux, il m'a

» dit avec attendrissement : *Madame la du-*
» *chesse d'Angoulême m'a permis de l'accom-*
» *pagner, et je vais jouir de l'enthousiasme*
» *qui l'attend à Bordeaux.* Il s'étendait avec
» tant de plaisir sur cet enthousiasme, il en
» paraissait si ému d'avance, que je n'ai pu
» m'empêcher d'en sourire, et je lui ai dit :
» Que vous me paraissez jeune de faire tant
» de cas d'acclamations qu'un rien change ;
» il faut tout faire pour les mériter, mais il
» ne faut pas y attacher trop de prix ; j'en ai
» entendu, tant entendu de ces acclamations!
» A l'air dont M. Sosthène accueillait mes pa-
» roles, je devinai sa pensée. Vous croyez peut-
» être, lui dis-je, que les joies dont j'ai été le té-
» moin n'étaient pas de bon aloi ? Détrompez-
» vous, jamais il n'en fut de plus vives et de
» plus sincères ; mais telle est la mobilité
» humaine, que la plus petite circonstance,
» *un échec, un mécontentement, que sais-je?*
» *un rien, vous prouverait que cet enthou-*
» *siasme que vous allez chercher n'est pas plus*
» *solide que celui qui nous entoura si long-*
» *temps.*

» Je ne doute pas, continua la Reine, que
» M. de Larochefoucauld, en se rappelant ces
» réflexions, ne m'ait crue instruite d'avance

» des événements : si je prédisais si juste, c'est
» qu'il était exalté et moi de sang-froid. Je
» lui rends, au reste, une grande justice,
» et j'estime son caractère, à cause de ce
» dévouement absolu et de cette religion
» qu'il conserve pour les Bourbons. Si cha-
» cun s'attachait aussi invariablement, on
» saurait sur quoi compter dans la vie, et
» l'homme ne se déconsidérerait pas en se
» rendant toujours au plus heureux, sans
» autre conviction que son intérêt person-
» nel. M. Sosthène de Larochefoucauld est
» un de ces caractères rares qui restent à la
» bonne comme à la mauvaise fortune ; aussi
» veux-je tâcher de lui être utile. Il était
» mon défenseur il y a quelques mois, je veux
» être le sien maintenant, quoiqu'il trouve
» *trompeur mon air doux*, ajouta-t-elle en
» riant, et qu'il n'ait pas compris mes idées
» philosophiques. Je veux écrire à madame
» Ducayla, qui doit être aussi dans le cha-
» grin, et par elle ou par l'abbé Duval (1) je sau-
» rai en quoi je puis servir M. Sosthène ou sa

---

(1) M. l'abbé Duval était un saint homme, qui avait un grand talent de prédication, et qui demeurait dans la maison de madame Doudauville, mère de madame de Larochefoucauld.

» charmante femme, qui, seule ici, sans lui,
» doit se trouver bien isolée. »

La Reine s'occupa en effet d'être utile à toutes ces personnes, et madame Ducayla vint chez elle comme autrefois. Je l'y voyais souvent le matin, mais toujours dans le plus grand négligé ; elle n'y venait plus le soir : la Reine la trouvait aimable, spirituelle, instruite, et aimait à causer avec elle ; d'ailleurs, elle croyait à son attachement.

« Nous avons été élevées ensemble, disait
» la Reine; elle pleure les Bourbons, et m'aime
» malgré cela : c'est tout naturel. »

III.

Le déjeuner à la Malmaison. — MM. Molé et Denon conviés. — Le contrôleur Bazinet. — Le jour de bataille d'un officier de bouche.— Importance de l'art culinaire. — La Reine ne s'en doute pas. — Un juste milieu difficile à saisir. — Une émotion pénible. — Douloureux souvenirs. — Une réflexion décourageante. — Préoccupations de l'Empereur. — Le repos silencieux. — Singuliers regrets. — Une séance dans la galerie des tableaux. — Visite à la ferme suisse. — Le maire de Ruelle et la fontaine accordée. — Vive sensibilité de Napoléon. — Il veut la cacher. — La lettre dans le *Moniteur*. — Générosité envers le duc d'Angoulême. — Une amie d'enfance. — Retour à Paris.

Un soir le général Bertrand vint prévenir la Reine que l'Empereur lui faisait demander à déjeuner pour le lendemain matin, à la Malmaison. Il lui donna le nom des personnes qu'il désirait qui fussent invitées ; c'étaient M. Molé, M. Denon et les messieurs et les dames qui composaient la maison de la Reine.

A la minute les ordres furent donnés, et

dans cette occasion se déploya le talent de Bazinet, contrôleur chez la Reine. Il était dix heures du soir, et il fallait emporter tout un ménage à la campagne pour donner un déjeuner non-seulement à l'Empereur, mais à sa suite et à son escorte, etc. C'était un jour de bataille pour un maître-d'hôtel ; mais cet effort n'était point au-dessus du génie de Bazinet. Son sang-froid à l'annonce d'un événement aussi imprévu, qui allait mettre en œuvre tout son savoir-faire, semblait la garantie du succès ; il était dans la position où se trouve un général faisant, la veille, toutes ses dispositions pour l'attaque du lendemain. Il avait besoin de se recueillir, d'en imposer par son assurance, et de commander partout avec énergie et avec promptitude, pour que rien ne périclitât au moment de l'action.

J'avais vu souvent Bazinet, qui était fort attaché à la Reine, trouver pourtant qu'elle ne faisait pas assez de cas de l'art auquel il avait consacré ses premières études, et où il excellait à ordonner.

« La Reine ne sait pas, disait-il, que l'art *cu-*
» *linaire* exige beaucoup de science et des soins
» de tous les moments ; elle ne l'estime pas as-
» sez. Il n'est pas donné à tout le monde d'avoir

» non-seulement le talent, mais le coup d'œil
» juste, pour qu'un dîner soit ce qu'il doit être,
» selon la quantité des convives et leur ap-
» pétit ; s'il est trop faible, on a faim, et c'est
» le dîner d'un avare ; s'il est trop fort, cela
» dégoûte ; il est un juste milieu qui décèle
» la bonne compagnie. Et voilà ce que l'expé-
» rience seule peut atteindre ; et cela ne s'ap-
» prend pas en un jour... Pour être bon co-
» lonel, il faut avoir été bon capitaine ; de
» même, il faut avoir été excellent cuisinier
» pour devenir bon maître-d'hôtel. »

Voilà avec quelle gravité Bazinet professait son art et le faisait valoir; mais nous allons le voir à l'œuvre d'une manière bien remarquable.

Pendant qu'il faisait ses dispositions avec calme, et qu'il envoyait chercher les voitures pour transporter tout ce qui était nécessaire pour le déjeuner du lendemain, la Reine, habituée à avoir toute confiance dans son maître d'hôtel, ne s'était pas le moins du monde inquiétée de ce qui composerait ce repas improvisé.

Elle avait fait faire tout de suite les invitations; mais, ce qui la troublait au-delà de toute expression, c'était de se retrouver aux lieux où elle avait perdu sa mère, et qu'elle n'avait pas revus depuis le moment fatal où on l'en avait arrachée, il y avait une année.

« Je ne pourrai m'empêcher de pleurer,
» me dit-elle, quand je me trouverai à cette
» même place où, malgré moi, et le cœur si
» déchiré, mon frère me força de partir...
» Il semblait qu'on me séparât une seconde
» fois de ma mère, que je venais pourtant de
» quitter pour toujours !...

» L'Empereur, qui travaille toute la jour-
» née, veut un moment se distraire, et pour
» lui la Malmaison ne rappelle que de doux
» souvenirs. Je serais désolée d'y jeter de l'a-
» mertume par la vue de ma douleur, et je
» ne sais pas si j'aurai la force de surmonter
» toute celle que j'éprouverai.

— » Il faudra faire tous vos efforts pour
» cela, madame.

— » Sans doute ; mais je ne suis pas sûre de
» moi. »

Après un moment de réflexion, la Reine me dit :

« Je n'ai qu'un moyen, fais tout de suite
» mettre mes chevaux, je vais à l'instant cou-
» cher à la Malmaison ; si j'arrive la nuit, je

» pourrai me livrer à toutes mes impressions,
» sans crainte d'être gênée par personne,
» et je me trouverai mieux demain matin, de
» n'avoir pas eu à faire sur moi un pénible
» effort. »

Nous partîmes à onze heures du soir. Le silence et l'isolement de ce lieu, naguère si brillant, si animé, ne rappelaient plus que les souvenirs de la mort. Les concierges ne pouvaient comprendre qui venait à minuit chercher une solitude qui, depuis si longtemps, n'avait été troublée que par quelques curieux avides de connaître une habitation devenue historique... Lorsqu'ils reconnurent la fille de leur ancienne maîtresse, leur émotion se confondit avec la nôtre, et il fallut à la Reine, pour retrouver la force de monter à son appartement, une réflexion qui montrait son découragement et son peu d'espoir dans l'avenir.

« C'est une faiblesse, me disait-elle, de re-
» gretter ceux qui ne sont plus. Ma pauvre
» mère serait-elle contente aujourd'hui ? et
» qui nous dit que demain elle ne serait pas
» au désespoir ? On ne doit plaindre que ceux
» qui restent, et surtout ceux dont les desti-
» nées sont attachées aux grands événements

» de ce monde. Pour eux il n'y a ni bonheur » ni tranquillité. »

Le lendemain matin la Reine paraissait calme ; mais on voyait pourtant combien elle se faisait violence, surtout lorsqu'elle alla au-devant de l'Empereur. Lui-même il regardait tout autour de lui, comme beaucoup plus préoccupé d'un autre objet que de ceux qui se présentaient à ses yeux : à peine s'il les fixa sur nous, lorsque la Reine nous nomma à lui, Élisa de Courtois et moi, et il sortit bien vite sur le perron du jardin, comme s'il avait besoin de respirer plus librement.

On passa bientôt à table, et la conversation se ressentit de la préoccupation que la Reine et l'Empereur essayaient de surmonter. On parla peu : l'Empereur s'entretint avec M. Denon des chefs-d'œuvre réunis dans la galerie du Louvre. Après le déjeuner, on alla visiter tous ceux que renfermait la belle galerie de la Malmaison, qui appartenait à la Reine et au prince Eugène, comme faisant partie de l'héritage de l'impératrice Joséphine.

« De quel prix sont ces tableaux ? » disait l'Empereur en les désignant à M. Denon.

Celui-ci les estimait, et l'Empereur faisait une exclamation de surprise :

« Autant que cela? disait-il. Ah! si j'avais
» su qu'ils fussent d'un si grand prix, je ne les
» aurais pas donnés à Joséphine. Je regrette
» qu'ils ne soient pas dans la galerie du Lou-
» vre; il faudra les racheter; ils sont assez
» beaux pour devenir une propriété natio-
» nale (1). »

Après une assez longue séance dans la galerie, où j'épiais chaque parole, chaque mouvement de l'Empereur, on fit avancer les voitures. Il monta dans sa calèche avec la Reine, M. Denon et M. Molé. Labédoyère, qui était de service, escortait à cheval, à côté de la portière; et nous suivions dans les autres voitures. On se rendit dans le bois, à la ferme suisse de l'Impératrice.

Quelque agréable que fût cette promenade, elle me paraissait du temps perdu, puisqu'il était pris sur celui, si vite écoulé, où il m'était permis de jouir de la présence de cet homme qui avait rempli l'univers de son nom et de sa puissance, et que nul n'approchait sans une émotion de crainte ou d'admiration.

En rentrant à la Malmaison, nous trouvâmes dans le salon les autorités de Ruelle avec le

(1) Ces tableaux appartiennent aujourd'hui à l'empereur de Russie, qui les a achetés de la Reine et de son frère.

curé, qui venaient présenter leurs respects à l'Empereur. Celui-ci écouta à peine le discours d'apparat qui était l'expression de leur dévouement ; il les interrompit même au milieu de leur harangue, pour leur demander s'ils étaient enfin parvenus à posséder une fontaine qu'ils désiraient depuis longtemps.

A cette question, qui touchait un article auquel chacun d'eux s'intéressait, le maire abandonna sans regret la fin de son éloquent discours, et entra en matière sur un objet d'un intérêt si direct et si vif. Il parla longuement des dépenses d'un pareil ouvrage, et des faibles ressources de la commune. L'Empereur les questionna sur les recettes, sur les dépenses, et, en les congédiant, il finit par leur dire qu'il aurait égard aux moyens supplémentaires si nécessaires pour achever la construction de la précieuse fontaine.

Je ne saurais exprimer combien j'étais heureuse de voir l'Empereur de si près, et avec quelle avidité je l'examinais et je recueillais chacune de ses paroles. C'était la première fois que je pouvais le voir et l'entendre aussi à mon aise, car habituellement il ne venait chez la Reine que le soir, quand elle donnait un grand bal. Là, perdu dans la foule, il m'eût été bien difficile de tenter de l'approcher; je ne l'avais jamais aperçu que dans de pareilles réunions, et une autre fois, lorsque, la Reine étant en couches, il était venu lui faire une visite; mais il n'avait fait que passer dans le salon. Je me pénétrais de l'accent de sa voix, de l'expression de son regard, si précieux à étudier dans un homme aussi grand et si extraordinaire. Vu d'aussi près, il imposait à chacun un respect rempli d'admiration; mais en même temps il touchait le cœur par un grand air de bonhomie, que l'on s'étonnait de trouver en lui, vu la timidité qu'il inspirait à tout le monde. Bientôt je pus juger combien ceux qui l'accusaient d'insensibilité se méprenaient à l'égard de cette âme forte, mais accessible à toutes les émotions des véritables sentiments.

« Je désirerais voir la chambre de l'impé-
» ratrice Joséphine, » dit-il d'une voix qui trahissait sa vive sensibilité.

La Reine se leva :

— « Non, Hortense! restez, ma fille, j'irai
» seul, cela vous remuerait trop. »

Les yeux de la Reine s'étaient remplis de larmes; elle se rassit sans rien dire, et l'Empereur ému sortit du salon.

Il rentra quelque temps après, et malgré tous ses efforts sur lui-même pour avoir l'air calme, on voyait bien qu'il était oppressé et qu'un souvenir doux et triste avait pénétré dans son âme. Ses yeux étaient humides, et il semblait qu'il désirât s'envelopper dans un air sérieux et sévère pour échapper à la faiblesse qu'il ne voulait ni éprouver ni montrer.

Personne n'osait interrompre le silence qui régnait dans le salon, lorsque les regards de l'Empereur s'arrêtèrent sur les journaux qu'on avait apportés et qui étaient encore sur une table sans avoir été ouverts; il en prit un, déchira la bande, et parcourant des yeux, il dit à M. Molé : « Lisez-moi haut la lettre » qui est dans le *Moniteur*. » M. Molé obéit, et nous écoutâmes dans un religieux silence la lettre qui suit, écrite par l'Empereur au général Grouchy.

« Monsieur le comte Grouchy, l'ordonnance » du roi, en date du 6 mars, et la déclaration » signée le 13 à Vienne par son ministre, pou- » vaient m'autoriser à traiter le duc d'Angou- » lême comme cette ordonnance et cette dé- » claration voulaient qu'on traitât moi et ma » famille. Mais constant dans les dispositions

» qui m'avaient porté à ordonner que les
» membres de la famille des Bourbons pussent
» sortir librement de France, mon intention
» est que vous donniez des ordres pour
» que le duc d'Angoulême soit conduit à Cette,
» où il sera embarqué, et que vous veilliez à
» sa sûreté et à écarter de lui tout mauvais
» traitement. Vous aurez soin seulement de
» retirer les fonds qui ont été enlevés des
» caisses publiques, et de demander au duc
» d'Angoulême, qu'il s'oblige à restituer les
» diamants de la couronne, qui sont la pro-
» priété de la nation ; vous lui ferez connaître
» en même temps les dispositions des lois des
» assemblées nationales qui ont été renou-
» velées et qui s'appliquent aux membres de
» la famille des Bourbons qui entreraient sur
» le territoire français.

» Vous remercierez en mon nom les gardes
» nationales du patriotisme et du zèle qu'elles
» ont fait éclater et de l'attachement qu'elle
» m'ont prouvé dans cette circonstance.

» *Signé*, Napoléon.

» Au palais des Tuileries, le 11 avril 1815. »

Tous les visages exprimèrent une approbation générale, et l'Empereur paraissait être content lui-même de sa générosité et de l'effet qu'elle produisait. Pour moi, j'étais toute yeux, toute oreilles ; je voyais arriver avec peine le moment où j'allais quitter, pour ne plus revoir que de loin, ce grand homme dont la présence m'enorgueillissait. C'est exact, j'étais fière d'être dans le même salon que lui, de l'entendre parler, bien qu'il ne fît aucune attention à moi et qu'il ne m'eût adressé que quelques mots. « Ah ! c'est encore » une pensionnaire de madame Campan, une » amie d'enfance. » C'est égal, cela suffisait pour satisfaire : une seule parole de lui devenait pour la personne à qui il l'adressait un souvenir ineffaçable ; et celui que je garde des impressions de cette journée durera autant que ma vie.

Cette matinée, qui m'avait paru si courte, était terminée ; l'Empereur retourna à Paris et engagea la Reine à monter dans sa voiture, que l'on avait fait amener la première ; il lui donna la main, et, ayant monté, il s'assit à côté d'elle. Le général Bertrand se plaça sur le devant, et nous suivîmes en voiture jusqu'aux Tuileries, où nous reprîmes la Reine et la ramenâmes chez elle.

IV.

Lettre de la princesse Wolkonski. — Ses prévisions. — La belle madame Tallien. — La filleule de l'impératrice Joséphine. — Le célèbre Tallien. — Pourquoi l'Empereur avait été inexorable envers lui. — Il lui fait demander une audience. — Madame de Vitrolles et M. de Latour-Maubourg (Florimont), et les moutons d'Espagne. — Mademoiselle de Vitrolles, charmante personne. — Affluence de solliciteurs. — Les moments sont précieux. — Les Fédérés. — Le mouchoir et le drapeau. — Les hommes superbes. — Les arsenaux dégarnis. — Les défections commencent. — Les gardes du corps expulsés de Paris. — Désespoir du duc de Bassano. — Chorus des libéraux et des aristocrates. — Mécontentement de M. de Labédoyère. — Lettre de M. de Talleyrand. — Madame de Cauloy, ou la belle des belles. — Le grenadier tricolore et la Vénus du Père-Lachaise. — Madame de Marmier. — La duchesse de Raguse. — Une promenade au Bois de Boulogne. — Vives alarmes. — L'inconnu aux lunettes vertes. — Sa persistance. — Quatre hommes descendus d'un fiacre. — La poursuite en cabriolet. — *Un jardin au soleil.* — Le bonheur de la petite vieille. — Deux personnes curieuses. — Les projets de Perrette.

Peu de jours après cette course à la Malmaison, je reçus de Florence une lettre de la princesse Wolkonski, dont les tristes prévisions étaient bien d'accord avec les nôtres.

« Florence, le 5 avril 1825.

» Peut-être de longtemps ne se présentera-
» t-il pas, chère amie, une occasion de vous faire

» parvenir quelques lignes. Le porteur de la
» présente est la femme de chambre que ma
» sœur a prise à Paris, et qui espère y être
» avant un mois, bien qu'elle soit contente
» de sa place. Vu les circonstances, elle a
» craint de ne pouvoir de sitôt revenir dans
» son pays, et elle a préféré y retourner
» d'ici : bonne amie, si vous voulez bien la re-
» commander quand l'occasion s'en recon-
» trera, nous vous en serons très-obligés.

» Tout ce qui se passe nous force de ren-
» trer en Allemagne : je quitte la belle Italie
» sans avoir vu Naples. Nous devions encore
» rester huit jours dans la ville des Césars ;
» mais mon frère étant militaire, il était plus
» prudent de quitter.

» Nous avons passé ici huit jours; dans ce
» moment nous partons pour Pise. A Livourne
» nous nous embarquerons pour Gênes, et
» après y avoir séjourné trois à quatre jours,
» nous reprendrons, s'il est possible, la même
» route par Vérone, et nous dirigerons notre
» voyage à Venise; les dernières nouvelles
» que j'ai de là ainsi que de mes foyers sont
» bonnes.

» Au sujet de Cécile, je ne peux plus rien
» vous dire; une fois loin de son pays, personne
» ne peut plus me donner de ses nouvelles.

» J'ai tant de courses à faire, tant à écrire
» chez moi des réponses en quantité, que
» je vous écris au moment de me mettre en
» route. Quand recevrai-je de vos nouvel-
» les, ma bien-aimée Louise? Comment va
» votre amie (1)? rappelez-moi à son souvenir.
» Dites, je vous prie, à l'amie d'Adèle, qu'elle
» se porte bien; je la supplie de vouloir bien
» faire part de cela aux siens; Cécile m'en
» parle dans sa dernière du 2 mars; on sera
» peut-être longtemps sans avoir de ses nou-
» velles. Je désire que vous puissiez un jour
» parcourir ce pays. Combien Rome vous
» plaira! tout y parle à l'imagination. La tem-
» pérature de ce ciel fait mes délices.

» Où est mon frère chéri? Mon mari m'a écrit
» qu'il allait à Londres; j'espère qu'il a re-
» noncé à venir me chercher, mon amie lui a
» écrit pour l'y engager. Je retourne avec le
» couple, je ne puis m'imaginer que nous res-
» tions encore longtemps hors de chez nous;
» peut-on prévoir les choses ainsi par l'extrê-
» me désir que j'ai de me retrouver chez moi?

» Bonne amie, si vous trouvez une occasion
» de m'envoyer mes perles d'or, une fois que
» je serai chez moi, profitez-en; mais pas avant,

(1) La Reine.

» à moins que vous ne soyez sûre que la per-
»sonne me trouvera positivement.

» Voici quatre morceaux de sépia, et deux
» de bistre. Avez-vous reçu les deux morceaux
» de sépia par l'Anglais Bonar? Pourquoi vous
» ai-je envoyé mon cartel? Comment et quand
» me le renverrez-vous avec ces croquis, ainsi
» que tout le reste? Que font mes compatriotes,
» la belle et la mère de famille? J'entends le
» mot *partons;* je vous quitte bien triste de
» ne pouvoir pas vous écrire peut-être de long-
» temps; portez-vous bien. Voici quelques
» lignes de ma sœur. Aimez-moi toujours de
» même. A vous jusqu'au beau temps.

» *P. S.* Si cela est possible, faites parvenir
» ce mot à mon cher Esculape ; mettez-y l'a-
» dresse si vous savez où il se trouve, sinon
» gardez la lettre.

» Chère Louise, nous sommes au moment de
» partir; je ne puis donc que vous dire un mot
» de mon amitié bien sincère. Je suis désolée
» de voir mon voyage à Paris renvoyé au ca-
» lendes grecques, et vous êtes le sujet de mes
» plus grands regrets. De grâce, recommandez
» la personne qui vous remettra cette lettre.
» Les circonstances l'ont forcée à se séparer
» de moi : j'ai été fort contente d'elle, et je vous
» demande pour elle votre protection. Au re-

» voir; mais quand? Mon mari et Sachon vous
» baisent les mains.

» Zénaïde. »

Parmi les personnes qui venaient le matin demander des audiences à la Reine, il en était une que j'examinais avec un intérêt tout particulier, c'était la célèbre madame Tallien, dont la beauté avait fait tant de bruit : elle était encore superbe, quoique un peu grasse. Sa belle taille avait conservé toute sa noblesse et l'élégance de ses proportions; ses beaux cheveux n'avaient rien perdu de leur brillant; son visage, tout espagnol, et son air gracieux ravissaient encore tout le monde. Divorcée depuis longtemps, elle avait épousé le prince de Chimay. J'ignore ce qu'elle désirait des bontés de la Reine, je crois pourtant me rappeler qu'elle voulait marier sa fille, jeune personne charmante, dont l'impératrice Joséphine avait été la marraine, et qu'il s'agissait de demander une place pour le mari.

Dans le même temps je vis aussi son premier mari Tallien, ce célèbre républicain, le seul peut-être qui n'ait pas recueilli quelques avantages du système impérial, car c'étaient bien les républicains qui l'avaient établi, et tous s'y étaient fortement rattachés.

Lorsque je fis cette remarque à la Reine pour Tallien, qui était resté à l'écart, elle me répondit : « Ce n'est pas à cause de ses opinions que
» l'Empereur a été sévère pour Tallien; mais il
» ne lui a jamais pardonné d'être parti d'Égypte
» sans sa permission; il regardait ce départ
» comme une désertion d'un si fâcheux
» exemple, qu'il a toujours été inexorable
» envers lui. Comme Tallien a rendu des ser-
» vices à ma mère pendant la révolution,
» nous l'avons soutenu mon frère et moi, et
» aujourd'hui il s'adresse à moi pour le récon-
» cilier avec l'Empereur; il sent que toutes les
» nuances d'opinion doivent se réunir, et que
» dans des circonstances aussi difficiles, au
» succès de l'Empereur tient l'affermissement
» du principe de la révolution française, qui fait
» la gloire et la force de tous. Je demanderai
» l'audience qu'il désire. »

La Reine l'obtint, et fit dire à Tallien que l'Empereur le recevrait un matin. J'ai su par la Reine qu'il avait été fort content de la réception qui lui avait été faite.

Un jour, M. de Latour-Maubourg (Florimont) vint me trouver pour me prier de lui donner un conseil; il s'agissait de madame de Vitrolles qui lui était fort recommandée et

qui désirait vivement voir la Reine : « Elle
» veut, disait-il, lui parler de certaines
» affaires de moutons d'Espagne que l'impé-
» ratrice Joséphine avait je ne sais où, et dont
» M. de Vitrolles s'était chargé. »

Il n'avait pas achevé sa phrase, que je me mis à rire en le regardant d'un air incrédule :
» Monsieur de Latour-Maubourg, vous êtes un
» excellent diplomate; il s'agit bien de parler de
» moutons à la Reine! si elle reçoit votre
» protégée, croyez bien que ce sera parce que
» son mari est en prison, et non pas pour des
» intérêts de moutons qui lui sont fort indiffé-
» rents. Je n'en ferai pas moins votre commis-
» sion, et la Reine est assez bonne pour recevoir
» favorablement madame de Vitrolles. »

Je ne m'étais point trompée, elle fut très-bien reçue; plusieurs fois même elle revint chez la Reine avec sa fille, qui était charmante; mais on ne put rien obtenir de l'Empereur.

La Reine ne voulant pas que son bon vouloir fût jamais sans résultat, écrivit au ministre de la police pour l'engager à ordonner que le prisonnier fût bien traité et qu'il pût voir sa femme aussi souvent qu'elle le désirerait.

C'était tous les jours de nouvelles demandes; d'après l'idée qu'on s'était faite que la Reine avait contribué au retour de l'Empereur, on pensait qu'il ne pouvait rien lui refuser. Quelquefois elle me disait : « Si je pouvais rendre » tous ces solliciteurs heureux et faire ce » qu'ils me demandent, je ne me plaindrais » pas; mais ils ne désirent, la plupart du temps, » que les choses les plus infaisables : en con- » science, je ne puis aller tourmenter l'Em- » pereur pendant le peu de moments que je le » vois, et l'implorer pour des niaiseries, lui qui » travaille jour et nuit pour réparer le tort » qu'on a fait à la France depuis un an, en » désorganisant toutes les forces militaires. » Elle ajoutait : « Si la France n'est pas assez « forte, peut-elle être libre? On ne crie dans » ce moment qu'après le besoin de la liberté ; » mais si l'on nous fait la guerre, si l'Empe- » reur ne réorganise pas l'armée, s'il ne fait » pas remplacer les canons dans nos places for- » tes, nous serons battus; et alors adieu la » liberté, la France dépendra des étrangers. »

Dans toute l'Europe l'activité était grande ; mais les puissances alliées n'avaient presque pas de préparatifs militaires à faire ; elles étaient sous les armes ; tandis qu'il fallait en France le plus grand élan. Cela toutefois ne manquait pas parmi le peuple : on se fédérait dans les provinces et même à Paris.

Il y eut, un dimanche, une parade où défilèrent devant l'Empereur tous ceux qu'on appelait *les fédérés*. C'est à propos de cette revue que l'on disait que cette troupe improvisée aurait de la peine à prendre pour signe de ralliement un mouchoir, car ceux qui en faisaient partie se mouchaient dans leurs doigts. Cela n'empêcha pas ceux qui défilèrent d'être des hommes superbes, d'une taille et d'une force herculéennes. Ils étaient mis suivant leur état. Le total se montait à dix mille; ils auraient certainement fait trembler l'ennemi; le temps ayant manqué pour fabriquer autant de fusils qu'il en fallait, il fut impossible de les armer. On ne disait pas tout haut nos misères, mais elles étaient grandes : tous nos arsenaux étaient dégarnis depuis que le comte d'Artois, comme lieutenant-général du royaume en 1814, avait livré nos places fortes avec le matériel qu'elles renfermaient. Au retour de l'empereur, il ne se trouvait plus rien pour organiser la défense de la France.

En voyant cette ténacité des alliés à ne pas vouloir traiter avec l'Empereur, la guerre paraissait imminente, et cette idée jetait le découragement dans l'âme de chacun, excepté chez les militaires. Déjà on commençait à douter de la fortune de l'Empereur : on apprenait que des officiers qui avaient demandé du service passaient néanmoins à Gand; c'est surtout dans les moments de crise que la faiblesse de certains caractères se montre à nu. Tant que l'Empereur avait été heureux, il avait eu tout le monde; obligé de lutter encore contre l'Europe, il ne lui restait plus que ce bon peuple, qui voyait en lui son appui, et les soldats, qui l'aimaient avec enthousiasme, sans arrière-pensée; mais il perdait tous ces gens qui ne veulent qu'encenser la fortune, et le nombre en était malheureusement bien grand. D'ailleurs, il faut être juste, les Bourbons avaient été bons et indulgents; ils avaient plus ou moins accueilli tous les partis, sans se montrer vindicatifs. Si leur noblesse et leurs émigrés avaient froissé beaucoup d'amours-propres, les Bourbons se sentaient encore si peu forts qu'ils n'avaient agi que dans l'ombre.

J'allai un matin chez la duchesse de Bassano; elle me dit que son mari était désespéré, qu'il s'était porté caution, auprès des libéraux, des intentions de l'Empereur, et qu'on venait de faire prendre à S. M. une mesure toute contraire à ce qu'on attendait d'elle, et qui allait jeter l'alarme partout.

« Mon Dieu! qu'a-t-il donc fait? » lui demandai-je, fort inquiète de ce début.

— « Fouché vient de donner l'ordre à tous » ceux qui faisaient partie des gardes du corps, » de quitter Paris; et comment, après une » rigueur aussi exceptionnelle, peut-on croire » à la liberté? »

Après ma visite chez la duchesse de Bassano, Labédoyère vint me voir et me parla à peu près dans le même sens. Comme cette mesure touchait toute la haute société, elle produisait un tapage terrible, et les libéraux faisaient chorus avec elle, sans s'apercevoir qu'ils se rangeaient ainsi du parti opposé à leurs intérêts, et sans songer que ces gardes du corps restés à Paris étaient autant d'ennemis qui travaillaient l'opinion, et qui faisaient passer à leurs amis de Gand tout ce qu'il était essentiel qu'ils sussent, au détriment de la France menacée.

A Paris, on recevait souvent des nouvelles de Gand; car j'appris bien directement qu'on rassurait de là tous les fidèles, pour qu'ils eussent à ne pas perdre courage; que M. de Talleyrand avait écrit de Vienne que le congrès ne reconnaîtrait jamais l'Empereur; que les puissances alliées s'apprêtaient à la guerre, et qu'il allait bientôt (lui M. de Talleyrand) arriver à Gand pour donner ses conseils.

Cette mesure contre les gardes du corps fit

néanmoins tant crier, que je doute encore qu'elle ait jamais été mise entièrement à exécution : chacun venait prier le duc d'Otrante, qui était ministre de la police, pour avoir des permissions spéciales; en définitive, il y en eut tant d'accordées, que la défense fut éludée, ce qui, aux yeux des gens sensés, était non-seulement une grande imprudence, mais même une faute.

Du reste on était unanime dans la violence qui animait tous les partis; si les dames du faubourg Saint-Germain boudaient, d'autres étaient exaltées dans leur opinion bonapartiste. On citait parmi celles qui témoignaient avec plus de chaleur et d'énergie leur enthousiasme pour l'empire, la belle des belles, madame Dulauloy, dont les opinions n'ont jamais varié, et qui représentait, dans tout son éclat, la cause qui s'était un moment éclipsée avec elle (1).

Madame la comtesse Dulauloy n'était pas, comme on le pense bien, en odeur de sainteté dans le noble faubourg, où madame Alf... de N..., la nommait (en sobriquet) *le grenadier*

(1) Madame Dulauloy s'était éloignée de Paris après l'abdication de l'Empereur, et n'y était rentrée qu'au 20 mars 1815, pour y jouir de son retour. Cette démonstration de sa part était bien digne de la femme du lieutenant-général commandant l'artillerie de la garde impériale.

tricolore, faisant allusion à sa haute et belle taille, comme aux opinions que cette dame professait; celle-ci lui avait riposté en la nommant *la Vénus du Père Lachaise*. Or, pour qui connaissait l'état de maigreur de madame Alf... de N..., l'application se trouvait être des plus plaisantes, et les rieurs ne furent pas de son côté.

Madame la comtesse Dulauloy était si belle, si distinguée, que c'était un type de chef de file.

La duchesse de Bassano avait mis aussi une grande vivacité dans ses sentiments anti-bourbonistes; mais depuis le succès de sa cause, elle avait repris toute sa modération. On citait aussi madame de Marmier, jolie, petite, vive, et trouvant dans l'exaltation de son enthousiasme une véhémence qu'on ne lui aurait pas soupçonnée.

Parmi les personnes de l'intimité de la Reine, que les circonstances plaçaient à l'écart, se trouvait la duchesse de Raguse, pour laquelle la Reine avait beaucoup d'amitié, et que ses amis ne négligeaient dans aucun temps, parce qu'ils la trouvaient toujours bonne et aimable. Le nom qu'elle portait compliquait sa situation. Séparée d'intérêt d'avec son mari, dont elle n'avait pas toujours eu à se louer, elle oubliait ses torts lorsqu'il était malheureux, et c'était encore elle qui le soutenait dans l'exil, auquel sa conduite précédente le condamnait alors.

Je regrettais plus qu'aucun autre la retraite qu'elle s'était imposée, car personne plus que moi n'appréciait ses aimables qualités, et j'ai toujours eu lieu de me loüer bien vivement de ses bontés et de son amitié pour moi.

La duchesse de Bassano était venue une matinée voir la Reine, au moment où elle allait se promener avec ses enfants. La Reine engagea la duchesse à l'accompagner au bois de Boulogne. Toujours délicate et frileuse, la Reine n'aimait rien tant que la chaleur; nous partîmes donc à une heure, en plein soleil et par un temps admirablement beau.

A peine fûmes-nous arrivés au bois de Boulogne, que nous descendîmes de voiture pour nous promener à pied, la Reine, la duchesse, les deux princes et moi, dans une allée où il n'y avait personne; à cette heure le bois de Boulogne étant désert, les enfants pouvaient courir et jouer tout à leur aise. Un instant après nous vîmes arriver un cabriolet: un homme en descendit; il portait des lunettes vertes, énormes, et nous suivit d'assez près. Dans les premiers moments nous n'y fîmes aucune attention; mais l'affectation qu'il mit à nous observer nous étonna et nous inquiéta. Par un mouvement machinal, la Reine rappela ses enfants et les prit tous deux par la main. « C'est un garde du corps qui se cache, me dit tout bas la duchesse de Bassano : voyez ses lunettes vertes, qui semblent plutôt le déguiser que lui être nécessaires, et les regards furieux qu'il nous lance en dessous. »

Je n'avais pas une goutte de sang dans les veines. Nous nous étions éloignées de la voiture, et nous avions un assez grand trajet à parcourir pour la rejoindre. Cet individu inquiétant passait et repassait sans cesse près des princes, et les regardait avec une attention où perçait une expression de haine qu'il ne pouvait dissimuler. La Reine, très-alarmée, voulait montrer du courage; mais je la voyais serrer ses fils près d'elle, ne perdant pas de vue le moindre geste de cet être mystérieux, et se tenant prête à se jeter entre lui et ses enfants, s'il faisait mine de vouloir s'approcher d'eux. Il avait toujours la main sur sa poitrine, et regardait, ainsi que nous, de loin, comme s'il attendait quelqu'un. En effet, nous vîmes arriver un fiacre, et, au signe qu'il fit, quatre hommes en descendirent se dirigeant vers lui, et par conséquent vers nous ; mais heureusement, dans ce moment où notre effroi était au comble, la voiture de la Reine, que les valets de pied avaient été chercher, arriva : nous nous précipitâmes bien vite dedans, et nous quittâmes avec empressement ce lieu et ces gens qui nous paraissaient si hostiles.

Lorsque nous fûmes assez loin d'eux pour ne plus les craindre, la Reine fit ralentir le pas pour jouir plus longtemps du charme de cette belle journée : nous étions en landaw découvert, afin de ne pas perdre un souffle de l'air doux que nous respirions. Tout à coup notre inconnu en cabriolet nous rejoignit, et, au lieu de suivre ou de dépasser, il se mit encore au pas à côté de nous, ne nous perdant pas de vue, ce qui obligea la Reine de donner l'ordre au cocher d'aller plus vite et de retourner chez elle.

Depuis ce jour, la Reine ne revint plus se promener au bois de Boulogne, et elle envoyait ses enfants aux Tuileries ou aux Champs-Élysées. Ces promenades à pied, au milieu de la foule, leur plaisaient bien plus que les courses en voiture. Pour la Reine, c'étaient les Champs-Élysées qu'elle préférait, et voici pourquoi :

Elle détestait la maison qu'elle habitait, et

depuis longtemps elle faisait des plans pour en acheter une autre dans le quartier du faubourg Saint-Honoré, pour avoir enfin ce qu'elle désirait, *un jardin au soleil.*

Nous laissions la voiture sur la place de la Concorde, et nous allions toutes deux, seules, à pied, pour tâcher d'apercevoir les jardins et choisir la maison qui paraissait à la Reine la plus agréable et la mieux exposée au midi.

Un jour où elle était arrêtée près de l'hôtel d'Aumont, à en compter les fenêtres et à parcourir des yeux l'étendue du terrain : « Décidément, me dit-elle, voilà où se fixe mon choix. Lorsque je serai triste, malade, comme cela m'arrive si souvent, et surtout quand je serai vieille, que je ne pourrai plus sortir, je me placerai sur cette terrasse, je verrai passer du monde dans l'allée de Marigny, et cela me distraira... J'ai aperçu pendant bien longtemps, à une fenêtre sur le boulevard, une petite vieille qui paraissait avoir cent ans : je suis sûre que tout ce mouvement qui passait devant ses yeux lui faisait oublier et ses ennuis et ses infirmités ; j'ambitionne son état de tranquillité, et je veux prévoir d'avance le moment de vieillesse où ce passe-temps me sera le plus agréable. »

Deux personnes qui se promenaient s'approchèrent de nous dans ce moment, et semblèrent nous examiner avec étonnement. « On vous reconnaît, madame, dis-je à la » Reine.

—» C'est possible, me répondit-elle, et que va-t-on penser de me voir seule avec toi? Certainement on ne se doutera guère que je suis ici pour faire des plans de maison, moi qu'on suppose toujours plongée dans la politique. De quels grands intérêts me croira-t-on occupée? Hélas! dit-elle en soupirant, ces projets que je fais seront peut-être comme ceux de Perrette et de son pot au lait. »

Malgré ces réflexions décourageantes, elle revenait pourtant le lendemain avec le même plaisir, pour compter les fenêtres, voir l'endroit où elle pourrait placer une serre; et comme cela donnait de l'intérêt à ses promenades, elle riait de son innocente passion et ne cherchait pas du tout à la surmonter.

V.

Lucien Bonaparte à Paris. — On augure bien de son arrivée. — Querelle de dynastie. — Visite aux princes de la famille impériale. — Les souleurs de la duchesse de Mouchy. — Syncope politique. — M. Gilbert Desvoisins. — L'épée à la toge. — Les protestations s'en vont en fumée. — Préparatifs du Champ-de-Mai. — Un concert chez Carnot. — La reine est fêtée. — *Il faut défendre sa patrie.* — Les jeunes gens fourvoyés. — *Le Censeur* saisi. — La reine indignée, pourquoi ? — Grande colère du duc de Bassano, de Régnault-de-Saint-Jean-d'Angély, de Labédoyère et de tout le monde. — L'opposition libérale favorable aux royalistes. — M. de Montlévaut ardent solliciteur. — Émigration pour Gand. — L'impératrice Joséphine passionnée pour un tableau. — Délicate attention de son intendant. — Joie d'enfant. — Les fédérations dans les départements. Le courrier intercepté. — Le prince Eugène menacé d'être enfermé dans une fortesse.

Le prince de Canino venait d'arriver à Paris. De longs débats sur des intérêts privés l'avaient, pendant nombre d'années, tenu éloigné de l'Empereur, qui n'avait jamais voulu voir sa seconde femme, ce mariage s'étant fait contre son gré. Les antécédents de

Lucien, cette opposition aux volontés de son frère, que l'on croyait venir de dissentiments politiques, lui avaient laissé un reflet de libéralisme qui cadrait parfaitement avec les idées du moment. On sut gré à l'Empereur de ce retour, et le prince Lucien fut fort bien accueilli par tout le monde.

Ce fut chez la duchesse de Bassano, où j'étais venue terminer ma journée, que j'appris son arrivée. La duchesse me conta que cet événement avait fait naître beaucoup de discussions parmi les princes de la famille impériale, et qu'un conseil, auquel avait assisté le duc de Bassano, avait eu lieu à ce sujet. Le prince de Canino, absent depuis si longtemps, n'avait pas fait jusqu'à ce jour partie de la famille impériale, il fallait désigner son rang.

Les droits, la position et le rang de Joseph et de Louis ayant été établis par les constitutions de l'empire, et sanctionnés par le peuple, ils étaient hors de litige; mais il s'agissait de régler les droits de Jérôme et de Lucien, qui n'avaient pas été compris dans ces actes de souveraineté populaire. Cependant Jérôme, admis dans la famille par un sénatus-consulte qui datait déjà de quelques années, avait ainsi le pas sur Lucien; et comme il pouvait se faire que Joseph n'eût pas de fils, et que ceux de Louis ne vécussent pas; comme alors le peuple eût été appelé à sanctionner les nouveaux droits à la succession que l'Empereur aurait reconnus à ses autres frères, Jérôme ne voulait pas céder cette chance à Lucien, qui était le dernier venu, et celui-ci se prévalait de son droit d'aînesse pour l'emporter sur son frère cadet.

Je n'ai jamais su comment cette contestation de famille s'était terminée. La Reine s'occupait si peu de ces choses-là, qu'il ne me serait pas venu à l'idée d'amener avec elle la conversation sur ce sujet.

Le prince de Canino vint voir la Reine; elle lui rendit sa visite quelques jours après avec ses fils. J'eus l'honneur de l'accompagner, et je vis pour la première fois le Palais-Royal, que le duc d'Orléans avait fait très-bien arranger. En admirant la beauté, la richesse, la grandeur de ce palais, je m'étonnais qu'il eût été si longtemps désert; l'Empereur l'avait plusieurs fois offert au roi Louis, qui ne l'avait pas voulu, préférant son hôtel, plus petit et entouré d'un jardin particulier, à ce magnifique palais où l'on est si peu chez soi.

L'Empereur décida que toutes les autorités et les corps constitués iraient rendre visite aux princes et aux princesses de la famille impériale. Un jour fut désigné pour cela; tous se rendirent d'abord chez la reine Julie (1), puis chez la reine Hortense, dont la rue et les cours avaient peine à contenir l'affluence des voitures. L'air animé et satisfait des personnes qui les remplissaient, cette réunion de costumes de tous les ordres de l'état, et le hasard qui fit que dans ce moment-là on essayait des canons à Vincennes; tout ce concours de circonstances fit croire que l'on fêtait quelque heureux événement; et, comme la paix était ce qu'on désirait le plus, on crut qu'elle venait d'être signée : le bruit s'en répandit, la foule le répéta, et bientôt il prit la consistance d'une nouvelle.

La duchesse de Mouchy, qui rentrait d'une course, gagnait avec peine son hôtel, voisin de celui de la Reine, tant le passage était obstrué par la foule des équipages. Elle se fit répéter le bruit qui circulait parmi les curieux, et, à l'idée que la paix était faite, madame de Mouchy éprouva un tel saisissement, qu'elle

---

(1) Épouse de Joseph.

s'évanouit, et ce fut sans connaissance qu'on la transporta chez elle, où elle apprit, en se remettant, que ce n'était encore qu'un bruit, et *que tout espoir* n'était pas perdu pour elle et pour son parti. Telle était l'exaltation des passions politiques dans ces moments. Elles n'étaient pas moins vives de notre côté; et tandis qu'on respirait des sels à l'hôtel de Mouchy, l'encens ne se ménageait pas dans les salons de la Reine. L'admiration, le dévouement, les éloges, les espérances, tout y était exprimé avec chaleur, avec enthousiasme et entraînement. Habituée à ces sortes d'hommages, que son tact lui avait toujours fait apprécier à leur juste valeur, la Reine recevait comme marque de bienveillance ces éloges, dont son mérite personnel la rendait digne, sans que sa vanité de femme en prît rien. Un seul de tous ces compliments lui plut, parce qu'il toucha une corde toujours sensible chez elle, son amour pour son pays. Ce fut M. Gilbert-Desvoisins, président de la cour impériale de Paris qui le lui dressa. Il lui dit beaucoup mieux que je ne me le rappelle, et avec l'esprit et la grâce du langage que chacun lui connaît, « qu'au milieu des maux qui avaient affligé la France on avait vu avec bonheur qu'elle y était restée, et que sa présence dans la capitale avait été, pour tous les Parisiens, une consolation, comme l'espoir qui reste au cœur de celui qui souffre, etc. »

Le lendemain, les corps militaires se rendirent à leur tour chez la Reine. La garde nationale passa la première; M. Gilbert-Desvoisins en faisait partie : la Reine l'aborda gracieusement. Il s'étonna qu'elle le reconnût sous l'uniforme militaire, ne l'ayant vu qu'enveloppé dans une longue robe noire. « Vous m'avez dit » des choses trop agréables pour que j'aie pu » les oublier si vite, lui répondit la Reine. »

Hélas! que devinrent toutes ces protestations à l'heure du malheur et du danger? à quoi tiennent les sentiments et les dévouements des hommes!

On faisait les plus grands préparatifs pour la fête du Champ-de-Mai. C'était dans cette solennité que l'Empereur devait encore recevoir la sanction du peuple, et tous les députés arrivaient des provinces, munis de pleins pouvoirs à cet effet.

Peu de temps avant, le ministre de l'intérieur, Carnot, vint prier la Reine d'honorer de sa présence un concert qu'il donnait; elle accepta, quoiqu'à contre-cœur, son invitation.

Il y avait si longtemps qu'elle n'avait fait grande toilette, que c'était pour elle un ennui, une véritable corvée, de paraître au milieu de l'éclat d'une grande réunion. Vêtue d'une robe de blonde, d'une belle parure de turquoises entourées de diamants, la grâce de sa personne relevait encore le bon goût de sa mise. Madame d'Arguson, M. de Marmold et moi, nous l'accompagnâmes.

Quand la Reine arriva, la grande galerie de l'hôtel du ministère était déjà remplie par une foule immense; elle fit le tour du cercle et parla à tout le monde avec cette aisance et cette bienveillance que donne la grande habitude qu'elle avait contractée dès son enfance de s'occuper des autres. D'ailleurs elle avait été élevée à bonne école, car jamais on ne rencontra plus de grâce, plus d'aménité que n'en possédait l'impératrice Joséphine. On verra beaucoup de princesses aimables assises sur le trône, mais rarement elles approcheront de ce sentiment sympathique que faisait naître la moindre parole de l'impératrice Joséphine; aussi disait-on que si son mari gagnait les batailles, elle gagnait les cœurs.

Sa fille, dans ce moment, était accueillie avec un empressement bien marqué, et répondait avec sa modestie et sa noblesse ordinaires aux protestations de dévouement qu'on lui prodiguait de toutes parts.

Cette réunion n'avait pas le caractère calme d'une soirée musicale, comme j'en avais vu dans d'autres temps; ici, en dépit du décorum, les passions les plus animées sentaient le besoin de se faire jour. L'expression des physionomies, les exclamations en voyant la Reine, tout décelait l'agitation des esprits.

Les députés qui se trouvaient là se pressaient sur ses pas et l'entouraient. Placée près d'elle, j'entendis souvent les assurances d'un dévouement alors sincère.

« Nous soutiendrons à la vie et à la mort la famille impériale : n'est-ce pas la dynastie créée par le peuple?... Dites à l'Empereur, Madame, qu'il peut compter à jamais sur les députés de la France. »

Hélas! après Waterloo, sur qui put-il compter? Un seul échec avait suffi pour faire évanouir tout ce fanatisme d'enthousiasme auquel il s'était fié... Mais n'anticipons point sur ces tristes événements.

Dans le moment que je décris, tout était agitation autour de nous ; on sentait qu'il y allait de l'existence de la France, de son indépendance, et aux respects monotones des temps ordinaires, succédaient les démonstrations exaltées de cette époque.

A la fin du concert, on chanta une romance composée par la Reine, il y avait bien peu de temps, et qu'on s'était procurée je ne sais trop comment. Cette romance, qui finissait par ces mots : « *Il faut défendre sa patrie*, » fut accueillie par des acclamations universelles.

Cet enthousiasme se retrouvait dans toutes les réunions, à quelque exception près, et l'Empereur avait bien raison de dire qu'aucun gouvernement n'avait jamais été si populaire en France que le sien.

Cependant une classe de jeunes gens était hostile ; elle se composait de ceux qui, sortant de faire leurs études, entraient dans la vie des affaires avec le désir de se faire remarquer n'importe comment. Ils étaient mus sans doute par l'amour de la patrie et de la liberté ; mais ils croyaient tout facile avec la liberté de la presse, sans penser à la gravité des circonstances où l'on se trouvait.

Sans avoir longuement réfléchi sur l'histoire

de l'Empereur, et sans l'avoir étudiée, puisqu'elle n'était pas encore écrite, l'année qui venait de s'écouler leur en avait appris assez en fait de calomnie. L'Empereur était tombé une fois par l'effet de la funeste catastrophe survenue dans la campagne de Russie, donc il avait eu tort, et les contes les plus absurdes répandus sur lui avaient porté leurs fruits. Sans croire tout aveuglément, ils pensaient faire de l'impartialité en n'en croyant que la moitié. Ils avaient vu les Bourbons avec une noblesse féodale qui tendait à rétablir ses priviléges, que leur faisait cette prétention? Ils se croyaient la force et la possibilité de la combattre par la presse; et, comme ils avaient vu la noblesse de l'empire heureuse de s'y associer (quoique ce fût pourtant sa création qui neutralisait le retour de la féodalité), tout ce que l'Empereur avait créé était mauvais, puisqu'il avait empêché la discussion, et ils faisaient chorus avec les ennemis, avec les bourbonnistes, se croyant assez forts pour sauver seuls la patrie, tant ils se sentaient énergiques; ainsi, méprisant l'armée et ses chefs, ils croyaient réellement que, les rois étrangers ayant soulevé leurs peuples au nom de la liberté, leur retour en

France serait peu à redouter, puisqu'ils étaient amis de cette liberté tant désirée, et c'était l'Empereur qu'ils désignaient comme fauteur de l'esclavage.

Dans quelle erreur était-on tombé! Parmi ces jeunes gens, plusieurs avaient créé depuis la restauration, des journaux qui se continuaient encore. On citait *le Censeur*, comme l'un des plus marquants par son esprit, sa bonne rédaction et ses sentiments patriotiques. La Reine s'y était abonnée; pendant une de ses lectures, je la vis un jour fortagitée et aussi en colère qu'elle pouvait l'être.

« Conçoit-on, me dit-elle, que des Français puissent attaquer l'Empereur dans ce moment, quand on a besoin de toute la force de son génie pour défendre la France contre l'agression étrangère? On l'appelle tyran! On veut encourager les puissances coalisées qui hésitent encore à nous faire la guerre, dans la crainte d'une énergique résistance de la part d'une grande nation!

» On veut les rassurer, sans doute, par la connaissance de notre désunion? Si c'étaient des bourbonnistes qui écrivissent ainsi, je le concevrais, disait la Reine; mais que de bons

Français puissent s'abuser si cruellement, cela m'afflige : comment peuvent-ils croire que l'étranger ne leur fera pas tout le mal possible? Qu'ils sont jeunes! ils porteront les coups, comme nous, car c'est sur eux de même que sur nous qu'on frappera. Est-ce qu'ils croient pouvoir s'isoler? Ne sont-ils pas du peuple, et l'Empereur n'est-il pas le représentant de la souveraineté populaire? Leur patriotisme devrait mieux les inspirer. Un gouvernement qui procède du droit divin ne les regarderait jamais que comme des rebelles, et c'est contre eux qu'il lutterait de toutes ses forces. »

Cet article, qui excitait le dépit de la Reine, produisit le même effet aux Tuileries; l'Empereur donna l'ordre de saisir le pamphlet. Ce furent bien alors d'autres colères; celle du duc de Bassano recommença, il s'y adjoignit celle de Régnault de Saint-Jean-d'Angely. Labédoyère vint chez la Reine et lui raconta le mauvais effet qu'avait produit cette saisie : « Comment, dit la Reine, on appelle tyran celui que le peuple a accueilli par acclamation, comme son véritable défenseur; on cherche à le déconsidérer le plus possible, quand il a besoin des efforts de toute la nation pour lutter contre la croisade qui se prépare; et l'on voudrait qu'il trouvât cela bon?

— Oui, dit Labédoyère, l'homme qui écrit ainsi se déconsidère lui-même : s'il ne comprend pas la position de la France c'est un imbécile, ou un traître s'il le fait avec connaissance de cause! Mais qu'importe? L'Empereur a promis la liberté de la presse, il doit la donner *pleine et entière*. — Mais si elle a le danger énorme de faire rejeter nos propositions de paix, croyez-vous qu'il ne vaille pas bien la peine d'y réfléchir ?

— Sans doute, c'est un inconvénient pour le moment; mais la force de l'Empereur tient à ce qu'il contente la France et particulièrement le parti libéral qui la domine; et je vois avec peine, madame, que vous n'êtes pas aussi libérale que je le pensais.

— Pardonnez-moi, dit la Reine; si j'étais roi de France, je ferais tout ce que j'ai promis; mais quand je verrais qu'on cherche à entraver le bien que je me propose, je donnerais bien vite ma démission de roi et je me retirerais avec plaisir, laissant à ceux qui croiraient mieux faire que moi tous les embarras qu'ils suscitent. »

Cette opposition des feuilles libérales annonçait assez que la jeune génération n'appartenait pas à l'Empereur, et c'était une joie complète dans le parti royaliste. Aussi, depuis ce moment, se fiant aux alliés, ils ne doutèrent plus du triomphe de leur cause. C'est pourquoi presque toutes les personnes qui avaient assailli la Reine, pour avoir des places, les premiers jours du retour de l'Empereur, ralentirent leurs sollicitations : entre autres M. de Montlivaut, qui demandait à conserver la préfecture que lui avaient donnée les Bourbons, avait cessé ses instances; beaucoup d'autres, à son exemple, ne reparurent plus, et semblèrent avoir renoncé à être placés. M. Molé, ami de la Reine, et l'un des plus dévoués à l'Empereur, partit pour les eaux de Plombières, où il allait, disait-il, soigner sa santé. Petit à petit cette foule immense, qui se pressait dans les salons des Tuileries, s'éclaircit et se dispersa; les uns allaient à la campagne, les autres à Gand!

En nommant M. de Montlivaut, cela me rappelle le temps où il était l'intendant de l'impératrice Joséphine, dont il administrait assez médiocrement les revenus; il faut dire aussi que cette bonne Impératrice était si bienfaisante, si généreuse, qu'une plus considérable fortune n'y eût pas suffi ; à force de donner il ne lui restait rien pour elle. Cette magnificence était poussée à un tel point, que les personnes qui avaient de la délicatesse et qui l'approchaient, hésitaient à lui faire compliment sur un bijou, une coiffure, ou un cachemire qu'elle portait, car il arrivait souvent à l'Impératrice de prendre le compliment pour un désir d'avoir un objet pareil, et il n'était pas rare qu'elle en fît cadeau. Elle faisait des dettes et se créait, par cette trop grande facilité à donner, des embarras qu'elle n'aurait jamais dû connaître dans sa position. Son goût pour les arts entrait aussi pour beaucoup dans ses libéralités, dont les artistes de ce temps se trouvaient à merveille. Une fois, à une exposition en 1813, elle se passionna pour un tableau de Granet, qui avait alors toute la vogue et la réputation qu'un beau talent doit donner.

L'Impératrice désigna le tableau de son choix, et, rentrée chez elle, fit prévenir son intendant de sa nouvelle acquisition. M. de Montlivaut se rendit près d'elle, et lui expliqua, de la manière la plus respectueuse et la plus positive, qu'il lui était de toute impossibilité de satisfaire au désir de sa majesté, que son budget des arts était déjà dépassé de beaucoup, et qu'il n'y avait pas moyen de grossir encore ce déficit d'une somme de 15,000 francs (c'était le prix qu'on demandait du tableau).

L'Impératrice proposa plusieurs expédients qui tous présentaient des difficultés ; et à son grand regret, il fallut renoncer à l'espoir de posséder le charmant tableau qui l'avait tant séduite. Elle congédia son intendant et n'y pensa plus.

A quelques jours de là, la Reine dînait à la Malmaison, je l'accompagnais; la réunion était nombreuse et l'Impératrice accueillait tout le monde avec sa grâce inimitable. En sortant de table et rentrant au salon, elle fut fort surprise et fort joyeuse d'y trouver le charmant tableau auquel elle avait dû renoncer avec tant de peine. M. de Montlivaut triomphant, jouissait du plein succès de sa délicate attention : il avait fini par prélever l'argent nécessaire à l'acquisition du tableau, sur une autre branche de dépense du budget. Il recevait les remerciements réitérés de l'Impératrice, et les félicitations de tout le monde, comme si c'était un cadeau qu'il eût fait de ses propres deniers, et la joie de cette si excellente Impératrice était vraiment une joie d'enfant.

Mais revenons sur le mauvais effet qu'avait produit la saisie du numéro du *Censeur*. L'Empereur, en l'apprenant, avait consenti à la levée de la saisie, et chacun eut la faculté de traiter de *tyran abhorré* l'homme que le peuple et l'armée venaient de porter en triomphe du golfe de Juan à Paris.

Si les étrangers nous ont appelés souvent peuple léger et inconséquent, il faut leur pardonner ; bien des choses ont pu les porter à prononcer sur nous un pareil jugement.

Malgré l'élan que cherchaient à arrêter ces feuilles dites libérales, toutes les provinces se formaient en fédérations et entretenaient cette énergie qui, avec une seule victoire, pouvait sauver la France et lui rendre son ancienne prépondérance.

A Paris, de malveillantes critiques assuraient que l'Empereur n'oserait pas armer la population, tandis que j'entendais dire précisément qu'on s'occupait de tout préparer pour cela ; mais on ne pouvait faire autant d'armes qu'il en fallait, puisque l'armée même en manquait ; tous les jours, dans le faubourg Saint-Antoine, des manufactures entières travaillaient à fabriquer des piques qui devaient servir à défaut d'autres armes.

L'Empereur, loin de redouter d'armer le peuple, savait bien que c'était là réellement que résidait sa force; mais il fallait du temps pour tout.

La Reine apprit avec beaucoup de chagrin que le courrier qu'elle avait expédié à son frère avait été pris, et que sa lettre était cause qu'on voulait envoyer le prince Eugène dans une forteresse, en Moravie. Il avait fallu, pour qu'il échappât à un pareil sort, que le roi de Bavière, son beau-père, et l'empereur de Russie fussent ses cautions, et que lui-même il s'engageât à ne se mêler en rien des affaires de la France. Sur sa parole d'honneur, qu'il fut forcé de donner, on le laissa retourner à Munick, près de sa famille, où il resta spectateur oisif, mais bien malheureux, des événements qui se préparaient.

Mais ce que la Reine ne sut pas alors, c'est que sa lettre à son frère, prise, commentée, augmentée méchamment, avait été copiée et donnée à tous les souverains du congrès. Comme elle n'y avait rien mis qui ne pût être lu par tout le monde, elle ne s'en inquiéta pas, ne pouvant se douter d'un pareil procédé ; seulement elle me disait :

« Ma lettre à mon frère était bien mal écrite; il y avait peut-être quelques fautes, car j'étais si fatiguée que je ne l'ai pas relue, et je suis toute honteuse de penser qu'on ait vu une lettre de moi si peu soignée. » Nous n'apprîmes que plus tard tout le parti qu'on avait tiré de cette lettre.

VI.

Le Champ-de-Mai. — Les cardinaux de Bayonne et de Cambacérès. — L'archevêque de Tours. — Les évêques de Nanci, de Versailles, de Parme, de Liége et de Meaux. — Enthousiasme du peuple et de l'armée. — Les princes d'Essling et de la Moskowa; les ducs de Dantzick, de Valmy, de Conegliano; le maréchal Serrurier. — Les princes Lucien, Joseph et Jérôme. — M. Dubois, député. — Adresse des représentants. — La constitution proclamée. — Allocution de l'Empereur à l'armée et aux gardes nationaux. — Distribution des aigles. — La Reine et ses deux fils au Champ-de-Mars. — Son album. — Fatales prévisions. — Les lettres de Boutikim. — Mots dictés par l'empereur Alexandre. — Ses anciens et ses nouveaux sentiments. — Opinion du duc de Vicence. — Ouverture des Chambres. — Madame, mère de l'Empereur. — Le beau jeune homme et le mot d'une royaliste. — Discours de Napoléon. — La duchesse de Mouchy et le monstre.

Le 1er de juin était le jour fixé pour la cérémonie appelée le *Champ-de-Mai* (1); les

---

(1) Voici la relation officielle du gouvernement :

« Aujourd'hui 1er juin, dès la pointe du jour, le canon des Invalides a annoncé la solennité du Champ-de-Mai, par des salves qu'ont répétées préparatifs en avaient été faits avec faste et grandeur au Champ-de-Mars.

La Reine se rendit à cette cérémonie avec ses deux fils; des places leur avaient été destinées dans une tribune construite derrière le

le fort de Vincennes et l'artillerie placée sur toutes les hauteurs de Paris. A peine était-il huit heures, que déjà toutes les rues qui conduisent au Champ-de-Mars et toutes les avenues de l'École-Militaire étaient remplies d'une foule immense, attirée par le désir d'assister à cette imposante cérémonie. Les troupes de ligne et la garde nationale, rassemblées devant leurs casernes et sur les places publiques, se mettaient de toutes parts en marche, tandis que les colléges électoraux des départements et les députations des armées de terre et de mer se rendaient dans le local qui avait été construit pour leur réunion, sur le terrain de l'École-Militaire faisant face au Champ-de-Mars.

» A neuf heures, ce vaste cirque était rempli dans toute son étendue : les députations de l'armée occupaient l'extrême droite et l'extrême gauche, et les colléges électoraux se trouvaient placés au centre, c'est-à-dire en face du trône de l'Empereur.

» Cette assemblée nationale, où dix-huit à vingt mille personnes étaient assises, rappelait les immenses amphithéâtres où se réunissait le peuple romain dans les grands jours de fête. Ce qui ajoutait à la beauté du coup d'œil, c'était cette multitude d'aigles tricolores, destinées aux armées et aux gardes nationales, qui bordaient entièrement l'enceinte extérieure. Le mélange de l'or, de l'argent et des couleurs produisait l'effet le plus pittoresque. On apercevait vis-à-vis le trône un autel d'une forme élégante et simple, sur les marches duquel se trouvaient un grand nombre de prélats; on remarquait parmi eux les cardinaux de Bayonne et de Cambacérès, l'archevêque de Tours, les évêques de Nanci, de Versailles, de Parme, de Liége et de Meaux, etc., etc.

» Tandis que cette assemblée se formait dans le plus grand ordre, vingt mille hommes d'infanterie de ligne et trente mille de gardes nationales, rassemblés dans la plus magnifique tenue, se mettaient en fauteuil de l'Empereur. En face du trône on avait élevé un autel où l'on devait bénir les drapeaux ; les aigles nouvelles que l'Empereur allait distribuer à son armée étaient portées par des officiers rangés près de l'estrade où il était. Tous les colonels, tous

bataille au milieu du Champ-de-Mars, et les tertres qui l'environnaient se couvraient de la population entière de Paris.

» A onze heures, le canon des Tuileries a annoncé le départ de Sa Majesté. Au premier coup qui s'était fait entendre, le cri de *Vive l'Empereur!* a éclaté de toutes parts ; et les acclamations du peuple, répétées par l'armée, se sont bientôt confondues depuis l'École-Militaire jusqu'aux bords de la Seine.

» A midi, l'artillerie de l'Esplanade des Invalides a fait connaître que l'Empereur approchait; les tambours ont battu aux champs ; le cortége de Sa Majesté était composé d'un grand nombre de voitures, et il était précédé et suivi d'une nombreuse et brillante cavalerie.

» A midi, les pages, les chambellans, les officiers d'ordonnance, les aides de camp de l'Empereur se sont groupés sur les marches du trône; les ministres, les maréchaux de l'empire, les grands-officiers, parmi lesquels on remarquait les princes d'Essling et de la Moskowa, les ducs de Dantzick, de Valmy, de Conegliano, et le maréchal Serrurier se sont placés dans les tribunes à côté du trône. L'Empereur était accompagné de ses trois frères, les princes Joseph, Lucien et Jérôme; les princes Joseph et Jérôme ont pris place à droite de l'Empereur, et le prince Lucien à gauche. Sa Majesté était vêtue d'une tunique et d'un manteau de velours incarnat; les princes, ses frères, portaient une tunique et un manteau de velours blanc brodé en or. Dès que l'Empereur a paru sur l'estrade, les vingt mille personnes qui formaient l'assemblée se sont levées spontanément ; les trois cents officiers portant les aigles ont agité les drapeaux dans les airs, aux cris mille fois répétés de *Vive l'Empereur! vive la nation !*

» Sa Majesté ayant pris place sur son trône, la messe a été célébrée les généraux, tous les députés se trouvaient réunis. C'était une nouvelle élection impériale que le peuple et l'armée faisaient du souverain. Aussi l'allégresse paraissait-elle universelle, du moins dans la foule. Mais tous ceux qui faisaient partie de cette représentation

par S. Ém. le cardinal Cambacérès. Après l'office divin, l'assemblée centrale, composée de cinq membres de chaque collége électoral, a été conduite par le grand-maître des cérémonies sur les marches du trône. M. Dubois, député de Maine-et-Loire, a lu d'une voix forte l'adresse suivante, que l'assemblée nationale, réunie au Champ-de-Mai, a votée à l'Empereur :

« Sire,

» Le peuple français vous avait décerné la couronne, vous l'avez déposée sans son aveu ; ses suffrages viennent de vous imposer le devoir de la reprendre : un contrat nouveau s'est formé entre la nation et Votre Majesté. Rassemblés de tous les points de l'empire autour des tables de la loi où nous venons inscrire le vœu du peuple, ce vœu, seule source légitime du pouvoir, il nous est impossible de ne pas faire retentir la voix de la France, dont nous sommes les organes immédiats, de ne pas dire en présence de l'Europe, au chef auguste de la nation, ce qu'elle attend de lui, et ce qu'il doit attendre d'elle. Nos paroles sont graves, comme les circonstances qui les inspirent. Que veut la ligue de rois alliés, avec cet appareil de guerre dont elle épouvante l'Europe et afflige l'humanité ?

» Par quel acte, par quelle violation avons-nous provoqué leur vengeance, motivé leur agression ?

» Avons-nous, depuis la paix, essayé de leur donner des lois ? Nous voulons seulement faire et suivre celles qui s'adaptent à nos mœurs.

» Nous ne voulons point du chef que veulent pour nous nos ennemis, et nous voulons celui dont ils ne veulent pas.

» Ils osent vous proscrire personnellement, vous, Sire, qui, maître étaient loin de partager la sécurité et la joie des masses.

La Reine surtout ne pouvait se rendre maîtresse de tristes prévisions qui l'assaillaient : une préoccupation grave se mêlait pour elle à toutes ces solennités, qui auraient dû lui in-

tant de fois de leurs capitales, les avez raffermis généreusement sur leurs trônes ébranlés. Cette haine de nos ennemis ajoute à notre amour pour vous. On proscrirait le moins connu de nos concitoyens, que nous devrions le défendre avec la même énergie ; il serait, comme vous, sous l'égide de la loi et de la puissance française, défendu des atteintes de l'étranger.

» On nous menace d'une invasion ! et cependant, resserrés dans des frontières que la nature ne nous a pas imposées, que depuis longtemps, et avant votre règne, la victoire et la paix même avaient reculées, nous n'avons point franchi cette étroite enceinte par respect pour des traités que vous n'avez point signés, et que vous avez offert de respecter.

» Ne craint-on point de nous rappeler des temps, un état de choses naguère si différent, et qui pourraient encore se reproduire? Ne demande-t-on que des garanties? elles sont toutes dans nos institutions et dans la volonté du peuple français, unie désormais à la vôtre.

» Ce ne serait pas la première fois que nous aurions vaincu l'Europe entière armée contre nous.

» Ces droits sacrés, imprescriptibles, que la moindre peuplade n'a jamais réclamés en vain au tribunal de la justice et de l'histoire, c'est à la nation française qu'on ose les disputer une seconde fois, au dix-neuvième siècle, à la face du monde civilisé ! Parce que la France veut être la France, faut-il qu'elle soit dégradée, ou du moins déchirée, démembrée, et nous réserve-t-on le sort de la Pologne?

» Vainement veut-on cacher de funestes desseins sous le dessein unique de vous séparer de nous, pour nous donner des maîtres avec qui nous n'avons plus rien de commun, que nous n'entendons plus et qui ne peuvent plus nous entendre, qui ne semblent appartenir ni au siècle, ni spirer de la confiance et de la sécurité. En se rendant à celle du 2 mai 1814, elle emporta un très-petit album que j'avais fait faire exprès pour elle, et que je lui avais offert le jour de sa fête; elle l'avait conservé; sa dimension le rendait si commode, qu'elle lui donnait

à la nation, qui ne les a reçus un moment dans son sein que pour voir proscrire et avilir par eux ses plus généreux citoyens.

» Leur présence a détruit toutes les illusions qui s'attachaient encore à leur nom.

» Ils ne pourraient plus croire à nos serments, nous ne pourrions plus croire à leurs promesses : la dîme, la féodalité, les priviléges, tout ce qui nous est odieux, étaient évidemment le but et le fond de leur pensée, quand l'un d'eux, pour consoler l'impatience du présent, assurait à ses confidents qu'il leur répondait de l'avenir.

» Ce que chacun de nous avait regardé pendant vingt-cinq ans comme titres de gloire, comme services dignes de récompenses, a été pour eux un titre de proscription, un sceau de réprobation : des milliers de fonctionnaires, de magistrats qui, depuis vingt-cinq ans, ont suivi les mêmes maximes, et parmi lesquels nous venons de choisir nos représentants; cinq cent mille généreux guerriers, notre force et notre gloire; six millions de propriétaires investis par la révolution; un plus grand nombre encore de citoyens éclairés, qui font une profession réfléchie de ces idées devenues parmi nous des dogmes politiques; tous ces dignes Français n'étaient point les Français des Bourbons, qui ne voulaient régner que pour une poignée de privilégiés depuis vingt-cinq ans punis ou pardonnés.

» L'opinion même, cette propriété sacrée de l'homme, ils l'ont poursuivie, persécutée, jusque dans le paisible sanctuaire des lettres et des arts.

» Sire, un trône fondé par les armes étrangères, et environné d'erreurs incurables, s'est écroulé en un instant devant vous, parce que vous nous rapportez de la retraite, qui n'est féconde en grandes pensées

DE MADEMOISELLE COCHELET. 87

presque toujours la préférence lorsqu'elle faisait une promenade dont elle voulait rapporter quelques souvenirs. Ce jour-là elle le prit en pensant que c'était peut-être la dernière cérémonie de l'empire; et dans un moment où l'attention générale était concentrée sur un

que pour les grands hommes, tous les ornements de notre véritable gloire, et toutes les espérances de notre véritable prospérité.

» Comment votre marche triomphale de Cannes à Paris n'a-t-elle pas dessillé tous les yeux ? Dans l'histoire de tous les peuples et de tous les siècles, est-il une scène plus nationale, plus héroïque, plus imposante ?

» Ce triomphe, qui n'a point coûté de sang, ne suffit pas pour détromper nos ennemis; en veulent-ils de plus sanglants ? Eh bien ! Sire, attendez de nous tout ce qu'un héros fondateur est en droit d'attendre d'une nation fidèle, énergique, généreuse, inébranlable dans ses principes, invariable dans le but de ses efforts, l'indépendance à l'extérieur et la liberté au-dedans.

» Les trois branches de la législation vont se mettre en action ; un seul sentiment les animera : confiants dans la promesse de Votre Majesté, nous lui remettrons, nous remettrons à nos représentants, à la Chambre des pairs, le soin de revoir, de consolider, de perfectionner de concert, sans précipitation, sans secousse, avec maturité, avec sagesse, notre système constitutionnel, et les institutions qui doivent en être la garantie.

» Et cependant, si nous sommes forcés de combattre, qu'un seul cri retentisse dans tous les cœurs ! marchons à l'ennemi, qui veut nous traiter comme la dernière des nations ! serrons nos rangs autour du trône où siége le père et le chef du peuple français et de l'armée.

» Sire, rien n'est impossible, rien ne sera épargné pour nous assurer l'honneur et l'indépendance, ces biens plus chers que la vie; tout sera tenté, tout sera exécuté pour repousser un joug ignominieux ! nous le disons aux nations, puissent leurs chefs nous entendre ! S'ils acceptent autre point, elle traça rapidement l'esquisse fidèle du spectacle imposant qu'elle avait sous les yeux. Ce croquis est probablement le seul qui ait été fait d'une solennité comme on n'en verra plus, et elle pourrait fournir à un de nos grands peintres le sujet d'un beau tableau,

vos offres de paix, le peuple français attendra de votre administration forte, libérale, paternelle, des motifs de se consoler des sacrifices que lui a coûtés la paix. Mais si on ne nous laisse que le choix entre la guerre et la honte, la nation tout entière se lèvera pour la guerre! Elle est prête à vous dégager des offres trop modérées peut-être que vous avez faites pour épargner à l'Europe un nouveau bouleversement. Tout Français est soldat! la nation suivra vos aigles, et nos ennemis, qui comptaient sur nos divisions, regretteront bientôt de nous avoir provoqués! »

« Cette lecture a été suivie d'acclamations et de transports, que nous n'essaierons pas d'exprimer.

» Alors le prince archi-chancelier a proclamé l'acceptation de la constitution, au bruit des fanfares, des tambours et du canon.

» L'Empereur a fait précéder le serment d'un discours qui a duré environ cinq minutes: nous craindrions de l'affaiblir en cherchant à l'analyser.

Après le *Te Deum*, qui a été exécuté par les artistes de la chapelle de Sa Majesté, toutes les aigles ont quitté leurs places et se sont portées sur les marches du trône. Il est impossible de peindre le mouvement qu'a produit dans l'assemblée cette réunion des emblèmes sacrés de la patrie et de l'honneur.

» Les cris de *Vive l'Empereur! vive la liberté!* ne cessaient un moment que pour éclater avec une nouvelle chaleur. Sa Majesté, s'adressant aux députations de l'armée et des gardes nationales, leur a dit qu'elle confiait à leur valeur les aigles nationales : « Défendez-les, s'est» elle écriée, au prix de votre sang! Vous le jurez? » *Nous le jurons!* a été la réponse spontanée et unanime des citoyens et des soldats.

» L'Empereur, étant descendu du trône, s'est rendu au Champ-dequi terminerait la brillante histoire de cette époque.

La Reine rentra chez elle fort émue des acclamations du Champ-de-Mars et de celles qui se renouvelaient partout sur son passage ; elles vibraient dans son cœur, sans lui rendre la sécurité. « La guerre après tout cela ! disait-elle, en soupirant ; et malgré le génie de l'Empereur, le dévouement de l'armée, l'enthousiasme du

Mars, entouré des drapeaux qu'il venait de consacrer à la victoire. Une estrade avait été réservée dans cette vaste enceinte. Sa Majesté s'y est placée; et, en sa qualité de colonel de la garde nationale et de la garde impériale, il a remis les aigles à ces corps.

» Nous chercherions vainement à peindre l'intérieur du Champ-de-Mars : la richesse des uniformes, la variété des plumets, des panaches, des aigrettes, des aiguillettes, des drapeaux suspendus aux lances de la cavalerie légère, et cette forêt de baïonnettes qui s'étendait de l'École-Militaire à la Seine, offraient un des plus magnifiques spectacles qui aient jamais frappé les regards.

» Telle est l'esquisse très-imparfaite d'une des plus grandes solennités qui puisse être célébrée chez un peuple.

» La France a renouvelé aujourd'hui la fédération de 89 ; elle a consacré à jamais l'alliance de la liberté et de la monarchie; elle a déclaré à l'Europe qu'elle voulait être indépendante; elle l'a déclaré, et elle le sera !

» Puissent tous les peuples avoir été témoins de ce pacte sacré qui vient de resserrer les liens entre la nation et le prince ! puissent-ils ouvrir les yeux sur le sort qu'on leur prépare, et renoncer à nous apporter des chaînes qu'ils forgent pour eux-mêmes ! Puissent-ils enfin être convaincus que les hommes de 1789 existent encore, renforcés d'une génération nouvelle, qui a reçu les mêmes principes, qui a été élevée dans les mêmes sentiments, et qui triomphera pour la même cause. »

peuple, pourrons-nous résister à cette nouvelle croisade qui se prépare contre la France ? Tous ces *vivats* ne peuvent me rassurer sur les malheurs que je prévois.

Un jour, le concierge de l'hôtel m'apporta une lettre timbrée de Paris; je n'ai jamais pu savoir qui l'avait mise à la poste; j'ouvris, et je trouvai trois lettres de la même écriture, que je reconnus pour être celle de Boutikim : l'une était pour la Reine, une autre pour le duc de Vicence, et la troisième pour moi; elles renfermaient toutes les trois ces mêmes mots, que je copie textuellement sur celle que j'ai conservée; j'ai toujours pensé qu'ils avaient été dictés par l'empereur Alexandre.

« *Ni paix, ni trève, plus de réconciliation avec cet homme; toute l'Europe professe les mêmes sentiments. Hors cet homme, tout ce qu'on veut; aucune prédilection pour personne; dès qu'il sera de côté, point de guerre !* »

« Ah, mon Dieu! dit la Reine après avoir lu ce peu de mots; est-ce bien possible? Comment! l'empereur Alexandre, qui paraissait sans animosité contre l'empereur Napoléon? Lorsqu'il parlait de lui c'était encore avec admiration, et il ne s'en plaignait que comme on se plaint d'un ami qui nous a méconnu et qu'on suppose qui nous a trompé. C'était l'empereur Alexandre qui lui seul, en 1814, voulait la régence. C'est lui qui a mis de la grandeur à assurer le sort de l'Empereur et de sa famille : maintenant, ni paix ni trêve avec lui ? il le déclare d'une manière si absolue, car on voit bien que Boutikim n'a pas écrit ce billet de lui-même, et sans l'ordre de l'empereur Alexandre. Et pourtant, il ne peut douter que ce ne soit le vœu du peuple français, ce renouvellement de l'empire! est-ce avec six cents hommes qu'il avait, que l'empereur Napoléon se serait rendu maître de la France ? Je me souviens encore d'une conversation avec l'empereur de Russie, où il blâmait hautement le prince de Talleyrand, ainsi que le gouvernement provisoire, de ne pas avoir consulté le peuple pour le retour des Bourbons et *pour leur faire*, disait-il, *des conditions;* puis il ajoutait : *Les sentiments et les volontés d'un peuple sont la garantie de la force des rois*. Il n'est pas possible que dans ce moment l'empereur Alexandre puisse mépriser cette volonté populaire, qui se manifeste aussi évidemment pour la cause impériale; je vois, ajoutait la Reine, une guerre interminable se préparer, et j'en ai l'âme navrée! N'importe, je dois montrer ce billet à l'empereur Napoléon, pour qu'il connaisse la vérité sur sa position. »

J'envoyai au duc de Vicence la lettre qui était pour lui. Il vint en causer avec la Reine; il pensa comme elle sur cette laconique déclaration, et tous deux convinrent de montrer ce billet à l'Empereur. Quant à moi, je gardai le mien, sans le montrer jamais à personne, et je le possède encore.

Ce qui nous est le plus facile à nous procurer, ce qui est le plus près de nous, est presque toujours ce à quoi nous pensons le moins : beaucoup d'habitants de Paris ne connaissent aucune des merveilles qui y attirent les étrangers; de même dans les temps les plus brillants des grandeurs de l'empire, je ne recherchais pas tant ce qui tenait à l'éclat de la cour, je voyais peu de cérémonies publiques, et l'idée ne m'était jamais venue d'aller à une séance de la Chambre des députés. Aujourd'hui, toutes mes impressions changeaient et prenaient plus de gravité au milieu de l'importance des circonstances dans lesquelles nous vivions. Ce colosse de gloire et de puissance, abattu un moment, relevé en peu de jours avec un nouvel éclat, ne pouvait-il pas être renversé pour toujours?.... Quel serait le sort de la France menacée par l'Europe entière, et troublée au-dedans par de sourdes menées, que je pressentais sans en comprendre tous les dangers? Cette incertitude de l'avenir pour une grande nation, et pour les destinées auxquelles la mienne était liée, me faisait attacher plus d'importance à tout ce qui se passait autour de moi.

Les Chambres venaient de se réunir; l'Empereur devait ouvrir la session et recevoir les serments des pairs et des députés, le 6 juin. Quand retrouverai-je l'occasion de voir l'Empereur, de l'entendre parler dans une cérémonie semblable? peut-être jamais! Ce doute me faisait attacher plus de prix à voir cette cérémonie; la Reine y allait avec ses dames, et comme je ne l'accompagnais pas, je m'entendis avec une de mes amies, pour y aller avec elle; je me chargeai d'avoir des billets pour l'une des tribunes, et je m'adressai pour cela au maître des cérémonies.

Nous soignâmes nos toilettes plus que de coutume, et nous crûmes arriver les premières en nous rendant de bonne heure à la Chambre des députés, dont les abords étaient déjà remplis d'une foule immense. A notre grand désappointement, d'autres dames s'étaient pressées encore plus que nous, et le premier rang de la tribune qui nous était réservée, était occupé en entier lorsque nous arrivâmes. Ce ne fut pas sans un peu de dépit, et sans jeter un regard sur nos toilettes, que nous fîmes la réflexion que nous aurions au moins aussi bien figuré au premier rang que les personnes qui s'en étaient emparées avant nous; voulant se mettre autant en évidence, elles auraient dû certainement soigner davantage leur tenue, pour une pareille cérémonie. Deux de ces dames, cachées par d'énormes chapeaux de paille garnis d'un simple ruban, et enveloppées de schals de couleurs rembrunies, nous laissaient à peine apercevoir ce qui se passait dans la salle.

A quatre heures, au bruit d'une porte qui s'ouvrait, tous les regards se portèrent sur une tribune élégamment ornée, qui était au bas de la nôtre; elle était pour Madame-Mère et pour la reine Hortense, qui y arrivaient suivies de leurs dames.

La mère de l'Empereur a dû être l'une des plus belles femmes qui aient existé. A l'époque dont je parle elle avait soixante ans, et elle frappait encore par la régularité de ses traits et par l'air de noblesse répandu sur toute sa personne. Je me souviens que ce jour-là elle avait une robe de dentelle, montante et à longues manches, doublée de satin orange. Elle était coiffée d'une toque ornée de belles plumes blanches; le bord de la toque et le haut de sa robe étaient garnis de superbes diamants. L'enchâssement de ses beaux yeux noirs, les longs cils qui les bordaient, les beaux sourcils qui les couvraient, auraient pu encore le disputer d'éclat et d'expression avec ceux de beaucoup de jeunes femmes.

Les cheveux blonds de la reine Hortense, la délicatesse de son teint et de ses formes, la blancheur de sa peau, la grâce de ses mouvements, contrastaient avec la gravité antique qui était le caractère dominant de la physionomie de sa belle-mère.

A quatre heures un quart le bruit du canon des Tuileries avait donné le signal de la marche de S. M., et le canon des Invalides, celui de son arrivée prochaine. Bientôt après un huissier avait annoncé l'Empereur, et tout le monde s'était levé. S. M. était entrée précédée et entourée des princes de sa famille, des maréchaux, de ses aides de camp, etc., etc. Elle avait été saluée par les cris mille fois répétés de *vive l'Empereur!*

Pendant que chacun reprenait sa place, que le silence se rétablissait, et que les députés, appelés par ordre alphabétique, venaient prêter leur serment à l'Empereur, j'entendis l'une des dames au chapeau de paille, dire à sa voisine : « Quel est donc ce beau jeune homme qui se tient debout derrière le trône? quelle figure régulière et expressive, que de noblesse et de distinction répandues sur toute sa personne! il est impossible d'être mieux! — C'est ce monstre de Labédoyère, » répondit presque bas sa compagne, d'une voix altérée qui, à en juger par l'expression dont elle se servait, trahissait probablement une émotion de colère. « Si beau et si perfide! » reprit la première d'un ton chagrin...

Le mouvement que fit l'Empereur en ôtant son chapeau, et en se recouvrant au moment où il commmença à parler, ramena toute mon attention vers lui. Il prononça, avec une noble fierté, le discours suivant :

« Messieurs de la Chambre des pairs, mes-
» sieurs de la Chambre des députés,

» Depuis trois mois, les circonstances et la
» confiance du peuple m'ont revêtu d'un pou-
» voir illimité! Aujourd'hui j'accomplis le
» désir le plus pressant de mon cœur; je viens

» commencer la monarchie constitutionnelle.

» Les hommes sont impuissants pour assu-
» rer l'avenir; les institutions seules fixent
» les destinées des nations. La monarchie
» est nécessaire en France pour garantir la
» liberté, l'indépendance et les droits du
» peuple.

» Nos constitutions sont éparses; une de
» nos plus importantes occupations sera de
» les réunir dans un seul cadre et de les coor-
» donner dans une seule pensée; ce travail
» recommandera l'époque actuelle aux géné-
» rations futures.

» J'ambitionne de voir la France jouir de
» toute liberté possible; je dis possible, parce
» que l'anarchie ramène toujours un gouver-
» nement absolu.

» Une coalition formidable de rois en veut
» à notre indépendance, ses armées arrivent
» sur nos frontières.

» La frégate *la Melpomène* a été attaquée
» et prise dans la Méditerranée, après un
» combat sanglant contre un vaisseau anglais
» de 74. Le sang a coulé pendant la paix!

» Nos ennemis comptent sur nos divisions
» intestines; ils excitent et fomentent la guerre
» civile. Des rassemblements ont lieu; on

» communique avec Gand, comme en 1792
» avec Coblentz; des mesures législatives sont
» indispensables, c'est à votre patriotisme, à
» vos lumières et à votre attachement à ma
» personne, que je me confie sans réserve.

» La liberté de la presse est inhérente à la
» constitution actuelle; on n'y peut rien chan-
» ger sans altérer tout notre système politi-
» que; mais il faut des lois répressives, sur-
» tout dans l'état actuel de la nation. Je
» recommande à vos méditations cet impor-
» tant objet.

» Mes ministres vous feront successivement
» connaître la situation des affaires.

» Les finances seraient dans un état satis-
» faisant, sans le surcroît de dépenses que les
» circonstances actuelles ont exigé.

» Cependant on pourrait faire face à tout, si
» les recettes comprises dans le budget étaient
» toutes réalisables dans l'année; et c'est sur
» les moyens d'arriver à ce résultat, que mon
» ministre des finances fixera votre attention.

» Il est possible que le premier devoir du
» prince m'appelle bientôt à la tête des en-
» fants de la nation pour combattre pour
» la patrie; l'armée et moi nous ferons notre
» devoir.

» Vous, Pairs et Représentants, donnez à
» la nation l'exemple de la confiance, de
» l'énergie et du patriotisme; et comme le
» sénat d'un grand peuple de l'antiquité,
» soyez décidés à mourir plutôt que de sur-
» vivre au déshonneur et à la dégradation de
» la France. La cause sainte de la patrie
» triomphera! »

Des acclamations unanimes suivirent le discours de l'Empereur; et tandis qu'il se le-levait pour sortir, j'entendis l'une de mes voisines (dont j'ai déjà parlé) dire à l'autre : « Quel accent étranger! on voit bien que ce n'est pas un de nos princes français! » Ce peu de mots m'apprit à quel parti appartenaient ces deux dames; au mouvement que je fis pour partir, celle à laquelle je reprochais in-térieurement l'épithète jointe au nom de La-bédoyère se retourna, et je reconnus la duchesse de Mouchy.

VII.

Le jeune Napoléon. — Son éducation. — L'abbé Bertrand. — La mission de M. de Lascours. — Refus de M. Destut de Tracy fils, d'être gouverneur du prince. — Projets sur M. Manuel. — Mademoiselle Ribou et le duc d'Otrante. — Secrètes intelligences de ce dernier avec Metternich. — Mots remarquables de l'Empereur. — Son départ pour l'armée. — Madame Hess et le comte de Nicolaï. — La noce lugubre et le bon ménage. — Visite au château de Bercy. — M. de La Roche-Aymon. — La mort du général Quenel; horrible calomnie. — M. de Metternich et le *langage des fleurs*. — Ses relations avec une belle dame. — Son alphabet en pierres précieuses. — Le bracelet de la Reine. — La gageure du prince de Mecklembourg-Shwerin. — Le prince Léopold de Cobourg dévoué à la Reine. — M. de Metternich aux genoux de Napoléon.

Un matin je trouvai la Reine préoccupée de la pensée la plus importante pour elle, ses enfants, leur avenir, leur éducation surtout. « Napoléon a dix ans, me dit-elle, il faut absolument lui donner un gouverneur. C'est à sept ans ordinairement que l'éducation des princes est retirée aux femmes, et je m'étonne que l'Empereur n'ait pas insisté davantage pour que cela soit fait depuis longtemps.

— » Il prouve par là toute l'estime qu'il vous porte, madame; il sait d'ailleurs combien vous vous occupez de vos enfants; et les soins des personnes auxquelles ils ont été confiés jusqu'à présent lui sont garants que le choix d'un gouverneur, qu'il vous abandonne, sera aussi bon que posssible.

— » J'y ai déjà pensé souvent; mais c'est un choix si difficile, si délicat, qu'il me semble presque impossible de trouver toutes les qualités que je voudrais voir réunies dans celui auquel je confierais mon fils.

— » Il sera difficile, en effet, de trouver quelqu'un qui comprenne aussi bien vos intentions pour former le cœur et le caractère du Prince, que leur digne précepteur l'abbé Bertrand; à côté de lui les leçons des maîtres savants ne leur manqueront pas, et il me semble impossible de trouver des enfants de leur âge qui soient plus avancés pour l'instruction et pour l'intelligence.

— » Malgré cela, reprit la Reine, il faut un gouverneur. »

Nous passâmes en revue tous ceux qui lui

avaient été proposés jusqu'alors. Aucun ne réunissait tout ce qu'elle aurait désiré rencontrer dans un même homme. Après en avoir nommé plusieurs qui, dans l'opinion publique, passaient pour fort distingués, « J'en remarque un, dit la Reine, qui, d'après ce qu'on m'en dit, réunit tout ce que je souhaite trouver dans l'homme auquel je remettrai pour quelques années mes droits sur mes enfants, c'est monsieur Destut de Tracy le fils : monsieur de Lascours m'en parle souvent, et d'après tout ce qu'il m'en dit, je serais très-heureuse qu'il acceptât la place que je veux lui offrir. Ses principes, son caractère, ses talents, son instruction, sa réputation, sont précisément tout ce que je désire rencontrer.

— » Je le crois comme vous, madame ; M. de Lascours m'en fait un éloge que répètent tous les gens qui le connaissent.

— » Eh bien ! charge-toi d'en parler à M. de Lascours ; s'il pense que son ami puisse accepter mes offres, autorise-le à le sonder là-dessus de ma part ; et d'après sa réponse, j'en parlerai à l'Empereur. »

Je fis prier M. de Lascours de passer chez moi, et je lui contai ma conversation avec la Reine. Il accepta avec joie la proposition de servir d'intermédiaire, persuadé qu'il était que M. de Tracy serait charmé de remplir une mission aussi honorable que celle d'élever un prince français.

Le lendemain il vint me dire combien M. de Tracy avait été reconnaissant et flatté de la marque d'estime que la Reine lui donnait en le choisissant pour un emploi brigué par tant de monde. Il avait demandé quelques jours pour réfléchir aux obligations qu'il s'imposait. Au bout de ce temps, M. de Lascours vint me dire qu'après avoir bien considéré les devoirs prescrits par des fonctions si importantes, il ne se sentait pas toute la patience qu'il faut avec des élèves, qu'il avait une vivacité de caractère qui cadrait mal avec la tenue nécessaire pour faire une bonne éducation.

Les choses en restèrent là; la réputation de M. de Tracy, sa carrière honorable, ont pleinement justifié le jugement que la Reine portait sur lui. Peu de temps après, en voyant le noble caractère que M. Manuel déployait à la tribune, elle pensa à lui confier ses fils; mais les événements furent tels, que ce désir encore ne put être satisfait.

Depuis la fuite du duc d'Otrante par le jardin de la Reine, mes relations avec mademoiselle Ribou étaient devenues plus fréquentes et plus intimes; elle venait me voir souvent, et toujours pour me parler du duc et de son profond dévouement à la Reine. Elle ne tarissait pas sur l'admiration que lui inspirait le duc. C'était à ses yeux un grand citoyen, en même temps que le meilleur père, l'ami le plus parfait et l'homme le plus aimable dans son intérieur. Comme ministre, possédant une grande habileté, elle le croyait le plus utile à la cause à laquelle il semblait entièrement dévoué; et pourtant, malgré toutes ces belles protestations, j'appris indirectement qu'il était en relation avec l'Autriche et qu'il recevait de monsieur de Metternich des messages qu'il tenait secrets. Ce ministre de la cour de Vienne témoignait au nom de son maître les dispositions les plus pacifiques, les plus bienveillantes pour la France; mais toujours en refusant de traiter avec l'empereur Napoléon, dont il demandait l'expulsion comme première condition du maintien de la paix. C'est sous ce prétexte que les puissances alliées cachaient leur dessein de frapper sur la France pour la punir de s'être donné un souverain de son choix.

Le dimanche 11 juin, l'Empereur reçut dans

la salle du trône les députations de la Chambre des *Pairs* et de la Chambre des *Députés*. A l'une d'elles il répondit ces mots trop remarquables pour être oubliés :

« La lutte dans laquelle nous sommes en‑
» gagés est sérieuse ; l'entraînement de la pro‑
» priété n'est pas le danger qui nous menace
» aujourd'hui, c'est sous les fourches caudines
» que nos ennemis veulent nous faire passer !

» La justice de notre cause, l'esprit public
» de la nation et le courage de l'armée, sont
» de puissants motifs pour espérer des succès;
» mais si nous avions des revers, c'est alors
» surtout que j'aimerais à voir déployer l'é‑
» nergie de ce grand peuple, c'est alors que
» je trouverais dans la Chambre des Pairs
» des preuves d'attachement à la patrie et à
» moi.

» C'est dans les temps difficiles que les
» grandes nations, comme les grands hommes,
» déploient toute l'énergie de leur caractère
» et deviennent un objet d'admiration pour
» la postérité ! »

L'Empereur tint ensuite son conseil des ministres pendant plusieurs heures, et il leur dit en les quittant : « Messieurs, je pars cette
» nuit : faites votre devoir, l'armée française

» et moi nous allons faire le nôtre ; je vous
» recommande de l'union, du zèle et de l'éner-
» gie. »

Le soir, il y eut grand dîner de la famille impériale, auquel tous les princes et les princesses assistèrent. La Reine s'y rendit comme tous les dimanches ; cette fois elle y conduisit ses enfants pour faire leurs adieux à leur oncle. L'Empereur partit le 12 juin à quatre heures du matin. Jamais on ne l'avait vu s'éloigner avec un sentiment si profond d'appréhension et de tristesse. C'est que du sort de ses armées dépendait le salut de la patrie ; il ne s'agissait plus de conquêtes, mais de l'indépendance nationale, et c'était la terre natale, rougie du sang de ses enfants, qu'il fallait défendre pied à pied.

La Reine, rendue à ses habitudes, fit fermer sa porte et reprit ses occupations. Calme et silencieuse, elle semblait mesurer dans toute leur étendue les chances diverses qui nous attendaient, et s'attacher davantage aux objets qui l'entouraient à mesure que la crainte de les perdre prenait plus de place dans ses tristes prévisions.

— « Je connais bien peu les environs de Paris, me disait-elle ; la pensée de m'en éloigner est si pénible, que je voudrais au moins emporter le souvenir de tout ce que j'aurai à regretter, car j'y suis bien décidée si le malheur nous frappe encore, je ne subirai plus une position comme celle que les instances de ma mère m'avaient imposée il y a un an; il ne faut pas vivre aussi près des gens qui nous haïssent; la malveillance finit par nous atteindre, et de bonnes intentions et une bonne conscience ne sont pas toujours de sûres égides. »

Il fut décidé que nous visiterions les environs de la capitale ; que nous ferions tous les jours une course avec un but fixé, et que nous commencerions par le cimetière du Père-Lachaise et par Vincennes.

Madame la comtesse de Nicolaï vint voir la Reine : apprenant ses projets, elle l'engagea à venir déjeuner chez elle au château de Bercy, pour aller ensuite visiter Vincennes et parcourir la forêt. Je n'ai rien dit encore de cette charmante personne, me réservant d'en parler une seule fois.

Mademoiselle de Serry-Maury était née dans les colonies; lors de la révolte des Noirs, ses parents furent assassinés par eux. La tendresse et les soins d'une négresse qui l'avait élevée la firent échapper, comme par miracle, à ce massacre, et on l'envoya en France pour y faire son éducation. Placée à Saint-Germain, chez madame Campan, par les soins de ses amis qui veillaient sur elle, mademoiselle de Serry-Maury y connut mademoiselle de Beauharnais, qu'elle retrouva plus tard reine, lorsqu'elle-même mariée, et veuve (après quelques années d'une union qui ne lui avait pas procuré le bonheur), elle avait eu besoin de recourir à la protection de son ancienne compagne.

Madame Hess (c'était le nom qu'elle portait alors) possédait tout le charme gracieux et l'indolence séduisante des Créoles; sa taille élancée était pleine de souplesse et de grâce; ses beaux yeux noirs avaient la plus douce expression, et sa bouche charmante était ornée des plus jolies dents. Quoique sa peau eût été un peu marquée par la petite vérole, son visage était des plus agréables.

La Reine, touchée de ses malheurs, et intéressée par toutes les qualités et les agréments qu'elle lui reconnaissait, s'occupa de lui être utile, et la plaça comme dame près de sa cousine la princesse Stéphanie qui venait d'épouser le grand-duc de Baden.

M. le comte de Nicolaï, qui fut nommé ministre de France à Carlsruhe, connut madame

Hess, et en devint éperdument amoureux. M. de Nicolaï n'était plus de la première jeunesse; il était veuf et avait quatre enfants. Sa fortune était considérable, et celle que sa femme avait laissée à ses enfants l'était aussi. Il pensa que leur avenir était suffisamment assuré, et qu'il pouvait songer encore à son bonheur personnel en remplaçant celle qu'il avait perdue. Madame Hess avait tout ce qu'il fallait pour fixer son choix. Elle fut touchée de l'attachement que M. de Nicolaï lui montra, et reconnaissante de voir que dans une position aussi brillante que la sienne il lui donnait la préférence, à elle sans fortune et sans appui, au milieu de tant de femmes mieux partagées par le sort, qui eussent accueilli ses vœux avec empressement.

Heureux de se voir bien reçu, M. de Nicolaï s'empressa de faire sa demande à madame la grande-duchesse de Baden et à la Reine, en la priant de vouloir bien recevoir madame Hess chez elle, lorsqu'elle viendrait à Paris pour l'épouser. La Reine y consentit. M. de Nicolaï prit un congé, et madame Hess arriva bientôt.

M. de Nicolaï avait bien prévu quelques objections à son mariage de la part de sa famille, qui aurait voulu lui voir épouser une femme riche et titrée; mais, décidé sur le choix qu'il avait fait, il répondit victorieusement à toutes les observations qui lui furent présentées. Toutefois son courage faiblit devant sa mère, dont les avis avaient toujours été un grand poids pour lui; il ne pouvait douter de sa tendresse, et les réflexions qu'elle lui faisait faire, sans ébranler sa résolution, lui en faisaient voir tous les inconvénients, en lui montrant d'avance le peu d'harmonie qui existe ordinairement entre de grands enfants qu'il avait et une jeune épouse qu'il allait prendre.

Madame Hess prit pour de l'irrésolution la peine qu'éprouvait M. de Nicolaï du mécontentement de sa mère; sa fierté s'en offensa, et, au lieu de le consoler et de le ramener par de douces paroles, elle se renferma dans un froid silence, qui augmenta les angoisses et le chagrin du pauvre fiancé; il se trouvait partagé entre l'influence qui l'avait guidé toute sa vie et ses nouveaux engagements qui lui tenaient également fort au cœur. Il fut quelque temps fort malheureux; mais il restait fidèle à sa promesse, et le jour du mariage fut néanmoins fixé.

De ma vie je n'ai vu un enterrement plus triste que cette noce. C'était la première à laquelle j'assistais, et c'est peut-être l'impression que m'a laissée ce souvenir qui a été cause que je me suis mariée si tard.

Comme amie et attachée à la Reine chez laquelle se trouvait dans ce moment madame Hess, je fus la seule femme invitée. Elle prit aussi pour témoins deux messieurs de la maison de la Reine. Dans cette saison rigoureuse, où les jours sont si courts, il fallut, pour être prêtes, nous lever aux lumières, ce qui a toujours été pour moi fort déplaisant. Nous montâmes dans une voiture avec nos deux témoins, pour faire six grandes lieues qui me parurent éternelles. Une pluie froide, mêlée de neige, qui tombait à flots, était lancée par les tourbillons d'un vent furieux, qui ressemblait à un ouragan. Les routes étaient affreuses, et la voiture, quoique exactement fermée, ne nous garantissait pas complétement du froid et de l'humidité; j'en avais mal au cœur. La tempête nous accompagna jusqu'au château de M. de Nicolaï, que j'aurais pu prendre pour une prison d'état, si je n'eusse été prévenue qu'on nous y attendait pour un mariage. Là finit le supplice du voyage; mais nous n'étions pas au bout de nos peines. Le concierge, qui peut-être n'avait pas été prévenu longtemps d'avance, avait à peine chauffé des chambres immenses, éclairées à demi par des croisées profondes, garnies de petits carreaux; tous les meubles sentaient le moisi. Je m'enveloppais dans mon châle, en tâchant de me garantir du froid et de me réchauffer en marchant.

M. de Nicolaï, qui était arrivé avant nous, paraissait avoir plus envie de pleurer que de rire ; et les deux amis qu'il avait amenés pour témoins, parmi lesquels se trouvait M. le marquis de ***, n'avaient pas des visages ni des maintiens propres à égayer beaucoup la cérémonie à laquelle nous assistions.

Il y avait tant de boue, que nous eûmes peine à gagner l'église, où le curé et le marguillier seuls nous attendaient. Deux minces cierges brûlaient sur l'autel plus que simple de la modeste église du village, dont le silence, la solitude et le froid complétèrent sur moi le mauvais effet produit par le voyage et la vue du château.

La terre de M. de Nicolaï peut être fort belle, fort considérable par son étendue, fort importante par ses revenus ; mais j'aimerais mieux vivre dans un chalet suisse, que de me voir souveraine dans un pareil château.

Après un dîner triste, silencieux et froid, comme tout ce qui nous entourait, nous laissâmes les époux, plaignant de tout mon cœur la pauvre épousée. S'ils vivent cinquante années en mariage, ce que je leur souhaite de bien bon cœur, je leur conseille de refaire leur noce, comme il est d'usage en pareil cas ; mais d'une manière plus gaie, en compensation de la tristesse qui a présidé à leur premier hyménée.

Le sort de madame de Nicolaï ne ressemble pourtant en rien à tout ce que je craignais pour elle; et je pus en juger lorsque j'accompagnai la Reine à Bercy, au mois de juin 1815. Le bonheur et le bien-être étaient répandus partout dans cette charmante habitation; les époux me paraissaient si heureux, si unis, que je me promis bien de ne plus juger de l'avenir d'un ménage sur les apparences du jour de la noce.

Nous arrivâmes de bonne heure : en attendant le déjeuner, la Reine s'amusa à parcourir le château de Bercy et les jardins ; tout y était frais, riant et de bon goût ; tout y respirait l'ordre et le bonheur tranquille de ceux qui l'habitaient.

Le temps, qui devint froid et couvert, se gâta tout-à-fait pendant le déjeuner; la pluie tomba, et il fallut renoncer à se promener et à visiter Vincennes. L'amabilité de la maîtresse de la maison, l'hospitalité bienveillante, affectueuse de son mari, changèrent cette contrariété en plaisir, et la causerie la plus aimable s'établit autour de la Reine.

On vint annoncer une visite: madame de Nicolaï envoya son mari la recevoir. Mais la Reine, ne voulant pas que sa présence la privât du plaisir de voir ses amis, insista avec grâce pour faire entrer au salon où nous étions tous réunis; et, peu de moments après, nous vîmes M. de La Roche-Aymon, l'un des plus agréables officiers de la garde de Louis XVIII, qu'il n'avait pas cru de son devoir de suivre à Gand. Il ignorait la présence de la Reine à Bercy, et il l'écoutait en la regardant avec un étonnement qu'il nous avoua bientôt après.

La conversation avait repris son cours; la Reine discutait, comme à son ordinaire, sur les arts, la littérature ou les sentiments; la douceur de sa voix, l'accent de toutes ses paroles, la finesse, le tact de ses observations, que le sens le plus droit et la sensibilité la plus vraie dictaient toujours, causaient à M. de La Roche-

Aymon une surprise qu'il ne fut plus le maître de contenir, et qu'il exprima de la manière la plus spirituelle et la plus vraie.

Il n'avait jamais vu la Reine; il ne la connaissait que sur ce qu'on, en disait au faubourg Saint-Germain; et, à force d'entendre répéter à quelques vieilles douairières, qui ne la connaissaient pas davantage, que c'était une femme hautaine, ambitieuse, intrigante et vindicative, il avoua la faiblesse qu'il avait eue de le croire. Il nous raconta gaîment ce qui, jusqu'à ce jour, avait été pour lui article de foi; et lorsqu'après nous avoir régalé du récit de toutes les menées que l'on prêtait *charitablement à la Reine* au sujet du retour de l'Empereur, il en arriva à dire qu'on l'avait même accusée, dans le noble faubourg, de la mort du général Quesnel... nos éclats de rire ne lui permirent plus de continuer. Il y avait dans de si atroces absurdités de quoi inspirer plus de pitié, plus de mépris, que de colère et d'indignation. M. de La Roche-Aymon le sentit comme nous; il ne fut pas le dernier à s'en égayer.

Nous revînmes à Paris, accompagnés du mauvais temps, qui dura encore quelques jours, et à cette course se bornèrent les beaux projets d'excursion que nous avions faits, et que les événements qui survinrent ne nous permirent pas de réaliser.

Qui n'a pas éprouvé l'effet d'un ciel couvert, ou celui d'un beau soleil sur ses dispositions morales? les miennes se rembrunirent-elles avec le temps, ou bien la Reine m'avait-elle communiqué ses appréhensions? Nous calculions ensemble toutes les chances possibles des combats qui se livraient peut-être au moment où nous en parlions; et, rentrée chez moi, les résultats sinistres de cette guerre étaient ceux qui me revenaient le plus incessamment à l'esprit. Je me rappelais les anciennes idées de la Reine sur l'Amérique, et je faisais mes plans pour la suivre en cas de revers essuyés par nos armes. Mes préparatifs seraient bientôt faits, sans ménage, sans fortune: j'avais une famille, il est vrai; mais la Reine n'était-elle pas ce que j'avais de plus cher? la reconnaissance que je lui devais ne me faisait-elle pas un devoir de m'attacher à son sort, si l'adversité venait à l'atteindre? A mes souvenirs et à mes papiers se bornait ce que j'avais de plus précieux à emporter avec moi. Que de pensées m'assaillaient en les parcourant et les mettant en ordre! J'y retrouvais le nom de tant d'amis absents que le sort plaçait en ce moment dans les rangs de nos ennemis...... Je repassais dans ma mémoire les années écoulées, si brillantes de gloire, de sécurité et d'avenir. Je me retrouvais dans le salon de la duchesse de Bassano pendant cet hiver joyeux, où les soins empressés de tant d'hommes distingués (devenus depuis importants par la politique) répandaient autour de moi quelques reflets de cette auréole de prospérité au milieu de laquelle se trouvait la Reine.

M. de Metternich, jeune, aimable, spirituel et brillant, n'était pas le moins remarquable de ceux que je me rappelais; il animait nos réunions, et nous aimions qu'il y vînt; il mettait à la mode ces mille riens qui devenaient ensuite un sujet de distraction ou de plaisir; c'est à lui que nous avons dû *le langage des fleurs* qui était, dans plusieurs cercles, un moyen symbolique de s'entendre de tous les moments; on citait entre autres une belle et aimable dame, chez laquelle M. de Metternich se rendait tous les jours, et dont toutes les impressions se traduisaient par les fleurs dont elle s'entourait. Un jour de vapeurs, c'était de soucis qu'elle se couronnait, sa robe, ses appartements se couvraient de guirlandes de cette fleur, ses vases et ses corbeilles s'en remplissaient; un autre jour, les roses s'unissaient aux pensées, les scabieuses à l'églantier, et dès l'entrée, dans le vestibule, on devinait les sentiments de tendresse, de jalousie, de haine ou d'indulgence qui préoccupaient la déesse du logis.

C'était aussi M. de Metternich qui nous avait appris à nous servir de pierreries comme d'un alphabet : chaque pierre représentait sa lettre initiale, et l'on en formait des noms ou des devises qui devenaient chaînes, bagues ou bracelets. J'en avais fait exécuter un pour la Reine, qui portait son nom ainsi traduit.

La mode des alphabets avait amené entre le bon, l'aimable prince de Meklembourg-Schwering et moi, une singulière gageure, dont je trouvai les *pièces* authentiques dans mes papiers; j'avais conservé ce *souvenir* de notre gaîté avec plusieurs lettres fort aimables que j'avais de lui. Il avait parié avec moi que pendant vingt-cinq jours il m'écrirait une lettre, dont le sujet serait un mot qui commencerait par la lettre de l'alphabet du jour, en prenant le 1er jour par A, et finissant le 25me par Z; il gagna son pari, et j'ai conservé ses lettres à ce sujet.

Je retrouvai aussi mille choses venant de ce bon prince Léopold Cobourg, si dévoué à la Reine et à sa mère, et qui le prouva si bien par sa conduite envers eux, en 1814; il m'a toujours témoigné beaucoup d'amitié et de bienveillance. En repassant tous ces souvenirs, je me demandais ce qu'était devenu l'intérêt empressé que nous témoignaient alors tous ces hommes aimables, aux yeux desquels l'empereur Napoléon était presque une divinité, à en juger par l'encens que lui avait prodigué particulièrement M. de Metternich, au mariage de Marie-Louise.

VIII.

Le réveil des 17 et 18 juin. — Le comble de la joie. — Le général Letord blessé mortellement. — M. Benjamin Constant et la lecture interrompue. — Perplexités du duc de Rovigo. — Les craintes justifiées. — La duchesse de Rovigo et le général Sébastiani. — Exaltation patriotique de la Reine. — Arrivée de l'Empereur. — Étrange conduite de la duchesse de Mouchy. — Madame Doumère. — Mesdames Bertrand et de Dillon. — La Reine et le général Bertrand. — Excessive confiance de ce dernier. — La grande dame et la sentinelle. — Calme et résolution énergique de M. de Labédoyère. — Le comité secret. — Pressentiment de la Reine. — Sa visite à l'Empereur.

Le 17 juin, nous fûmes réveillés en sursaut, à la pointe du jour, par le bruit du canon, et en peu d'instants la certitude d'une victoire remportée par l'Empereur eut bientôt dissipé tous nos sombres pressentiments : on s'était battu, nous avions vaincu ; la confiance et l'espoir renaissaient en France, et l'ancienne fortune de nos armées si souvent triomphantes reparaissait. Le lendemain 18, même succès, victoire plus complète que la veille, et nouvelles plus détaillées; nous étions au comble de la joie!

Mais comme tous les biens de ce monde doivent être mêlés d'amertume, les malheurs particuliers ne manquaient pas. Le général Letord, commandant des dragons de la garde, avait été grièvement blessé à la première action, il mourut le lendemain; la douleur de cette perte assombrissait pour nous le bonheur des succès : c'était un brave et digne officier, aimé, estimé de tous. Sa femme, jeune et charmante personne, qui était généralement appréciée, éprouva un désespoir qui fut partagé par ses nombreux amis, et qui nous émut tous profondément.

La reine, rassurée, avait reçu toutes les félicitations empressées que lui valurent les bonnes nouvelles de l'armée. Elle fixa au jour suivant, 20 juin, une lecture, que M. Benjamin Constant lui proposait de faire depuis longtemps, d'un petit roman qu'il venait de finir; on disait même que le héros, qui se nommait *Adolphe*, avait quelques traits de ressemblance avec lui, et que plusieurs des faits détaillés dans cet intéressant récit, n'étaient point étrangers à ses souvenirs. L'émotion avec laquelle il nous fit cette lecture pourrait bien confirmer en partie ces conjectures.

Nous étions réunis quelques personnes dans le salon de la Reine: l'intérêt avec lequel nous écoutions était porté à son comble, M. Benjamin Constant avait des larmes dans les yeux et dans la voix. Nous étions au dénoûment, et nous éclations en sanglots, lorsqu'on annonça le duc de Rovigo. La Reine passa dans son cabinet pour le recevoir.

Jamais interruption ne fut plus intempestive, chacun en murmurait en essuyant ses yeux, et moi je me disais tout bas : « Voilà bien toujours le même homme scrutateur, il aura appris que quelques personnes étaient réunies chez la Reine, on lui aura dit que sa porte était fermée, et il aura tenu d'autant plus à forcer la consigne et à voir qui était ici et ce qu'on y fesait. Quel prétexte aura-t-il pris pour cela? »

Il m'était impossible de le deviner, lorsque la Reine reparut; elle reprit sa place, la lecture s'acheva, et l'auteur dut être satisfait de l'impression qu'elle avait produite sur nous.

La Reine le remercia du plaisir qu'il lui avait procuré, et congédia tout le monde.

Restée seule avec elle : « Je parie, madame, lui dis-je, que je devine ce qui a amené le duc de Rovigo ? il venait savoir ce qui se passait. — Mon Dieu, me répondit-elle, tes préventions contre lui te trompent, il venait me demander si je n'avais pas eu de nouvelles de l'armée, il n'en n'a pas lui-même d'autres que celles si consolantes de ces deux jours, et pourtant il circule des bruits sinistres dont il ne devine pas la source, et qui l'inquiètent sur ce qui se passe à l'armée; il croit, et j'aime à croire comme lui, que c'est l'effet de la malveillance. »

Le soir, la Reine reçut comme de coutume les personnes de sa société habituelle : au moment où la conversation s'animait d'une discussion assez gaie et assez piquante, dont la Reine avait fourni le sujet, on vint lui dire qu'on demandait à lui parler en particulier; on lui nomma bas les personnes qui l'attendaient, et elle passa dans son grand salon pour les recevoir; son absence fut assez longue. Lorsqu'elle revint, je ne remarquai pas d'autre changement sur sa physionomie, sinon qu'elle me parut un peu plus pâle ; elle reprit la conversation, ne témoigna rien à personne, mais congédia tout le monde plutôt qu'à l'ordinaire.

A peine fûmes-nous seules; « Hé bien! me dit-elle, voilà le malheur arrivé, tout ce que je craignais se réalise : l'Empereur est battu, la France est en danger, les alliés marchent sur Paris! un grand effort pourrait seul nous sauver, l'union, l'énergie, peuvent produire des miracles ; mais les chambres le comprendront-elles ?

La gravité avec laquelle la Reine prononça ces mots ne me laissa plus de doute. « Tout est donc perdu ! m'écriai-je épouvantée. Au nom du ciel, madame, qu'avez-vo s donc appris ? »

La Reine me conta alors que les personnes qui l'avaient fait demander étaient la duchesse de Rovigo et le général Sébastiani, qui venaient, de la part du duc, lui confirmer les tristes nouvelles dont il n'avait le matin que l'inquiétude; tous les détails enfin de la bataille de Waterloo, dont le long et douloureux retentissement n'a laissé ignorer à personne les désastres. Le général Sébastiani sortait de chez le roi Joseph; c'était là qu'il avait su toutes les nouvelles, et il ne restait plus aucun doute sur la réalité de notre malheur : la déroute était complette, et l'Empereur était attendu à Paris; j'étais anéantie.

« L'Empereur va arriver, me dit la Reine; il cherchera en vain dans les autres l'énergie de son âme; tous nos maux sont comblés, et malheureusement la France, sa gloire, son indépendance, l'avenir du peuple, tout est perdu avec lui. Je le crains bien! je l'ai dit à Sébastiani! mais s'occupe-t-on de sauver la France, si tant est, que cela soit possible sans l'Empereur? c'est à vous autres généraux à y penser : prend-t-on des mesures assez énergiques pour arrêter les alliés, pour défendre la capitale? a-t-on écrit à Rapp, à Lecourbe, qui sont à Strasbourg et à Béfort, pour qu'ils tiennent jusqu'au dernier moment, et que garanties par leurs talents et leur courage, l'Alsace et la Franche-Comté ne soient pas une seconde fois ravagées par l'invasion étrangère? Ne profitera-t-on pas des leçons de 1814, abandonnera-t-on la France à ses ennemis, par trop de précipitation à leur livrer tout ce qu'on possède encore de force? ce n'est qu'en disputant le terrain pied à pied aux vainqueurs, qu'on peut traiter avec eux avantageusement?

Le silence de Sébastiani m'a prouvé que

l'on n'avait encore pensé à rien de tout cela : —
On compte beaucoup sur les chambres, m'a-t-il
répondu ; puissent-elles être à la hauteur du
devoir que les circonstances leur imposent!

Je reconnaissais à chaque mot l'amour
exalté de la Reine pour son pays; les dangers
de la France occupaient seuls sa pensée dans
ce moment, où sa destinée et celle de toute sa
famille allaient être livrée peut-être à toutes
les infortunes!

L'Empereur arriva pendant la nuit, et la
séance des chambres du jour suivant justifia
tout ce que la Reine avait prévu.

Le lendemain matin, M. Devaux vint s'entendre avec moi sur quelques ordres qu'elle
avait donnés; il me trouva triste, abattue,
découragée; je lui en dis le motif; — vous ne
seriez que colère, me répondit-il, si vous occupiez un appartement situé comme le mien :
je ne suis séparé que par la largeur de la rue
des salons de madame la duchesse de Mouchy,
qui fait éclater des transports de joie si bruyants,
que c'est une insulte aux malheurs de la patrie et à la douleur publique ! Peu m'importe
qu'elle me nargue avec des gestes de mauvais
goût, qui ne sont pas de sa dignité ni de son

sexe; mais elle devrait respecter le silence morne et triste exprimé par les visages de tous ceux qui passent dans la rue.

Il fut interrompu par l'arrivée chez moi, de madame Doumère, bonne et excellente amie, dont le souvenir se mêle comme une joie de plus à mes moments heureux, et surtout comme une consolation à toutes mes peines ! Elle venait de voir un de ses amis qui arrivait de l'armée : la déroute était complète; le désespoir, la trahison et le découragement achevaient de porter le désordre au comble, il fallait un miracle pour sauver l'armée, l'élan national pouvait seul le faire; on le paralysa par des divisions d'opinions, de partis, et tout fut perdu !

La Reine se rendit de bonne heure à l'Elysée pour voir l'Empereur, qui y était descendu peu d'heures auparavant; il était accablé de fatigue, et travaillait, ayant ses frères et ses ministres avec lui; ne pouvant le voir, elle se rendit à l'appartement de madame Bertrand, pour savoir d'elle quelques détails que son mari avait pu lui donner; il était avec elle, ainsi que la mère de sa femme, madame de Dillon. Le général avait l'air excessivement fatigué; mais son visage était calme et son âme, qui ne s'est jamais laissée abattre par le malheur, conservait toute son énergie.

Madame Bertrand, s'exaltant avec sa vivacité ordinaire sur les événements si funestes qui nous préoccupaient, parlait de ce que l'Empereur ferait, et de l'appui qu'il allait trouver dans ce peuple, si fanatique d'enthousiasme pour lui, dont il lui avait donné la preuve, il y avait quelques jours.

— « Tout est fini pour l'Empereur, dit la Reine avec calme, c'est à la France qu'il faut songer! On l'accueillait avec acclamations : on avait besoin de son puissant génie, c'était des triomphes, du bonheur qu'on en attendait ; il a été malheureux, tout le monde l'abandonnera ; il n'y a plus d'illusion à se faire sur le sort qui l'attend : trop heureux si nous pouvons le décider à se soustraire à tout ce qui va le menacer !

— » Comment, madame, dit le général, pouvez-vous penser ainsi? la France abandonnerait l'Empereur? c'est impossible! elle a trop bien prouvé qu'elle le veut, qu'il lui est nécessaire! nous avons été battus, il est vrai ; mais l'armée est pleine de dévouement et de courage, le peuple montre que les mêmes sentiments l'animent; qui donc oserait songer à séparer ses intérêts de ceux de l'Empereur?

—« Ceux qui croient que c'est à l'Empereur seulement qu'on en veut, et qui s'imaginent qu'en se séparant de lui, on obtiendra des alliés de meilleures conditions. Ils ne s'aperçoivent pas qu'ils en veulent plus encore à la puissance de la France qu'à la gloire de son chef. Au lieu de se serrer en faisceau autour de lui, au lieu d'imiter les peuples anciens, dont le courage se montrait plus grand le lendemain d'une défaite, on discutera sur des idées, sur des principes, et tout sera perdu.

— « Ah! madame, reprit le général, ne le croyez pas, le peuple et l'armée ne sont-ils donc plus la partie saine et forte de la nation? j'ai plus de confiance dans les sentiments et l'énergie de mes compatriotes, mais si je me trompais, si la France se perdait en abandonnant l'Empereur, je m'en éloignerais avec lui; je partagerai son sort, quel qu'il soit. — J'aime à vous voir de si nobles sentiments, général, lui dit la Reine; mais je crains bien que très-peu de gens ne les partagent. »

Nous combattîmes de tous nos efforts les pénibles pensées de la Reine, en lui rappelant tant de protestations si récentes de dévouement, qu'elles ne pouvaient être oubliées.

Le temps était si beau, et la Reine se sentait si oppressée, elle avait un tel besoin de respirer, qu'au lieu de monter en voiture, je l'engageai à revenir à pied par les jardins et les Champs-Élysées. Elle se chargea de ramener dans sa maison madame de Dillon, qui nous accompagna.

Nous marchions silencieusement toutes les deux à côté de la Reine, qui ne levait pas même les yeux sur toutes ces jolies habitations, pour lesquelles elle avait fait de si beaux plans; à présent elle ne les regardait plus; elle pensait sans doute déjà que ce n'était plus en France qu'elle pouvait reposer ses pensées d'avenir.

Nous nous acheminions vers la place de la Concorde: au moment où nous tournions l'allée de Marigny, je remarquai avec étonnement une dame fort élégamment mise, qui s'était arrêtée près de la sentinelle placée à la grille du jardin, et qui lui parlait avec beaucoup de véhémence, en faisant des gestes très-animés. Comme elle tournait le dos, elle ne nous aperçut point; la chose me parut si singulière, que je ne résistai pas à la curiosité de m'assurer ce que c'était; je la fis remarquer à la Reine, et au moment où nous nous approchions d'elle, j'entendis la dame qui disait au soldat : « On vous trompe, il est battu, il n'y a plus d'espoir pour lui, les alliés s'avancent, et il n'y a de salut qu'avec les Bourbons.

—»Laissez-moi tranquille avec vos Bourbons! dit le soldat, en se retournant brusquement.

— » Ah! mon Dieu, dit la Reine, en s'éloignant, est-il possible que l'on aille jusqu'à vouloir suborner les gardes qui veillent sur l'Empereur? Ah! je le sens, il est encore bien plus affreux d'être en butte à la haine de quelques Français, que d'avoir à redouter celle de toute l'Europe réunie. » En disant ces mots, la Reine s'éloigna précipitamment. Nous la suivîmes silencieusement jusqu'à la place de la Concorde, où nous retrouvâmes la voiture. Nous reconduisîmes madame de Dillon chez elle, puis nous rentrâmes à l'hôtel, où quelques personnes attendaient le retour de la Reine, entre autres M. de Labédoyère. Toutes les physionomies étaient tristes, la sienne seule conservait cette expression d'énergique fierté, caractère distinctif de son beau visage. Quelques hommes revenaient de la Chambre des députés, où régnait une grande agitation; ils s'en étaient éloignés au moment où elle se formait en comité secret : le mot d'*abdication* avait circulé sourdement dans la foule qui se dispersait, et l'inquiétude régnait partout.

« J'espère que l'Empereur n'écoutera pas une seconde fois des insinuations aussi perfides, dit Labédoyère en se levant avec vivacité; elles perdraient la France, qui ne peut être sauvée qu'avec lui! — Voulez-vous, lui répondit la Reine, que la Chambre le dépose? — Elle n'oserait jamais en venir à cet excès d'indignité, s'écria Labédoyère d'une voix tonnante; il est encore dans son sein de vrais patriotes, qui savent bien le pouvoir de l'Empereur sur les masses, et tout ce qu'on peut attendre d'elles, lorsqu'il voudra les appeler à lui! il n'a pour cela qu'un mot à dire. — C'est possible, reprit la Reine; mais l'Empereur ne voudra jamais aggraver la position de la France, en augmentant ses divisions; — Je voudrais, madame, que l'Empereur connût bien notre dévouement, et celui de la nation; que, fort de la confiance qu'elle a en lui et de sa conscience, il appelât aux armes toute la population; qu'il renvoyât les Chambres, si elles ne savent pas comprendre ses intentions et nos besoins, et si elles ne se réunissent pas franchement autour de lui; qu'il s'armât de la dictature, que chaque bon Français lui décerne d'avance au fond du cœur ; qu'il foudroyât, qu'il anéantît tous ces traîtres qui conspirent avec les Bourbons, et cette opposition de médiocrité, qui ne comprend pas que le premier besoin d'une nation est son indépendance, et que, lorsque l'ennemi approche, c'est *combattre* qu'il faut, et non pas *pérorer*. — Vous oubliez donc, dit la Reine, que depuis un an, on ne s'occupe que de discussions? que des hommes de talent, dont les intentions sont bonnes peut-être, ont constamment travaillé à dénaturer les intentions de l'Empereur, qu'ils n'ont pas appréciées ; il a eu peut-être le tort de ne pas les expliquer assez ; ce n'est que par instinct que le peuple compte sur lui, car depuis un an, on a tout fait pour lui persuader que l'Empereur est l'ennemi de cette liberté, dont le nom est dans toutes les bouches ; et voyez à quel point sa position est cruelle ! le plus petit acte, même nécessaire, qui justifierait ces calomnies, au lieu de le servir, lui ôterait peut-être son dernier appui, l'affection de la multitude ; car le peuple aussi maintenant se méfierait de quiconque attenterait à la liberté. — Nous nous la donnerons la liberté, dit Labédoyère, quand nous serons maîtres chez nous, et ce n'est pas le moment d'en parler, lorsqu'on est à la veille de se livrer pieds et poings liés aux despotes étrangers. L'Empereur comprend mieux ce danger que personne, et c'était pour en garantir la France, qu'après son échec, il est venu faire appel à tous les patriotismes, et demander aux députés le concours de toutes les forces nationales!...

— » Certainement, elles sont grandes encore, reprit la Reine! il n'y a que la division qui puisse les neutraliser; mais tout le génie, tout le bon vouloir de l'Empereur ne peuvent aller contre l'aveuglement du moment. — Hé bien madame! dit Labédoyère, si on l'abandonne, si l'on sépare les intérêts du pays des siens, la France est perdue; l'armée, privée de son chef, sera démoralisée, découragée, divisée comme une partie de la nation! cette force populaire, si menaçante, s'évanouira en voyant son drapeau lui manquer; les alliés avanceront sans résistance, ils vous imposeront les Bourbons une seconde fois, et bien sûr les réactions ne manqueront pas : vous aurez tous les abus contre lesquels la nation s'est révoltée si longtemps, l'occupation étrangère avec tous les maux qu'une conquête et une restauration peuvent amener à la fois. »

Il parla longtemps encore, en nous faisant

le tableau le plus sombre de toutes les misères qui nous attendaient. Je m'en sentais épouvantée, et j'aurais voulu qu'on se défendît jusqu'au dernier moment, mais malheureusement les hommes énergiques et dévoués à leur pays, comme Labédoyère, étaient rares! d'un autre côté, la Reine, avait raison aussi, lorsqu'elle disait que l'Empereur ne pouvait plus sauver la France du péril où elle était, puisqu'au lieu de l'aider en cela par tous les moyens possibles, on l'abandonnait...

La première pensée de la Reine avait été pour la défense et le salut de la France, la seconde pour le sort de l'Empereur. Le soir, elle retourna à l'Élysée pour le voir enfin! Après le conseil qu'il avait tenu le matin avec ses frères et ses ministres, il les avait envoyés faire aux Chambres des communications importantes. Quand je pense à ces moments de crise, je ne conçois pas que l'on puisse vivre autant dans si peu de minutes, et que les destinées des hommes et des peuples puissent être ainsi bouleversées en si peu de temps. Ces deux ou trois jours ont été remplis par tant d'agitations et d'angoisses, qu'ils me parurent alors des siècles, et l'impression qu'ils ont laissée dans mon souvenir est telle, qu'ils me paraissent encore avoir eu cette éternelle durée.

L'Empereur dîna seul; la Reine assista à son repas et resta longtemps avec lui. Elle rentra fatiguée de tant d'émotions successivement accumulées; mais elle resta courageuse et résignée à tout.

IX.

L'abdication. — Déclaration au peuple français. — Réponse aux deux chambres. — Exaspération du peuple. — Le comte Réal, chargé de comprimer cet élan. — Dévouement de la Reine à l'Empereur. — Madame la maréchale Bessières et M. Dupuytren attachés à la Reine. — Madame Riouff. — Napoléon II proclamé. — Le général Drouot à la chambre des pairs. — Véhémente sortie de M. de Labédoyère. —*Treize à table*.—Mot de ce dernier à ce sujet.—Madame Tessier, la marchande de bas, et les fils de la Reine. — Madame Bure, nourrice du prince Louis. — Proclamation du gouvernement provisoire. — MM. d'Argenson, Sébastiani, Lafayette, Laforêt et Pontécoulant, envoyés au quartier-général des alliés. — Départ de la Reine et de l'Empereur pour la Malmaison. — Madame Darjuson. — M. de Marmold. — Madame la comtesse de Boubers. — Le baron Devaux. — Grande peur à l'hôtel de Mouchy. — Madame la générale Corbineau. — Projet d'assassiner l'Empereur. — Un service organisé pour veiller sur ses jours. — Le jeune page Sainte-Catherine. — Le coup de pistolet. — Noble démarche de madame Caffarelli. — Les enfants de la Reine auprès d'elle.

Le lendemain, 22 juin, l'Empereur envoya aux Chambres son abdication; chacun sait ce qui s'y passa et les scènes qu'elle provoqua pour le malheur de la France. Il faudrait pouvoir oublier de pareils événements et en laisser le blâme sur la conscience de ceux qui se trompèrent alors ; mais ce qui sera toujours digne d'être rappelé à la mémoire, ce sont les dernières paroles de l'Empereur à la nation Française.

DÉCLARATION AU PEUPLE FRANÇAIS.

« Français! au commencement de la guerre
» pour soutenir l'indépendance nationale, je
» comptais sur la réunion de tous les efforts,
» de toutes les volontés et le concours de
» toutes les autorités. J'étais fondé à en espé-
» rer le sucès, et j'avais bravé toutes les décla-
» rations des puissances contre moi. Les cir-
» constances paraissent changées ; je m'offre
» en sacrifice à la haine des ennemis de la
» France ; puissent-ils être sincères dans leurs
» déclarations et n'en avoir jamais voulu
» qu'*à ma personne!* Ma vie politique est ter-
» minée, et je proclame mon fils, sous le nom
» de Napoléon II, Empereur des Français. Les
» ministres actuels formeront provisoirement
» le Conseil du gouvernement. L'intérêt que
» je porte à mon fils m'engage à inviter les

» Chambres à organiser sans délai une ré-
» gence par une loi. Unissez-vous tous pour
» le salut de la patrie et pour rester une na-
» tion indépendante!

» Donné au palais de l'Élysée, le 22 juin 1815.

» *Signé,* Napoléon. »

Le 23 juin, les députations des deux Chambres s'étant rendues chez l'Empereur, il leur répondit en ces mots :

« Monsieur le Président,

» Je vous remercie des sentiments que vous
» m'exprimez; je recommande à la Chambre
» de renforcer les armées, et de les mettre
» dans le meilleur état de défense : qui veut
» la paix doit se préparer à la guerre. Ne
» mettez pas cette grande nation à la merci
» des étrangers, de peur d'être déçus dans vos
» espérances. Dans quelque position que je
» me trouve, je serai heureux si la France est
» libre et indépendante. Si j'ai remis le droit
» qu'elle m'a donné à mon fils, de mon vi-
» vant, ce grand sacrifice, je ne l'ai fait que
» pour le bien de la nation et l'intérêt de

» mon fils, que j'ai en conséquence proclamé
» Empereur. »

Dans la séance des Chambres de ce même jour on proclama Napoléon II, à la suite d'un très-beau discours de Manuel, et aux cris de vive l'Empereur! mille fois répétés.

J'étais chez moi avec quelques amis pendant cette séance mémorable, qui semblait devoir décider de l'avenir de la France. M. de Lascours, qui y avait assisté, vint me voir en sortant; ce fut par lui que j'appris que Napoléon II avait été reconnu.

« Je suis militaire, me dit-il, j'ai toujours regardé le bonheur d'un général qui vient de gaguer une bataille comme le plus grand que l'on puisse éprouver; hé bien! je ne sais pas si le succès que vient d'obtenir M. Manuel à la tribune n'est pas plus satisfaisant encore? La Chambre n'était point unanime; il y régnait une incertitude qui naissait de la division des esprits; l'approche des alliés a intimidé beaucoup de gens qui, si on les avait laissé faire, les auraient peut-être attendus pour recevoir d'eux un prince étranger! Quelques bourbonnistes, qui n'osaient s'expliquer, se trouvaient sans doute dans le nombre; on assure même que le duc d'Orléans cherche à se faire un parti; quelques-uns de ses adhérents pouvaient s'y trouver aussi : enfin dans les objections faites contre Napoléon II et la régence, nul n'était bien franc sur ce qu'il voulait. Hé bien! M. Manuel a relevé, une à une, toutes les difficultés qui avaient été présentées; il a su les résoudre avec un talent de persuasion et de conviction qui a pénétré dans tous les esprits, et c'est avec acclamations que Napoléon II a été reconnu par l'assemblée entière. Ce succès vaut bien un bataille gagnée, car elle assure un empire. »

Dans l'après-midi, la Reine se rendit à l'Élysée, j'eus l'honneur de l'y accompagner. Je restai dans le salon de service pendant que la Reine était chez l'Empereur; je la vis bientôt se promener dans les jardins avec Madame-Mère, tandis que l'Empereur, à quelques pas plus loin, causait avec son frère Lucien. Tout à coup des cris de *vive l'Empereur!* nous firent tous accourir aux fenêtres. La foule du peuple, exaspérée par l'abdication, entourait le palais et les jardins, en demandant l'Empereur à grands cris; et lorsqu'ils l'avaient aperçu se promenant, plusieurs hommes avaient escaladé les murs pour s'élancer vers lui; ils s'étaient précipités à ses pieds, et avec cet accent pénétrant qui part de l'âme, ils l'avaient supplié de ne pas les abandonne, de renoncer à ce projet d'abdication qui les désespérait, et de se mettre à leur tête pour aller repousser l'ennemi.

« Hé bien ! nous dit le comte Réal, qui se trouvait avec nous, « je ne suis occupé qu'à faire réprimer de pareils élans et à prévenir des scènes semblables. »

Comme préfet de police, il lui avait été spécialement recommandé, par le gouvernement provisoire, d'user de tous les moyens pour éviter les manifestations de l'opinion en faveur de l'Empereur; et malgré tous ses soins et l'argent qu'il avait fait distribuer à cet effet, il n'avait pu prévenir la scène qui se passait sous ses yeux. Il répéta la même chose à la Reine, lorsqu'elle traversa le salon pour s'en aller. Elle n'assista pas au dîner de l'Empereur, comme elle en avait eu l'intention, et rentra chez elle plutôt que je ne l'avais pensé. Aussitôt que nous fûmes en voiture, elle me dit :

« L'Empereur m'a demandé si la Malmaison m'appartenait, je lui ai répondu qu'elle était à mon frère, mais que c'était la même chose. Alors il m'a dit qu'il désirait s'y rendre et qu'il me priait de l'y recevoir.

— » Et vous avez consenti, madame ?

— » Certainement; je suis trop heureuse de pouvoir lui témoigner ma reconnaissance pour tout ce qu'il a fait pour moi !

— » Mais, madame, réfléchissez au danger des circonstances où nous sommes ; il y en a sûrement beaucoup pour vous à vous identifier ainsi au sort de l'Empereur.

— » C'est une raison de plus pour que je n'hésite pas à m'y associer ! je m'en fais un devoir, et plus l'Empereur court de périls, et plus je suis heureuse de lui témoigner tout mon dévouement. »

Depuis le retour de l'Empereur, la Reine ne s'occupant que de lui, avait cependant pensé plusieurs fois à faire cacher ses enfants dans un lieu sûr, afin que, soulagée de toute inquiétude pour eux, elle pût être tout entière aux devoirs qu'elle s'imposait en recevant l'Empereur à la Malmaison. Dans ces moments de crise, où chacun prévoyait des malheurs et des dangers, plusieurs personnes de la société de la Reine, qui connaissaient sa tendre sollicitude pour ses enfants, lui offrirent de les cacher chez eux ou de les retirer à la campagne. Je ne citerai dans le nombre que madame la maréchale Bessières, que la Reine appréciait beaucoup, et qui a toujours été parfaite pour elle, et M. Dupuytren, qui, lui aussi, a toujours professé un grand dévouement pour la Reine, et qui le lui conserva, même plus tard, lorsqu'elle était dans l'exil, bien qu'il fût alors en grande faveur chez la duchesse d'Angoulême.

La Reine, en rentrant chez elle, trouva son salon rempli de personnes qui attendaient son retour avec une vive impatience. L'inquiétude, l'agitation, étaient peintes sur tous les visages; chacun désirait savoir ce que l'Empereur allait faire. La Reine dit qu'il voulait se retirer à la Malmaison, et qu'elle comptait aller l'y recevoir. Ce ne fut qu'un cri pour l'en dissuader; elle s'exposait véritablement en suivant ainsi l'impulsion de son bon cœur et de sa générosité, plutôt que d'écouter la prudence, qui lui aurait prescrit de ne pas ranimer l'animosité de certaines gens contre elle, en partageant encore celle qui se déversait sur l'Empereur.

Je la laissai combattant de toute la noblesse de ses sentiments les raisons qu'on lui donnait, et je rentrai chez moi quelques instants;

j'y trouvai madame Riouff, chez laquelle les princes avaient été cachés lors du retour de leur oncle. Elle eût été prête encore à les recevoir si la Reine l'eût voulu, et s'alarma autant que moi du projet de la Reine de se rendre à la Malmaison.

« C'est justifier, disait-elle, toutes les calomnies qui ont été faites sur elle, lors du débarquement de l'île d'Elbe et dans d'autres temps. »

J'appris alors ce dont je ne m'étais jamais doutée, c'est jusqu'à quel point l'esprit de parti et la haine peuvent pousser la méchanceté et l'atrocité de leurs calomnies ! et contre qui? contre une femme inoffensive, qui non-seulement n'avait jamais fait de mal à presonne, mais qui ne comptait ses moments heureux que par le bien qu'elle répandait, et dont j'avais été tant de fois témoin, ayant passé ma vie près d'elle ! Je l'avais vue adorée de tous ceux qui l'entouraient, n'ayant de désirs que celui de leur bonheur, occupée de ses enfants, cultivant ses talents et les arts; et je me demandais comment une telle vie avait pu donner lieu à tant de dénigrement.

Notre conversation fut interrompue par l'arrivée de Labédoyère : il aurait fait encore bien d'autres exclamations, s'il avait su quel en était le sujet. Il revenait de la Chambre des pairs, dont il était membre : Napoléon II venait d'y être proclamé; aussi il se mêlait à l'expression du plaisir qu'il en éprouvait un sourire sardonique que je ne m'expliquais pas; je lui en demandai la raison.

« Je viens de leur dire de cruelles vérités, me répondit-il; ils ne voulaient pas m'entendre; ils criaient : *A l'ordre! à l'ordre ;* j'élevais la voix encore plus qu'eux, et je ne me suis tu que lorsque la sonnette du président et le tumulte m'ont forcé au silence ; mais cela m'est égal; ils ont entendu ce que j'avais à cœur de leur dire, et il a bien fallu qu'ils s'y résignassent.

— » Mais que leur avez-vous donc dit, bon Dieu?

— » Voici ce qui s'est passé : la séance s'était ouverte par un beau discours de Drouot, qui, après avoir exposé quelles étaient les ressources de la France, avait ajouté que notre dernier échec ne devait pas décourager une nation grande et noble comme la nôtre ; que si nous déployions dans cette circonstance l'énergie nécessaire, ce dernier malheur ne ferait que relever notre gloire; et que nul sacrifice ne devait coûter aux vrais amis de la patrie, lorsque le souverain que nous avions proclamé naguère avec acclamation venait de faire le plus grand, le plus noble des abandons.

» Il s'est exprimé avec calme, avec dignité : Drouot a été sublime ! On a passé ensuite à la question de Napoléon II et de la régence ; et, sur quelques objections, on allait adopter l'ordre du jour, lorsque j'ai pris la parole. J'ai déclaré que, suivant moi, l'Empereur devait regarder son abdication comme annulée, si on ne reconnaissait pas Napoléon II pour son successeur. L'Empereur doit de nouveau tirer l'épée, et s'entourer de son armée. J'ai ajouté qu'il était peut-être des généraux qui projetaient de l'abandonner, des membres des Chambres qui désireraient voir arriver l'ennemi. Je leur ai rappelé leurs serments à l'Empereur, et je me suis emporté jusqu'à dire : *N'entendrons-nous donc jamais dans cette enceinte que des paroles parjures ?*

» A ces mots, des cris furieux sont partis de tous les côtés ; M. de Valence trépignait sur sa chaise, en criant : *Je n'écoute pas ; désavouez ce que vous avez dit.* Le prince d'Essling, d'un ton plein de dignité et d'une voix forte, m'adressa la parole en ces termes : *Jeune homme, vous vous oubliez!* A ces mots de la part du vétéran de notre gloire, je m'arrêtai; mais ce fut un grand effort que je fis sur moi, car j'avais encore bien des choses à dire. »

Nous remontâmes ensemble chez la Reine, où M. de Labédoyère lui raconta la scène de la Chambre des pairs; elle ne laissa pas échapper cette occasion de lui faire une petite morale, en lui disant que lorsqu'on avait de l'éloquence, et qu'on parlait devant une grande assemblée, on ne devait jamais se laisser entraîner à se servir d'expressions choquantes; elle ajouta que le général Drouot lui avait fourni un bel exemple à suivre. Il en convint de bonne grâce. Seul il ne fut pas contre la Reine, sur la résolution d'aller installer l'Empereur à la Malmaison; il avait trop de générosité dans le caractère pour ne pas comprendre ses motifs, et chez lui la prudence ne passait pas avant tout.

M. de Labédoyère se trouvant encore avec nous à six heures, la Reine le retint à dîner. Au moment où nous nous mettions à table, quelqu'un fit la remarque que nous étions *treize*. Quoique je ne sois pas superstitieuse, je n'aime pas à me trouver dans le nombre des personnes réunies sous ce numéro. J'en fis part à mon voisin ; Labédoyère l'entendit : « N'ayez pas peur, mademoiselle Cochelet, me dit-il, à la tournure que prennent les événements, il est bien probable que ce sera moi *le treizième* manquant à l'appel d'ici à un an ! — Qui sait d'ici là où nous serons tous ? lui répondis-je. J'espère au moins que si nous sommes dispersés, aucun de nous ne sera mort. » Personne ne songea à interrompre le silence qui se fit en ce moment, et chacun resta longtemps plongé dans des réflexions sérieuses, que le peu de mots prononcés par M. de Labédoyère avaient fait naître.

La Reine congédia de bonne heure sa société ; lorsque nous fûmes seules, je lui contai une partie de ce que m'avait dit madame Riouff, et je lui rappelai tous les inconvénients qu'il y avait pour elle à suivre son projet. Mais elle me répondit : « Que m'importe ces calomnies, je remplis un devoir que mes sentiments et mes principes m'imposent également. L'Empereur m'a toujours traitée comme son enfant, je serai toujours pour lui la fille dévouée et reconnaissante, et mon premier besoin est d'être satisfaite de moi. »

En achevant ces mots elle ne s'occupa plus que des dispositions qu'elle avait à prendre avant de partir.

Elle fit appeler la nourrice du jeune prince et le valet de chambre de son fils aîné, et leur dit de tout préparer pour emmener le plus secrètement possible les princes dans un lieu sûr. Je lui demandai à qui, dans cette circonstance, elle avait donné la préférence?

« Je n'ai pas voulu, me dit-elle, accepter les offres faites par plusieurs personnes de ma connaissance; je ne veux pas que des gens qui sont en évidence par leur position puissent se compromettre pour moi. Le peuple n'a rien à craindre, et j'accepte avec plus de plaisir un service de ces bonnes gens. C'est chez notre marchande de bas du boulevard Montmartre, madame Tessier, que j'envoie mes enfants; elle est venue m'en prier et se mettre à ma discrétion. Je suis sûre qu'ils se trouveront à merveille chez elle, et qu'ils y seront parfaitement soignés, car c'est une excellente personne. »

La Reine présida elle-même aux apprêts de leur départ, et lorsqu'elle les eut embrassés et recommandés à la nourrice et au valet de chambre, elle ne songea plus qu'à se mettre en route, afin d'arriver dans la nuit à la

Malmaison pour y recevoir l'Empereur le lendemain matin.

Je n'ai rien dit encore de cette bonne madame Bure, la nourrice du jeune prince Louis. C'était une personne douce et bienveillante, qui était fort aimée de toute la maison; elle était petite, brune et fort jolie : un jour qu'elle avait été conduire son cher prince aux Tuileries, l'Empereur dit en levant les yeux sur elle : *Ce gaillard-là a une jolie nourrice!* Ces mots ont probablement valu à madame Bure le seul petit mouvement de vanité qu'elle ait eu dans sa vie; son attachement pour son prince était la tendresse d'une mère passionnée, et a été le sentiment dominant de sa vie. Elle l'a suivi partout; et dans ce moment elle vit encore près de lui à Arenberg, où les bontés de la Reine et du prince lui marquent, au milieu de tout ce qui les entoure, une place d'affection.

Le gouvernement provisoire, dont M. le duc d'Otrante était président, fit paraître sa proclamation du 24 juin. Le même jour MM. d'Argenson, Sébastiani, Lafayette, Laforêt et Pontécoulant partirent à sept heures du soir, pour se rendre au quartier-général des alliés, à Manheim.

Ils se dirigèrent d'abord près de lord Wellington qui, en sa qualité de commandant de l'armée anglaise, devait leur faire délivrer des passeports. Ils étaient pleinement convaincus que les alliés n'en voulaient qu'à l'Empereur, que sa retraite allait les arrêter comme une baguette magique et qu'ils n'avaient qu'à partir pour les faire renoncer à leurs projets d'invasion, et pour conserver par là l'indépendance de la France. Au reste, les deux Chambres, malheureusement influencées par le duc d'Otrante, qui lui-même était dupe des alliés, croyaient aussi que l'empereur Napoléon éloigné, la France resterait libre de se choisir un souverain, et qu'il n'y aurait plus de guerre.

Ce fut aussi le 24 juin que l'Empereur quitta Paris pour n'y plus revenir; il se rendit à la Malmaison, où la Reine, qui était partie la nuit, avait tout disposé pour le recevoir de son mieux.

Madame d'Arjuson ayant accompagné la Reine, je restai à Paris en proie à bien des inquiétudes, qui s'augmentaient encore de tout ce que chacun venait me conter.

M. de Marmold, écuyer de la Reine, s'étant retiré dans ses foyers en Belgique, en 1814, la maison d'honneur de la Reine avait été dissoute; sitôt qu'il apprit le retour de l'Empereur, en 1815, il vint reprendre son service près de la Reine, qui le revit avec grand plaisir. C'était un excellent homme, qui lui était fort attaché. Il l'accompagna à la Malmaison, ainsi que M. d'Arjuson. Les personnes de la maison de la Reine, restées avec moi à Paris, étaient madame la comtesse de Boubers, le baron Devaux et l'abbé Bertrand. L'appartement de M. Devaux, comme je l'ai déjà dit, donnait sur la rue, en face de celui de la duchesse de Mouchy; à chaque instant il me racontait quelques nouveaux détails des bruyantes démonstrations de joie dont il était témoin, et qu'il apercevait de ses fenêtres; un moment pourtant cette joie se calma, et fit place à la peur.

Le peuple de Paris avait appris avec douleur le départ de l'Empereur, et avait peine à se résigner à son éloignement; une morne tristesse empreinte sur tous les visages annonçait le mécontentement du plus grand nombre. Dans les faubourgs, cette démonstration était remplacée par de sourds murmures, que quelques poltrons prirent pour des menaces, et l'on fit courir le bruit que le peuple, dans sa fureur, voulait se venger en massacrant tous les royalistes. La peur prit naturellement à l'hôtel de madame de Mouchy, placé en face du palais de la Reine : le silence succéda aux éclats de rire; portes et fenêtres se fermèrent, et ne laissèrent aucun doute sur la prudence et les précautions des triomphants voisins de la veille.

Les premiers jours de nos désastres, les bourbonnistes n'agissaient que dans l'ombre. Ils n'osaient braver en face cette colère populaire, que leurs projets dévoilés eussent éveillée. Mais petit à petit l'approche des armées ennemies les enhardit, et ce ne fut qu'au moment où ils se sentirent soutenus par elles, qu'ils osèrent se montrer tels qu'ils étaient.

Tandis que les ennemis de l'Empereur levaient la tête, que les lâches et les timides l'abandonnaient, ceux qui se sentaient le cœur placé haut se serraient autour de lui. Ma vénération, celle de ma famille pour ce grand homme s'augmentaient en proportion de ses malheurs. Un mot de lui pour nous eût été un bienfait inestimable; et au moment où il allait peut-être s'éloigner pour toujours, un souvenir tombé de sa main eût été sans prix à nos yeux. Dans cette pensée, qui m'était commune avec mon frère, j'osai écrire à la Reine pour la supplier de faire la demande, à l'Empereur, de la croix d'honneur pour ce frère chéri. Il l'avait certainement gagnée par ses services et par son dévouement (et plusieurs fois le maréchal Suchet, sous les ordres duquel il servait en Espagne, l'avait sollicitée pour lui. Quelques années plus tard, il parvint à lui faire obtenir cette juste récompense due à son mérite et à ses services). La Reine trouva sans doute ma demande importune, car elle me répondit que l'Empereur était occupé d'objets trop sérieux, pour qu'elle osât l'en détourner, en lui parlant d'intérêts particuliers, et que ce n'était pas surtout quand la vie de l'Empereur était menacée, qu'on pouvait songer à autre chose.

Nulle expression ne saurait peindre l'agitation que j'éprouvais. A chaque instant de nouveaux récits y ajoutaient quelque chose; je ne pouvais tenir en place, je courais chez ma mère, chez mes amis, à l'affût des nouvelles, et j'en recueillais aussi des personnes que je recevais. Ces nouvelles étaient quelque fois très-contradictoires, suivant l'opinion des gens qui les colportaient; elles augmentaient mes perplexités. Plusieurs femmes de généraux vinrent me voir, entre autres madame Corbineau, dont le mari était aide-de-camp de l'Empereur; elle ne comprenait pas pourquoi l'Empereur, sûr comme il l'était de toute l'armée, ne se mettait pas à sa tête pour ressaisir le pouvoir qu'il avait remis (mu par l'amour de la patrie) dans des mains aussi peu expérimentées. Il lui semblait étrange que l'ennemi s'approchât de Paris, sans qu'il eût pris aucune disposition pour l'arrêter. Les commissaires envoyés par les Chambres au quartier-général des souverains alliés n'avaient pas même été admis auprès d'eux, tant on était loin de prendre en considération rien de ce qui avait été fait depuis *dix jours*.

On vint me dire que deux cents bourbonnistes armés s'étaient dirigés sur la Malmaison, pour la cerner et assassiner l'Empereur, comme ce parti avait vainement tenté de le faire en Provence, lors de son voyage de l'île d'Elbe. Je voyais la Reine massacrée, et je n'avais plus une goutte de sang dans les veines... J'envoyai en toute hâte Vincent à la Malmaison, espérant que cet avis arriverait avant le danger, et que l'Empereur et la Reine pourraient s'y soustraire. Vincent était à peine parti, que j'appris que la duchesse de Rovigo avait été à la Malmaison, et je sus qu'elle avait positivement rencontré beaucoup d'hommes armés et à cheval sur la route qu'elle venait de parcourir. Elle ajoutait en même temps qu'elle avait reconnu dans ce rassemblement un royaliste de sa famille. Quelles que fussent leurs intentions, l'empereur était encore assez entouré pour être à l'abri d'un coup de main.

Vincent revint le soir, m'apportant quelques mots que la Reine m'écrivait pour me rassurer; mais qui ne parvinrent pas entièrement à ce résultat. Comment aurais-je pu avoir quelque repos d'esprit, lorsque je voyais les yeux des ennemis de l'Empereur fixés sur la Malmaison, et la malveillance colporter partout, pour animer contre lui, que les alliés ne voulaient pas entendre parler d'un armistice qu'ils ne fussent certains qu'il était parti.

Le 27 au matin, Labédoyère vint me voir. « Comment vous ici! m'écriai-je en l'apercevant : et l'Empereur, et la Reine, sont donc seuls livrés à leurs ennemis ? » Rassurez-vous me dit-il; nous nous sommes arrangés pour qu'ils ne courent aucun danger : sans être nombreux, nous sommes tous bien armés et très-déterminés. Notre service est organisé près de l'Empereur, et je puis sans inconvénient venir à Paris tous les matins, y voir ma femme et vaquer à mes affaires; mais la nuit nous veillons tous, même le jeune page Sainte-Catherine (1), qui est prêt comme nous à vendre chèrement sa vie. Hier, nous avons eu une alerte assez vive : nous étions encore réunis chez la Reine, lorsque nous avons entendu un coup de pistolet, qui semblait avoir été tiré dans les alentours de l'appartement de l'Empereur. A l'instant tout le monde s'apprêta à faire une vigoureuse résistance; la Reine a montré dans ce moment, où le danger paraissait imminent, un calme et un courage dont je n'aurais pas cru une femme capable. Les premières précautions prises, à l'aide d'une reconnaissance que plusieurs de nous firent dans la direction d'où était parti le coup, elle a demandé à ceux qui étaient près d'elle ce que l'on comptait faire : — *Nous défendre comme à Bender, madame, jusqu'au dernier,* lui

---

(1) M. de Sainte-Catherine d'Elfridi, jeune américain, cousin germain de l'impératrice Joséphine, avait suivi l'Empereur avec enthousiasme; mais, les Anglais ne lui ayant pas permis d'aller à Sainte-Hélène, il retourna à la Martinique. Peu de temps après, il mourut : le chagrin d'être séparé de son bienfaiteur entra pour beaucoup dans la fin prématurée de cet intéressant jeune homme.

ai-je répondu? — *Ah! mon Dieu! m'a t-elle dit d'une voix émue, s'il y a du sang de répandu, si l'on se tue autour de moi, je ne réponds plus de mon courage.* Heureusement nous n'en sommes pas venus à cette extrémité; aucun ennemi apparent ne s'est présenté, notre reconnaissance a vainement exploré les alentours de la Malmaison, sans avoir pu découvrir l'auteur du coup de pistolet.

Lorsque Labédoyère eut fini son récit, je lui fis mille questions; il me conta que la Reine avait tout arrangé pour que l'Empereur fût bien et entièrement libre : il dînait seul dans son appartement. La Reine dînait avec les dames et les officiers dans la petite galerie.

Beaucoup de personnes allaient à la Malmaison pour faire leurs adieux à l'Empereur; madame Bertrand y venait tous les jours, et se disposait à suivre son mari.

Madame Caffarelli fit dans cette circonstance une démarche bien noble et bien digne de son beau caractère. Elle fut trouver la Reine et lui proposer de faire près d'elle le service de dame, et de rester à la Malmaison tout le temps qu'elle y passerait et qu'il y aurait des dangers. La terreur qui régnait alors à Paris faisait d'autant mieux ressortir tout ce qu'il y avait de courage et de dévouement dans une offre pareille; la Reine ne l'accepta point, mais elle la remercia avec affection. Elle n'a jamais oublié ce procédé, et m'en a souvent parlé depuis. Madame Caffarelli était d'ailleurs une personne dont la Reine faisait beaucoup de cas, et qui était entourée de l'estime générale. Elle n'avait jamais eu de place à la cour, ni comme dame du palais, ni comme dame d'honneur des princesses; elle n'avait rien demandé, et c'était très-beau de sa part de venir s'offrir, lorsque beaucoup de personnes qui avaient joui de ces emplois dans les temps de bonheur, se montraient à peine dans l'adversité. Labédoyère venait de me quitter, lorsque je vis arriver M. de Marmold; j'en fus toute saisie, tant je m'y attendais peu, et ce fut avec une véritable anxiété que je lui demandai : « Que fait la Reine? Comment la quittez vous? — Elle m'envoie chercher ses enfants, pour qu'ils viennent faire leurs adieux à leur oncle ! — Est-il possible! m'écriai-je, non contente de s'exposer, en restant près de l'Empereur dans de pareils moments, elle veut faire venir ses enfants à la Malmaison? Elle ordinairement si craintive pour eux, à quoi pense-t-elle donc ? — Vous savez bien, me dit

M. de Marmold, que les affections et les sentiments du devoir passent avant tout chez la Reine.

Cette détermination de la Reine était vraiment le coup de grâce aux inquiétudes que me causait sa résolution; mais il n'y avait pas moyen de la faire changer, et je me résignai. M. de Marmold se rendit près des princes, il les fit monter en voiture à quelques pas de leur nouvelle demeure, et, arrivant à la Malmaison par les chemins les plus détournés, il les remit entre les mains de la plus affectueuse et de la plus tendre des mères!

X.

Bruits calomnieux au sujet de la Reine. — L'envoyé de Fouché. — Adieux de Napoléon à ses neveux. — Leur cachette. — Une visite inattendue. — Cruelles angoisses. — L'officier de lanciers. — L'avis important. — La Malmaison en danger d'être cernée. — Fuite des paysans vers Paris. — Misères de la guerre. — Tableau de Paris. — Insistance de la Reine pour ne pas quitter sa parure. — Son retour à Paris. — Espoir et désespoir de Napoléon. — Impatience et craintes du gouvernement provisoire. — Ingratitude du maréchal Davoust. — Indignation de M. de Flahaut. — Madame-Mère et Napoléon ; douloureuse séparation. — Talma. — La reine Caroline et sa mère. — Paroles remarquables. — Haine de M. de Blacas contre les Bonaparte. — Fable inventée par lui. — Belle réponse de madame Lætitia. — Refus de l'Empereur de partir sur un navire danois. — Curieux stratagème. — Les diamants de la Reine. — La duchesse de Vicence et madame Corbineau.

Mon imagination était toujours portée sur la Reine et sur ses enfants ; je comptais le temps donné à ces derniers pour leurs adieux à l'Empereur, et je calculais les heures jusqu'à leur retour, lorsque je vis arriver mademoiselle Ribout, aussi agitée que je l'étais moi-même, car dans ces moments de crise chacun avait, dans ses intérêts ou dans ses affections, de quoi trembler.

Elle s'informa si la Reine n'était point encore revenue de la Malmaison, et ce qu'elle pouvait y faire si longtemps. On était venu avertir Fouché qu'une partie des troupes refusait d'obéir, et se préparait à se rendre auprès de l'Empereur, pour le forcer à se mettre à leur tête, renverser le Gouvernement provisoire, et faire rentrer Paris dans l'ordre; qu'on assurait aussi que la Reine avait les mêmes idées et les mêmes espérances; qu'elle ne restait à la Malmaison que pour décider l'Empereur à faire ce qu'on attendait de lui, et qu'elle montait la tête à tous les officiers qui l'entouraient, pour les pousser à ce coup désespéré. « Vous sentez, ajouta mademoiselle Ribout, combien seraient insensés les gens qui auraient de pareilles idées ; ce serait perdre la France, et nuire en même temps aux intérêts de l'Empereur et à ceux de la Reine; tandis qu'en se retirant sagement et prudemment, ils rendront tout plus facile à terminer et leur sort meilleur. Vous connaissez les sentiments que le duc d'Otrante leur porte, il s'inquiète, surtout pour eux, de tous ces bruits qui se répandent; il n'est occupé qu'à éviter la guerre civile et à obtenir une amnistie des puissances alliées, afin de pouvoir ensuite traiter avec elles dans l'intérêt de Napoléon II, dont il mettra tous ses soins et toutes les ressources de son talent à consolider et à conserver les droits reconnus par la nation. »

Je rassurai l'envoyée de Fouché sur les desseins que l'on prêtait à l'Empereur, dont Labédoyère m'avait appris les projets de départ, et j'ajoutai : « J'ignore quel est l'esprit de l'armée; mais quant à la Reine, soyez bien convaincue que pour quelque intérêt que ce soit, on ne la verra jamais fomenter des troubles qui occasionneraient la guerre civile. Elle n'est absolument occupée, en ce moment, qu'à veiller sur la vie de l'Empereur, dont elle se croit responsable tout le temps de son séjour à la Malmaison.

Mademoiselle Ribout me quitta plus tranquille; et moi, tandis que l'heure avancée redoublait mes angoisses pour ces chers enfants, j'allais faire l'imprudence de courir m'informer d'eux chez la marchande de bas du boulevard Montmartre, et par-là, peut-être, faire découvrir leur retraite, lorsque j'appris enfin leur retour de la Malmaison, où après avoir reçu la bénédiction de leur oncle, après l'avoir embrassé pour la dernière fois, ils avaient gagné paisiblement leur cachette.

M. de Marmold retourna bien vite auprès de la Reine; je le priai en grâce de réunir ses instances aux miennes, pour obtenir qu'elle revînt à Paris, où malgré l'animosité des partis, je pensais qu'elle serait plus en sûreté qu'à la Malmaison.

Je ne pus fermer l'œil de la nuit, et je restais toujours fort inquiète, lorsqu'une visite inattendue vint augmenter mes angoisses : le 28, au matin, on vint me dire qu'un officier des lanciers de la garde impériale demandait à voir la Reine. Comme elle était absente, je le reçus chez moi; c'était un jeune homme fort agréable, officier dans la garde, rempli de talents, et qui venait quelquefois chez la Reine, les jours de réception. Il la croyait de retour à Paris, et s'alarma beaucoup lorsque je lui appris qu'elle était encore à la Malmaison, ainsi que l'Empereur. Il me dit que l'ennemi s'avançait sur Paris, que le pont de Neuilly était barricadé, et qu'il était à craindre que si la Reine ne revenait pas *immédiatement*, elle ne pût plus rentrer chez elle;

qu'il était arrivé au galop pour la prévenir que l'Empereur se trouvait très-exposé à la Malmaison ; qu'un corps de troupes étrangères s'avançait de ce côté en tournant Paris, par la vallée de Montmorency, Saint-Germain et Chatoux; qu'il fallait en faire parvenir l'avis au plus vite à la Malmaison; que pour lui, il allait rejoindre son régiment qui était à Saint-Denis, et qu'il n'avait quitté un moment que pour avertir du danger que courait l'Empereur.

Il repartit en toute hâte, pour se rendre où son devoir l'appelait ; et j'écrivis bien vite à la Reine l'avis important que M. de Bruk venait de me communiquer. J'étais si bouleversée, que la main me tremblait; je ne sais si je m'expliquai très-clairement sur les détails qui venaient de m'être donnés ; mais ce dont je suis bien sûre, c'est d'avoir répété plus de dix fois, « au nom du ciel, madame, revenez, ne perdez pas un instant, revenez, ou c'est fait de vous. »

Pendant que j'écrivais, Vincent, que j'avais fait avertir, et qui était le serviteur le plus dévoué et plus utile à employer dans les moments difficiles, montait à cheval. Il partit aussitôt.

Je lui dis ce que contenait ma missive, bien sûre en cela de l'activité qu'il mettrait à la porter. Après son départ, je ne me sentis pas le courage de rester seule en face des terreurs qui m'agitaient, je courus à l'affût des nouvelles, qui malheureusement toutes confirmèrent mes craintes, et qui les auraient augmentées, si la chose eût été possible.

Le pont de Neuilly étant barricadé, cette route se trouvait fermée à la Reine pour son retour; quantité de paysans, que l'approche de l'armée ennemie avait fait fuir, escortaient leur modeste mobilier, chargé dans des charrettes, et faisaient marcher devant eux leurs bestiaux. Les femmes traînaient ou portaient leurs enfants en bas-âge, tandis que les aînés portaient à dos ou sur leur tête d'énormes pains noirs, seule provision, seule subsistance de la famille; tous se dirigeaient sur Paris. Ce récit circulait de bouche en bouche; et de temps en temps, le canon, qui se faisait entendre, venait en attester la triste vérité à la capitale dont les habitants étaient diversement occupés : beaucoup de Parisiens faisaient des apprêts de départ, chargeaient des voitures de voyage et se dirigeaient sur les départements de l'intérieur qu'ils supposaient moins exposés à devenir le théâtre de la guerre ou de l'invasion. Le trouble, l'agitation, la tristesse étaient partout; je rentrai chez moi à la chute du jour, épuisée de fatigue et d'émotion.

Les heures s'écoulaient et Vincent ne revenait pas! que lui était-il arrivé? n'avait-il pu gagner la Malmaison? les troupes ennemies y étaient-elles avant lui? je me perdais en conjectures, toutes plus sinistres les unes que les autres... Puis je reprenais courage, j'espérais que la Reine avait cédé à mes instances, qu'elle était en route pour revenir, et qu'elle avait gardé Vincent pour l'accompagner; la nécessité de faire ses adieux aux personnes qu'elle laissait là, et les apprêts de départ, occasionnaient sans doute ce retard; mais enfin elle ne pouvait manquer de venir? chaque bruit de voitures ou de chevaux me faisait tressaillir, et je courais à ma fenêtre pour voir si c'était elle; quatre heures, cinq heures sonnèrent, j'étais toujours dans l'attente; à six heures et demie, je vis rentrer Vincent : « Et la Reine? m'écriai-je, en m'élançant au devant de lui. — Elle n'a pas voulu quitter l'Empereur, avant d'être assurée que toutes les précautions ont été prises pour la sûreté de son départ, me répondit-il, d'un air visiblement ému. Je tombai dans un fauteuil, anéantie, et ce ne fut qu'au bout de quelques minutes que je fus assez remise pour le questionner de nouveau. Son arrivée *seul* était pour moi la confirmation de toutes mes inquiétudes.

Vincent avait remis ma lettre à la Reine, et il y avait ajouté tout ce que je lui avais dit de vive voix; deux fois elle l'avait lue avec attention, écoutant à peine ce qu'il lui disait sur les dangers qui entouraient la Malmaison; puis elle était entrée dans le cabinet de l'Empereur, pour lui faire part de l'avertissement que je lui avais donné; et elle était restée longtemps avec lui. On était venu dire à Vincent de se reposer et d'attendre; il était présent lorsqu'on avait donné l'ordre à un officier d'aller en reconnaissance du côté où on disait que l'ennemi arrivait; cet officier n'était revenu que longtemps après, en rendant compte qu'il avait effectivement aperçu les avant-postes des troupes alliées à une très-petite distance.

Au moment où Vincent partait pour revenir, il avait vu brûler le pont de Chatou pour arrêter l'ennemi, dont l'empereur n'était plus séparé que par la Seine. La Reine me faisait remercier verbalement de l'avis que je lui avais fait parvenir, en me faisant dire de me rassurer; mais qu'elle était décidée à ne pas revenir que l'Empereur ne fût parti.

Je passe sur cette nuit d'insomnie et sur la matinée du 29, plus pénible encore; je voulais quitter Paris, aller rejoindre la Reine et partager son sort quel qu'il fût, lorsque quatre heures de l'après-midi sonnèrent, et à ce moment je vis arriver la Reine, accompagnée de madame Bertrand, qu'elle ramenait avec elle.

La Reine me gronda (autant qu'elle pouvait gronder) de me désoler ainsi. Elle me raconta qu'elle était revenue de la Malmaison sans que rien n'eût retardé ni inquiété son voyage; elle avait, il est vrai, pris le chemin de traverse pour gagner Saint-Cloud, et de là rentrer à Paris par la barrière qui porte le nom de cette première ville.

La Reine me fit part des vives inquiétudes qu'elle avait éprouvées pour l'Empereur, craignant à chaque instant qu'on vînt l'enlever, et les peines qu'elle s'était données pour le déterminer à partir. Il n'était occupé, dans ces pénibles moments, que du salut de la France; il gémissait et se désespérait de ne voir prendre aucune mesure énergique pour arrêter l'invasion. Il avait cru, jusqu'à la dernière heure de son départ, qu'un élan national viendrait soustraire la patrie aux malheurs qu'il prévoyait et redoutait pour elle; il l'avait espéré en vain!

Pendant que l'Empereur était dans de pareilles inquiétudes, il en donnait beaucoup d'un autre genre au gouvernement provisoire et aux chambres, qui trouvaient que son départ pour Rochefort ne s'effectuait pas assez vite à leur gré. Le maréchal Davoust, ministre de la guerre et commandant l'armée alors, un des généraux que l'Empereur avait le plus comblé de ses bienfaits (*le revenu de ses dotations s'était élevé annuellement jusqu'au chiffre énorme de 1,800,000 fr.*), mit le comble à l'ingratitude et à l'indignité, en disant au général de Flahaut, aide-de-camp de l'Empereur, qui l'avait expédié auprès de lui pour obtenir du gouvernement provisoire un répit de vingt-quatre heures : « Dites à *votre Bonaparte* que s'il ne se met en route de suite, j'irai moi-même l'y forcer (1). » Qui connaît la noblesse

(1) Ce fut ce brave Labédoyère, si bien fait pour apprécier la conduite de son cousin, le général de Flahaut, qui vint en faire part à la Reine, et lui dit, avec une émotion visible : « J'espère au moins que l'Empereur n'aura pas eu connaissance de cet excès d'injure de la part d'un de ses lieutenants qu'il affectionnait beaucoup. »

du caractère du général de Flahaut peut se persuader facilement à quel point un pareil procédé le révolta; aussi brisa-t-il son épée à l'instant même, en déclarant au ministre de la guerre Davoust, qu'il donnait sa démission, puis ayant ajouté qu'il se croirait déshonoré de servir dorénavant sous ses ordres, il lui tourna le dos (1).

Madame-Mère fut la dernière personne de la famille impériale qui vint prendre congé de l'Empereur. Talma qui, en habit de garde national, s'était rendu à la Malmaison pour saluer *le grand homme* (2) avant son départ, vint me voir le lendemain, et me raconta combien il avait été touché de ce que l'Empereur l'avait reçu, quoique déjà l'ordre eût été

---

(1) Le départ de l'Empereur effectué, M. de Flahaut quitta la France et se retira en Angleterre, où il fit un très-riche et très-avantageux mariage. Ce n'est qu'après la révolution de juillet qu'il revint s'établir dans sa patrie et reprendre son rang dans l'armée, qui l'avait vu s'en éloigner avec regret.

(2) Expression par laquelle Talma le qualifiait toujours, surtout depuis que, jouant à Tilsitt dans *OEdipe*, devant l'empereur Napoléon, le roi de Prusse, et l'empereur Alexandre, ce dernier saisissant l'allusion, au moment où Talma avait dit ce vers :

L'amitié d'un grand homme est un bienfait des dieux.

s'était précipité dans les bras de Napoléon. « Qu'il y avait loin de cette intimité entre ces souverains à la position présente! » me disait Talma en poussant un gros soupir.

donné de ne plus laisser entrer personne ; que l'Empereur avait paru sensible à sa visite, et lui avait témoigné beaucoup d'intérêt. — De quelle belle scène tragique ai-je été témoin ! mademoiselle Cochelet, me disait Talma avec cette âme de feu qu'on lui connaissait. Quel spectacle que cette séparation de Madame-Mère et de son fils ! elle n'arracha aucune marque de sensibilité à l'Empereur ; mais qu'elle a fait naître d'expression dans sa belle physionomie, dans sa pose, et que de choses probablement dans sa pensée ! !... L'émotion de Madame-Mère se fit jour par deux grosses larmes qui sillonnaient ce beau visage à l'antique, et sa bouche ne prononça que ces trois mots, en lui tendant la main au moment du départ : *Adieu, mon fils !* La réponse de l'Empereur fut aussi laconique : *Ma mère, adieu !* puis ils s'embrassèrent ; c'est ainsi que se fit cette séparation, qui devait être éternelle !

Puisque la visite de Talma me fournit l'occasion de parler de madame Lætitia, je vais en profiter pour faire connaître quelques traits qui honorent son caractère et son sexe. Après la défection de Murat, qui fit tant de mal à nos armes, et qui contribua pour beaucoup aux malheurs de la France, Madame-Mère rompit toute relation avec sa fille, la reine de Naples. Les tentatives que faisait celle-ci restaient en pure perte; enfin un jour elle parvint à forcer la consigne, et se présenta à Madame, avec toute la tendresse et l'affection d'une fille qui venait demander à sa mère ce qu'elle avait fait pour mériter un pareil traitement. La reine Caroline reçut pour toute réponse *ces paroles remarquables* : « Ce que vous avez fait, bon Dieu ! vous avez trahi votre frère, votre bienfaiteur. »

La reine de Naples faisait valoir avec raison que son mari était seul maître de sa politique; que des circonstances impérieuses et l'intérêt de son royaume avaient nécessité sa rupture avec la France, et qu'en conscience personne, et encore moins sa mère, ne pouvait trouver en elle un coupable. « Vous avez trahi votre bienfaiteur, répétait Madame-Mère à sa fille; il fallait user de toute votre influence sur votre mari, pour le détourner de ses funestes résolutions; il fallait que Murat passât sur votre cadavre avant d'arriver à une félonie pareille; l'Empereur n'était pas moins son bienfaiteur que le vôtre; retirez-vous, Caroline; »

et elle lui tourna le dos. Ce ne fut qu'après la mort de l'Empereur, que madame Lætitia se raccommoda avec sa fille.

En 1820, lorsqu'une conspiration bonapartiste était déférée à la Chambre des pairs; lorsque l'Espagne, par le courage de l'illustre et infortuné Riego, faisait jurer la constitution des cortès à Ferdinand VII; que Naples se révoltait; que toute l'Italie se couvrait de carbonari, le gouvernement des Bourbons en éprouvait de grandes frayeurs. Et, trompé par *de faux avis*, il fit auprès du Pape des démarches contre madame Lætitia qui résidait à Rome; elle avait, disait-on, ses agents en Corse pour y fomenter une insurrection en faveur de Napoléon ; on ajoutait que des ramifications s'étendaient dans l'intérieur de la France pour *faire des partisans* à son fils ; que le gouvernement du roi en avait la certitude, et connaissait le nombre des millions que madame Lætitia employait à tout cela. Aux yeux de tout homme de bon sens, des accusations aussi stupides tombaient d'elles-mêmes : suspecter une femme de l'âge de Madame-Mère, atteignant ses quatre-vingts ans, ne sortant jamais de chez elle, ne recevant aucun étranger, visitée quelquefois par les membres de sa famille, habitant Rome, et tous les jours par son frère le cardinal, c'était plus que de la niaiserie. Il y avait vraiment de la méchanceté, à imputer à la mère de l'Empereur de pareils desseins, et à la signaler comme le premier moteur d'une conjuration; mais le duc de Blacas représentait le roi de France à Rome, et la haine qu'il portait aux membres de la famille de l'Empereur ne laissait aucun doute qu'il ne fût l'auteur d'une fable si ridiculement inventée.

Une plainte des plus graves fut adressée à ce sujet au gouvernement du saint-père par M. de Blacas, ambassadeur de S. M. catholique. Le Pape, lorsqu'il eut connaissance de cette plainte, quelque déplaisir qu'il en éprouvât, ordonna à son secrétaire-d'état de se rendre chez madame Lætitia et d'y faire une enquête sur cette affaire. Son Em. le cardinal secrétaire-d'état alla donc chez Madame-Mère, et lui déclina dans les plus grands détails l'objet de sa visite. Après lui avoir exprimé ses regrets d'une mission aussi pénible, il lui fit connaître les accusations que la France avait portées contre elle.

Madame Lætitia, qui l'avait laissé parler sans l'interrompre, prit la parole et répondit avec dignité : « Monsieur le cardinal, je n'ai pas de millions; mais veuillez dire au Pape, afin que mes paroles soient rapportées au roi Louis XVIII, que si j'étais assez heureuse pour posséder cette fortune qu'on m'attribue si *charitablement*, ce ne serait pas à fomenter des troubles en Corse que je l'employerais; ce ne serait pas non plus à faire des partisans en France à mon fils, *il en a assez;* ce serait à armer une flotte qui aurait une mission spéciale, celle d'aller enlever l'Empereur à Sainte-Hélène, où la plus infâme déloyauté le retient prisonnier. » Puis, saluant le cardinal, elle se retira dans l'intérieur de son appartement.

Je tiens ces détails de la Reine, qui les a recueillis de la bouche de Madame-Mère, à Rome.

Mais revenons à l'Empereur, qui se dirigeait rapidement sur Rochefort, ayant avec lui dans sa voiture le général Beckert, commissaire délégué par le gouvernement provisoire, pour l'accompagner jusqu'à son embarquement. A son arrivée à Rochefort, l'Empereur y rencontra son frère Joseph, qui était prêt à s'embarquer pour se rendre aux États-Unis sur un bâtiment de cette nation ; le trajet se fit heureusement, après avoir évité la croisière anglaise. Un capitaine danois, dont le bâtiment était réputé fort bon marcheur, et qui se trouvait en rade à La Rochelle, offrait à l'Empereur de le transporter à New-Yorck, et répondait sur sa tête du succès de l'entreprise ; mais il y mettait *une condition spéciale* : c'était que l'Empereur s'embarquât *seul* et se cachât dans une armoire secrète ; l'Empereur refusa.

Il y avait un moyen de soustraire l'Empereur aux Anglais: l'attachement que son frère Joseph lui vouait était le garant que ce moyen infaillible n'aurait pas été inutilement proposé ; il aurait fallu que Joseph endossât la redingote grise, qu'il se coiffât du chapeau historique, et qu'entouré des fidèles de l'Empereur, il se fît prendre pour lui par les Anglais. Certes, la ressemblance du visage était frappante, et ce n'était pas un pouce de plus en taille, que le roi avait sur son frère, qui eût fait découvrir l'ingénieux stratagème. Les Anglais se trouvant en possession de Joseph, se seraient empressés de le conduire aux bords de la Tamise ; alors l'Empereur aurait passé d'autant plus facilement en Amérique, que la flotte qui était en croisière se serait éloignée.

J'ai souvent raisonné sur ce sujet avec la Reine, et nous sommes tombées d'accord sur la réussite : « si l'Empereur ou son frère y avait pensé, il y aurait eu là une belle page dans l'histoire pour Joseph, disait la Reine ; et tel que je le connais, il n'aurait pas laissé échapper l'occasion d'un pareil dévouement.

La Reine, avant le départ de l'Empereur pour aller s'embarquer, ne sachant pas quel sort lui serait réservé, l'avait prié avec insistance d'accepter son beau collier de diamants, pensant avec raison qu'un objet de prix dans un moment critique lui sauverait peut-être la vie. L'Empereur n'y avait pas consenti d'abord ; puis il avait fini par céder (1), et le collier avait été cousu dans un ruban de soie noir, qu'il a toujours porté autour de lui. La Reine, après cette dernière marque de dévouement à l'Empereur, avait pris congé de lui.

(1) L'Empereur n'avait voulu accepter le collier qu'en donnant à la Reine un papier contenant des délégations de bois qu'il avait réservés sur la liste civile, et qui furent saisis par les Bourbons à leur retour ; malgré sa légalité, cette dette n'a jamais été payée. L'ordre était un des éléments de l'Empereur, qui s'enorgueillissait d'enrichir la France, et n'aurait pas voulu que ni lui ni les siens eussent un sou qui ne fût pas légitimement acquis. S'il lui arrivait de gronder l'impératrice Joséphine de dépenser plus qu'elle n'avait, il ne pardonnait pas à Madame-Mère de ne pas dépenser tout son revenu.

A peine fut-elle de retour chez elle, qu'une idée subite lui rappela tous les objets qui lui appartenaient encore, et qui allaient être exposés à devenir la proie de l'ennemi à la Malmaison. « J'ai là des tableaux magnifiques, que j'aurais pu faire transporter à Paris; mais pouvais-je y penser, lorsqu'il s'agissait des dangers de l'Empereur? Le salon de la Reine, à Paris, ne désemplissait pas : beaucoup de dames de sa société, la duchesse de Vicence, madame Corbineau, se désolaient du départ de Napoléon; l'armée et le peuple demandaient à cor et à cris des armes pour combattre, et sauver la France! « Il est trop tard, disait la Reine d'un ton calme et résigné, on a repoussé, on a méconnu l'Empereur, lui qui, jusqu'au dernier moment, avait pensé qu'on finirait par comprendre la nécessité de le rappeler au commandement de l'armée qui lui était si dévouée, et qui certes se serait plutôt fait hacher avec lui sous les murs de Paris, que d'y laisser pénétrer les alliés une seconde fois. Ceux qui l'ont éloigné auront de grands reproches à se faire; maintenant tout est fini ! » Et les lamentations recommençaient de nouveau.

Chacun se demandait : Quel roi aurons-nous? A coup sûr, ce ne sera pas un des Bourbons; après avoir été chassés ainsi, comment serait-il possible qu'ils revinssent encore ? Si l'on pouvait nous donner le prince Eugène, lui seul après l'Empereur réunirait tout ce qui convient à la France si la régence était repoussée. L'incertitude était dans tous les esprits; mais une idée fixe dominait, *plus de Bourbons!*

XI.

L'ex-conventionnel Courtois. — Communication importante. — Réunion au village des Vertus. — Le général Dejean. — Projet de se défaire du gouvernement provisoire. — Une lettre de Fouché. — Le billet diplomatique de Talleyrand. — Fausses idées de Fouché. — Épouvante de lord Kynaird.—Attitude de l'armée dans Paris. — Le général Excelmans. — Les colonels de Lascours, de Bricqueville, de Lawœstine, dévoués à la Reine.— Nouvelle arrestation et évasion de M. de Vitrolles. — Les Prussiens battus par le général Excelmans. — Convention avec les alliés. — Inertie du maréchal Davoust. — Triomphe du faubourg Saint-Germain. — Louis XVIII à Saint-Denis. — Scène avec le général de Lagrange. — Menaces faites à la Reine. — Le garde-chasse de Saint-Leu. — Le prince Guillaume de Prusse. — Tentatives des gardes-du-corps.— La Reine en danger. — La royaliste désappointée. — Honorable démarche du général Tourton et des autres chefs de la garde nationale.

Le 30 juin, j'étais seule chez moi, lorsqu'on m'annonça la visite du conventionnel Courtois, qui voulait absolument voir la Reine, pour lui faire une communication importante. La Reine le reçut, et me raconta plus tard quel avait été le sujet de sa visite.

M. Courtois, franc républicain, qui s'était constamment tenu à l'écart sous l'empire, avait vivement blâmé cette opposition qui venait de s'élever contre l'Empereur depuis son retour de l'Ile-d'Elbe : il disait que ceux qui l'ourdissaient avaient beau se parer du nom de libéraux, qu'ils n'en sacrifiaient pas moins les intérêts de la patrie; que les vieux républicains savaient comprendre autrement la nécessité des crises politiques; que Napoléon était le résultat et le représentant de la révolution, et que les vrais patriotes devraient le soutenir envers et contre tout; que le seul but auquel on devait tendre était qu'une fois la paix faite, l'Empereur donnât toutes les libertés que la France serait alors en droit d'exiger.

M. Courtois venait de la Villette et du village des Vertus, où tous les colonels présents à l'armée et quelques généraux avaient décidé que l'Empereur, en se plaçant de nouveau à la tête de l'armée, pouvait seul sauver la France. Les membres de cette réunion voulaient d'abord se défaire, avant tout, du gouvernment provisoire dont ils se défiaient; le général de cavalerie Dejean y émit son avis en s'exprimant de la sorte : « *La première chose à faire, c'est de pendre Fouché, qui est un traître,* et je m'en charge (1). » M. Courtois était député par les réunion de la Villette, près de la Reine, pour savoir où était l'Empereur, et s'il y avait encore possibilité de l'atteindre en cas qu'il fût parti, pour l'engager à venir se mettre à la tête de l'armée.

Lorsque la Reine lui dit que l'Empereur était sur la route de Rochefort, il ne s'en consola pas, et s'exprima ainsi :

« Voilà donc où nous a conduit cette jeunesse imprudente, qui paraît si peu s'inquiéter de l'indépendance du pays ; nous lui avions cependant donné un bel exemple : il y a vingt ans, lorsque la France était envahie de toutes parts, une levée en masse fut l'affaire d'un moment, et la patrie fut sauvée (1). Ce sont ces prétendus libéraux qui ont abandonné l'Empereur ; ils n'ont pas senti que son génie pouvait nous soustraire à la force encore si grande de ces aristocrates de l'Europe, auxquels les Bourbons sont trop chers pour qu'ils ne nous les imposent pas.

— » Que voulez-vous ? lui dit la Reine ; il faut bien se résigner, l'Empereur a fait ce qu'il

---

(1) Ce fut sans doute à ces franches, mais imprudentes paroles, que le général Dejean dut son inscription sur la liste des proscrits, dressée, après le retour de Louis XVIII, par Fouché, devenu son ministre.

a pu pour ouvrir les yeux des chambres et des gens influents; ils n'ont pas voulu le comprendre; ils l'ont repoussé, et il a dû se retirer pour éviter à la France *la honte de l'avoir dépossédé*. Puisqu'on paraît se fier aux étrangers plutôt qu'à l'Empereur, il faudra bien subir les conséquences telles quelles de cette fatale disposition. »

La Reine congédia M. Courtois, en lui disant que tant que *le duc de Vicence et Carnot* seraient au gouvernement provisoire, on ne devait pas craindre de trahison, et qu'ils feraient sûrement tout ce qui serait possible pour sauver l'honneur du pays.

Ce furent peut-être ces paroles reportées aux deux réunions, qui se tenaient à la Villette et au village des Vertus, qui changèrent le projet bien arrêté de se défaire du gouvernement provisoire; et Dieu sait quels désordres s'en seraient suivis.

J'ignore si Fouché eut vent de la visite qui avait été faite le matin à la Reine; mais le même jour, j'eus celle de mademoiselle Ribout, qui se présenta chez moi dans un état de trouble et d'agitation inexprimable; elle me dit ce que je savais déjà, sur les bruits qui circulaient dans Paris, sur l'exaspération des troupes, qui criaient à la trahison; et tout ce qu'on avait à craindre des excès auxquels elles pourraient se porter, si elle passaient par la capitale; elle fit encore l'éloge du duc d'Otrante, et s'efforça de faire ressortir les difficultés de sa position, son dévouement à la Reine et à sa famille, ses bonnes et franches intentions de tout arranger pour le mieux. Mademoiselle Ribout paraissait convaincue; elle me demanda à voir la Reine, à qui elle avait, disait-elle, à montrer, de la part de Fouché, un papier important.

Je la menai chez la Reine, qui la reçut, et qui s'efforça de la rassurer en lui disant que, quel que fût le mécontentement de l'armée, et les difficultés de la situation présente, jamais des soldats français n'en viendraient à ravager les foyers de leurs compatriotes, et que c'était déjà trop d'avoir à redouter de pareils excès de la part des étrangers.

Le papier que mademoiselle Ribout venait montrer à la Reine était la copie d'une lettre que Fouché écrivait aux ministres étrangers; il leur disait qu'ils se trompaient, s'il croyaient qu'aucun Bourbon pût encore régner en France; que ramener ces princes, ce serait ouvrir une source éternelle de divisions intestines, rendre la tranquillité intérieure impossible en France, et y semer pour l'avenir les germes de nouvelles secousses ; que la révolution de 89 ne pouvait être effacée ; que vouloir rétrograder au-delà, c'était se préparer à la voir revenir, et qu'il n'y avait de stabilité à espérer qu'avec la dynastie nouvelle ; que la régence était ce qui convenait le mieux à la France, parce qu'elle représentait les principes révolutionnaires, appuyés de la sanction nationale, et laissait le temps de perfectionner nos institutions, sur les bases larges que les besoins du pays réclamaient.

Cet écrit, s'il était véridique, était un démenti formel au bruit qui circulait alors, que Fouché travaillait pour le duc d'Orléans.

D'un autre côté, la Reine avait vu quelqu'un de connaissance, que des affaires avaient conduit chez Fouché : la conversation s'étant engagée sur la crise du moment, le duc d'Otrante avait montré à cette personne un billet fort court, qu'il venait de recevoir de M. de Talleyrand ; ce peu de lignes était un chef-d'œuvre de diplomatie, tant il y avait impossibilité d'y deviner quelles étaient et la pensée et les intentions du fameux négociateur; en terminant, il protestait de ses sentiments tout français. « Il faut, disait-il, s'entendre et se réunir pour établir ce qui est dans l'intérêt général. » Comme il était alors avec les Bourbons, on peut se douter où il plaçait cet intérêt général.

Pour mon compte, je suis encore convaincue que le duc d'Otrante était de bonne foi, dans les protestations de son dévouement à Napoléon II et à la régence ; j'aime à penser qu'il a été entraîné par les événements, tandis qu'il avait cru pouvoir les dominer. Il se persuadait probablement qu'il pourrait s'entendre avec M. de Talleyrand, pour éviter les réactions ; qu'étant tous deux des hommes marquants de la révolution, et tous deux des plus habiles, ils seraient assez forts en se concertant pour faire marcher les Bourbons dans une autre voie que celles qu'ils suivirent.

Les étrangers qui se trouvaient à Paris étaient particulièrement effrayés des dispositions qu'on attribuait aux troupes qui étaient devant Paris ; lord Kynaird arriva chez la Reine tout épouvanté, lui demander conseil pour savoir ce qu'il avait à faire, afin de mettre sa famille à l'abri des désordres dont la capitale paraissait menacée. La Reine lui répéta ce qu'elle avait déjà dit : qu'on ne pouvait prévoir ce qui arriverait ; mais qu'elle était convaincue que jamais les troupes françaises ne se rendraient coupables d'aucun désordre.

Le gouvernement provisoire avait donné l'ordre que les mouvements qu'avaient à exécuter les troupes se fissent en tournant Paris, afin d'éviter leur entrée, qu'on redoutait beaucoup. Cet ordre ne fut point exécuté : les différents corps traversèrent toute la capitale, dans la meilleure tenue et dans le plus parfait silence. La contenance calme, assurée de ces soldats, la morne tristesse exprimée par leurs mâles visages, en disaient assez, et l'on comprenait ce qu'on aurait pu attendre de leur valeur si on ne les eût pas privés du chef qui les électrisait au plus haut degré.

Le 1er juillet, beaucoup d'officiers, de la connaissance de la Reine, passèrent la soirée chez elle. Ils venaient de quitter pour un instant leur bivouac, et je crois bien sans en avoir obtenu la permission ; M. le général Excelmans, et les colonels de Lascours, de Briqueville et de Larwœstine ne cachaient pas leur désespoir du départ de l'Empereur; se montrant furieux de ce qui se passait, ils s'indignaient de ce qu'on allait encore une fois livrer la capitale à l'ennemi, sans avoir rien fait pour la défendre; ils faisaient sentir à la Reine quel allait être le danger de sa situation, si elle restait à Paris, après que toutes les troupes s'en seraient éloignées, et que la capitale, ainsi dégarnie, serait au pouvoir des étrangers et de leurs amis les bourbonnistes! demeurant seule de sa famille, n'était-il pas à craindre que la méchanceté et la haine que le parti triomphant portait à l'Empereur ne s'exerçassent contre elle? — « Venez avec nous, madame, lui dirent-ils; retirez-vous au milieu de cette armée, où vous et votre auguste famille ne comptez que des amis, oui, des amis sincèrement dévoués! nous serons tous trop heureux de veiller sur vous ainsi que sur vos enfants, et de vous escorter jusqu'à ce que vous soyez arrivée en lieu de sûreté; chaque régiment à son tour formera votre garde et s'en enorgueillira. »

La Reine fut vivement touchée de leur offre; mais elle n'hésita pas à refuser.

« Je ne suis pas dans la position de prendre une résolution pareille, leur dit-elle avec sa douceur ordinaire: je dois subir mon sort tel que la destinée le fait; je ne suis plus rien, je ne puis pas faire croire que je rallie les troupes autour de moi, ni changer leur destination, pour me protéger et me conduire n'importe où. Si j'avais été souveraine de la France, j'aurais fait tout au monde pour qu'on se défendît; j'en avais donné également le conseil à ma sœur l'impératrice Marie-Louise en 1814; je n'aurais quitté la capitale que lorsqu'il y aurait eu impossibilité absolue de la sauver. Alors, seulement alors, je me serais retirée au milieu de vous; mais il ne m'appartient pas de mêler mes destinées à d'aussi grands intérêts que ceux de la France, et je dois me résigner à l'isolement, aux persécutions peut-être que je n'ai certainement pas méritées. — Mais, madame, que comptez-vous faire? reprit le brave général Excelmans? — M'éloigner, quitter Paris et la France pour toujours, l'Europe, s'il le faut, aussitôt que j'aurai des passe-ports et que les routes deviendront libres, pour que je puisse voyager en sûreté. — Songez-y bien, madame, seule avec vos enfants en bas-âge! vraiment c'est inquiétant. — Je le sais, général, mais qu'y faire? je me rendrai dans un pays où je pourrai vivre tranquille, en Suisse, en Amérique, n'importe où, pourvu que je sois loin des agitations du monde, et à l'abri des événements qui viennent de bouleverser tant de destinées ! »

Telles étaient les dernières marques de dévouement offertes à la Reine, dont son bon jugement et sa résignation ne lui permirent pas de profiter, ne voulant associer personne à son malheur, ni prolonger, dans son intérêt particulier, une lutte déjà si alarmante pour le pays.

M. de Vitrolles, retenu en prison par ordre de l'Empereur, venait d'être mis en liberté, on ne savait ni pourquoi, ni comment, ni par qui. Le général Excelmans, l'apprenant, parvint à le faire arrêter, et conduire à son quartier-général à Vaugirard. Il le fit enfermer dans une chambre, en plaçant un sous-officier dans la maison, pour le garder ; le lendemain, le prisonnier s'était échappé ; on ne pût jamais savoir qui avait favorisé son évasion.

M. de Vitrolles était un des plus chauds partisans des Bourbons ; c'était un homme fort actif et par conséquent fort dangereux ; en s'assurant de sa personne, on avait un ennemi de moins à redouter.

Le 2 juillet, il y eut un brillant engagement, dans lequel l'ennemi fût battu par le général Excelmans, qui le manœuvra d'une manière fort remarquable et fort habile, disaient les militaires les plus expérimentés. Plusieurs des jeunes colonels qui étaient venus chez la Reine faisaient partie de ce corps, entièrement composé de régiments de cavalerie; ils avaient fait des prodiges de valeur, et fait payer bien cher aux Prussiens leur rencontre. Beaucoup d'officiers français furent blessés dans ce combat; il était cruel de penser que c'était inutilement qu'un sang si précieux se répandait.

Le colonel de Briqueville fut gravement atteint à la tête par un coup de sabre. Nous l'apprîmes le lendemain, avec un serrement de cœur bien pénible; si peu d'heures s'étaient écoulées depuis la soirée où il nous avait quitté, plein de vie, de santé, si fort de son courage et de ses nobles résolutions; il allait mourir peut-être dans de cruelles souffrances!

Toutes les personnes qui vinrent chez la Reine, le soir, la conjurèrent de songer à sa sûreté, et de bien réfléchir à l'imprudence qu'elle commettait en restant à Paris. Les troupes avaient quitté les abords de la capitale, et se retiraient en vertu d'une capitulation signée par le gouvernement provisoire. « C'est honteux, disaient les militaires, car nous sommes encore réunis plus de cent mille hommes et bien déterminés à prendre la revanche de Waterloo ! »

Cet espoir de défendre Paris, que l'on avait si longtemps conservé, venait de s'évanouir. On s'était plu à croire que le maréchal Davoust, qui s'était illustré si souvent, et en dernier lieu par la défense de Hambourg, donnerait une seconde représentation de son savoir-faire à Paris; mais il avait vieilli et demandait du repos ; c'était même ce qui lui avait valu de ne pas commander un corps d'armée, dans la courte campagne que la France venait d'entreprendre. L'Empereur avait utilisé ses talents, en le plaçant au ministère de la guerre. Dans sa vie intérieure, le maréchal Davoust éprouvait des inquiétudes : sa femme était fort souffrante et près d'accoucher. Ces circonstances paraissaient avoir influé sur lui; toutefois, il faut le dire, il commandait bien en chef l'armée sous les murs de Paris, mais il était subordonné aux ordres du gouvernement provisoire; puis, les Bourbons s'avançaient avec les alliés, et bien des gens qui ne les désiraient pas, qui les redoutaient peut-être, pensaient à faire leur paix avec eux; le maréchal Davoust se trouvait-il du nombre?

Le faubourg Saint-Germain se remuait, triomphait; l'occasion était belle pour faire de l'enthousiasme, mais l'élan n'allait pas jusqu'à prendre la cocarde blanche.

Les bourbonnistes auraient désiré donner de la popularité à leur souverain : ils auraient voulu, par exemple, qu'il fût demandé par la population de Paris, et qu'il fît son entrée avant les troupes alliées; mais il fallait avoir l'esprit fasciné, pour songer à pareille chose, après la fuite silencieuse du 20 mars, et l'isolement que le prince avait subi; aussi la combinaison des bourbonnistes ne réussit pas : bien loin de là, il y avait de temps en temps des réunions partielles dans Paris, où l'on criait encore *vive l'Empereur*, c'étaient les dernières expressions de sympathie du peuple pour Napoléon, et cela n'était guère en harmonie avec la démonstration qu'on sollicitait.

Louis XVIII était à Saint-Denis; toutes les belles dames du faubourg Saint-Germain se hâtaient d'y aller porter leurs hommages; les anciens gardes-du-corps, les chevau-légers, les mousquetaires, etc., etc., se précipitèrent sur leurs pas.

Le général de Lagrange, ancien militaire de l'Empire, qui avait eu le bras emporté à Wagram, commandait une compagnie de chevau-légers de la maison du roi, avant le départ pour Gand : il paraît que les adieux qu'il fit en licenciant sa compagnie n'avaient pas été de nature à lui attirer l'affection des chevau-légers ; quelques-uns, dans leur visite au roi, à Saint-Denis, ayant rencontré leur général qui s'y était rendu aussi par le même motif qu'eux, l'assaillirent de la manière la plus brusque, et se dégradèrent au point de le frapper, et de vouloir lui interdire l'entrée chez le roi ; Louis XVIII en fut indigné, fit faire des excuses au général, punit sévèrement les auteurs d'un pareil scandale, et plus tard la compagnie des chevau-légers fût licenciée.

Le jardin de la Reine avait une terrasse qui donnait sur la rue Taitbout : un jour, nous y étions assises ensemble pour y voir passer les voitures qui se dirigeaient vers Saint-Denis : dans l'une d'elles, qui était découverte, se trouvaient plusieurs hommes qui, reconnaissant la Reine, la nommèrent et se levèrent debout en lui faisant des gestes furieux. Heureusement, elle se trouvait hors d'atteinte de ces royalistes, car j'aurais craint qu'ils ne missent leurs menaces à exécution. J'en fus si saisie, si bouleversée, que bon gré mal gré je ramenai la Reine dans ses appartemens.

« Mon Dieu, madame ! ne vous mettrez-vous donc pas à l'abri de pareilles insultes, qui finiront par devenir du danger; songez à vos enfants, à vous, à ceux qui vous aiment, et ne tardez pas à prendre un parti. — Que veux-tu que je fasse? me répondait la Reine. Puis-je me réfugier chez des amis qui m'offrent une retraite? et si elle venait à être découverte, ma présence les compromettrait. Dois-je, pour éviter le danger, le faire peser sur les autres? — Au moins, madame, laissez-moi chercher le moyen de vous mettre en sûreté sans compromettre personne. » Je m'en occupai activement, et je communiquai le lendemain à la Reine les idées que j'avais à ce sujet; elle les approuva, ce qui me combla de joie.

Je connaissais un homme fort dévoué à M. de Nesselrode, et qui était à Paris le factotum de tous les Russes de distinction. Je le chargeai d'aller retenir un logement pour une dame russe dont je lui donnai le nom, en lui recommandant le secret. Je lui désignai une jolie petite maison, située rue Taitbout, à peu de distance et en face de la petite porte du jardin de la Reine. Le second étage de cette maison était occupé par un chevalier de Saint-Louis, fort zélé bourbonniste; on ne pouvait supposer que si près de lui on dût trouver la Reine; il ne la connaissait pas, et dans tous les cas, il était très-facile d'éviter qu'il la vît.

Il fut donc convenu que les princes quitteraient la maison du boulevard Montmartre où ils étaient cachés, qu'ils se rendraient avec la nourrice et le valet de chambre dans celle qui venait d'être louée, et que la Reine irait seule les y rejoindre. Elle allait se décider à quitter son hôtel, lorsqu'un incident vint retarder l'exécution de notre projet, que je hâtais de tous mes moyens et de tous mes vœux. L'intendant de Saint-Leu venait au plus vite lui apprendre que les habitants du village avaient voulu faire résistance à un parti de troupes alliées qui s'était présenté; qu'un des gardes forestiers, placé à la tête des plus déterminés, avait tiré plusieurs coups de fusils; que ce garde avait été arrêté par les Prussiens, les armes à la main, et que, selon les lois de la guerre contre les bourgeois qui résistent et s'arment, il avait été conduit à Versailles pour y être jugé et fusillé!

A cette nouvelle, la Reine, désolée, se peignait déjà le triste sort de ce brave et ancien serviteur qu'un excès de zèle et de patriotisme venait de conduire à sa perte ; elle entrevoyait le désespoir de toute une famille, et cherchait le moyen de parer à un événement aussi tragique, lorsque le souvenir du prince Guillaume de Prusse vint lui rendre l'espoir et le courage. Elle lui écrivit de suite pour lui demander la grâce du pauvre garde-chasse, qui venait d'être condamné.

Le prince Guillaume de Prusse avait été autrefois à Paris dans des circonstances fort malheureuses pour lui ; alors la Reine et l'impératrice Joséphine, toujours bonnes, l'avaient accueilli, et lui avaient été utiles : elles avaient fait tout ce qui dépendait d'elles pour lui rendre le séjour de Paris aussi agréable que possible. Il en avait toujours conservé une grande reconnaissance, car au moment où la Reine venait de perdre sa mère, le prince Guillaume avait été un des premiers à lui exprimer sa vive sensibilité sur ce douloureux événement.

La Reine, en se rappelant sa lettre, n'avait pas hésité à recourir à sa bienveillante protection pour sauver le garde-chasse. Le prince

Guillaume s'empressa de s'interposer pour que sa grâce lui fût accordée ; il l'obtint, et la Reine n'a jamais cessé de lui savoir gré de cette démarche à laquelle il se détermina par considération pour elle, et qui sauva la vie à un Français.

Cet épisode n'avait pas fait oublier la position dans laquelle se trouvait la Reine ; d'autres circonstances vinrent bientôt la lui rappeler.

Les gardes-du-corps se portèrent, dans plusieurs cafés du Palais-Royal, à des excès qui annonçaient une réaction des plus violentes ; mais ils avaient été partout réprimés par la garde nationale : au café Lamblin notamment, où ils avaient engagé une rixe, ils n'avaient pas été les plus forts. Voulant prendre leur revanche de cet échec, ils se dirigèrent vers l'hôtel de la Reine ; mais la garde nationale vint de nouveau s'interposer, au moment où ils allaient atteindre la rue Cérutti, et ils furent forcés de rentrer chez eux.

Le duc d'Otrante, prévenu du danger qu'avait couru la Reine, envoya mademoiselle Ribout m'avertir de lui dire qu'elle ferait sagement de ne pas rester à son hôtel, parce que dans ce moment Paris étant entièrement dégarni de troupes, il pouvait arriver que le zèle de la garde nationale pour le bon ordre ne pût parer à tout, et qu'il se passât des choses que l'autorité même ne savait ni prévenir ni empêcher, les esprits, dans ce parti qui n'avait de cœur et d'entrailles que pour l'arrivée des alliés, était excessivement montés contre la Reine, qui, disait-on, avant le départ de l'armée s'était promenée dans une calèche découverte, sur les boulevards, se montrant ainsi au peuple et aux militaires, parlant, les excitant à se défendre et à repousser les étrangers et les Bourbons.

Ces derniers avis décidèrent la Reine à se rendre dans son nouveau domicile à la chute du jour.

Pendant que les royalistes étaient rayonnants de joie à Paris, il y en eut en province qui eurent bien quelques déboires *avec leurs amis les ennemis,* expression dont on se servait alors. Une dame de ma connaissance, dont je tais le nom, était devenue tout à coup fort bourbonniste, je ne puis imaginer pourquoi, car sous l'empire plusieurs de ses proches parents avaient eu de belles et bonnes places, dans le civil et dans le militaire. C'était peut-être qu'elle ne pouvait souffrir qu'une de ses cousines, devenue princesse, fût haute et puissante dame, tandis qu'elle ne l'était point. Voyant que sa cousine allait perdre beaucoup au retour des Bourbons, peut-être s'imaginait-elle y gagner quelque chose. Cette dame vit donc avec dépit les cent jours, et avec une joie extrême l'approche des alliés, qu'elle se disposait à recevoir en amis et de son mieux, dans une campagne qu'elle avait aux environs de Paris.

Une tante, qui demeurait avec elle, bonne, aimable, spirituelle, pleine de jugement, et qui ne partageait pas la sécurité de sa nièce, lui conseilla de ne pas attendre l'arrivée de ses nouveaux hôtes; ses conseils ne furent point écoutés, la nièce répondit, en riant, qu'ils venaient avec de *si bonnes intentions*, qu'on ne saurait trop bien les accueillir. « Ne vous y fiez pas, ma chère, repartit la tante, les ennemis, quoi que vous en disiez, sont toujours des ennemis, et comme je sais que dans les moments d'embarras les vieilles parentes sont de trop et qu'on s'occupe fort peu d'elles, je m'en vais à M***, en vous répétant de nouveau : ne vous y fiez pas ! »

La tante bien avisée partit, la nièce resta,

et les Prussiens arrivèrent. Elle les reçut de l'air le plus gracieux du monde ; mais ils n'en tinrent compte et ne s'informèrent nullement de ses bons sentiments. Ils ne prirent pas même en considération tous les bustes de la famille royale qui ornaient les appartements : en peu d'heures la maison fut sens dessus dessous, les caves vidées, et les mauvais traitements devinrent tels, que la belle dame n'eut que le temps d'enfourcher un cheval et de se sauver, laissant les Prussiens maîtres chez elle et jurant, mais un peu tard, qu'on ne l'y prendrait plus.

On pourrait citer beaucoup de désappointements arrivés à d'autres personnes pour la même cause, par les mêmes effets et à pareille époque.

La convention, qui livrait aux troupes alliées la capitale pieds et poings liés, sans l'avoir défendue, et qui stipulait que toute l'armée française se retirerait au-delà de la Loire, fut signée le 4 et publiée dans les journaux le 5 juillet.

Pendant ces dernières heures où l'indépendance de la patrie expirait, la garde nationale de Paris se montra fidèle à sa mission de bon ordre et tenta un dernier effort pour sauver un simulacre de l'honneur français, en essayant de conserver les couleurs nationales ; un général de ce corps, M. Tourton, fut député avec plusieurs autres officiers, à *Monsieur*, comte d'Artois (qui était celui des princes Bourbons le plus près de Paris), pour le prier de faire prendre en considération, au Roi, le désir qu'avaient la garde nationale, l'armée et le peuple, de conserver la cocarde tricolore. Ils lui firent observer que les Bourbons, en adoptant et en portant ces couleurs, chères au pays par le souvenir de tant de victoires, s'identifieraient par là avec la nation, et que cette condescendance mettrait fin à tous les partis, en les ralliant sous un même drapeau, celui de l'ordre et de la paix, qui faisait la gloire de la France.

Le comte d'Artois reçut fort mal les envoyés de la garde nationale ; il s'indigna de la demande qu'ils lui faisaient et refusa d'en parler au Roi, en se servant de termes que je ne répéterai pas par respect pour ses derniers malheurs et pour son nouvel exil !

Pendant que la députation de la garde nationale échouait dans sa démarche honorable près des Bourbons, les alliés entraient à Paris, sans coup férir. Les membres du gouvernement provisoire publièrent une déclaration par laquelle ils annonçaient que les puissances alliés, n'ayant pas tenu la promesse qu'elles avaient faite de laisser le peuple français libre sur le choix de son souverain, ils se démettaient de leurs fonctions, leur pouvoir étant anéanti par la présence de l'ennemi dans la capitale.

Voilà donc où avait abouti les belles promesses faites par le duc d'Otrante sur la régence, les menées scandaleuses du maréchal Davoust pour hâter le départ de l'Empereur, enfin l'acte par lequel les députés avaient reconnu Napoléon II !

Le petit mot que l'empereur Alexandre avait fait parvenir à la Reine, pour lui dire : que hors l'Empereur, la nation chosirait qui elle voudrait pour souverain, n'était donc qu'un insigne mensonge !

Les députés, jusqu'aux derniers moments, se rendirent à leurs séances, pour formuler les bases d'une constitution qui n'intéressait plus personne dans de pareilles circonstances ! Le même jour de l'entrée des alliés à Paris, ils trouvèrent un piquet de troupes anglaises, qui leur interdit l'entrée de la chambre dont il gardait toutes les issues.

XII.

Retraite de la Reine. — Ordre du jour maintenant les trois couleurs. — La promenade d'une prisonnière. — M. et madame Desbassin; rencontre imprévue. — Madame de Saint-Martin; autre rencontre. — Opinion d'Eugène de Beauharnais sur sa sœur. — Retour de M. de Talleyrand à Paris. — Un mot de lui. — Rentrée de Louis XVIII. — La grande dame au cou de son cocher; scène d'enthousiasme. — Le cortége des maréchaux. — Singuliers scrupules des journaux. — Le portrait de Napoléon couvert. — Le prince de Schwarzenberg. Le cardinal Fesch et Jérôme Bonaparte; anecdote piquante. — Le comte d'Artois bousculé. — M. de Labédoyère. — Grave imprudence. — Conduite étrange de l'empereur Alexandre. — Madame de Saint-Aulaire. — Mensonge du roi de Prusse. — Calomnie contre la reine Hortense. — Brutalité du czar. — M. Gabriel Delessert. — Une visite de M. Sosthène de La Rochefoucault. — Acharnement contre le duc de Vicence. — Un prétendu complot. — Ordre à la Reine de quitter la France. — Le général Muffling. — Le comte de Voyna, chambellan de l'empereur d'Autriche. — Grands embarras. — L'hospitalité à Bercy. — Un coup monté. — Boutikim. — Bizarre changement dans l'humeur et le caractère d'Alexandre.

Libre de mon temps et ne sachant que faire de ma personne, dans l'agitation d'esprit où me jetaient les événements, j'allais, je venais, je recueillais les nouvelles en visitant mes connaissances et quelques amis bien informés. Ordinairement je regardais passer les curieux, qui probablement en faisaient autant de moi. Etant la seule personne de la maison qui sût où la Reine se trouvait, et par conséquent la seule qui pût aller la rejoindre dans sa nouvelle réclusion, je m'y rendis le 6 au soir, jour de l'entrée des alliées à Paris. J'étais si fatiguée de mouvements et d'émotions, que je me sentais peu propre, dans les dispositions tristes où je me trouvais, à faire un peu diversion aux soucis de la pauvre prisonnière. Après avoir fait plusieurs détours, pour m'assurer que je n'étais pas suivie, je me décidai à entrer chez la Reine : je la trouvai dans le petit jardin intérieur de la maison qu'elle habitait. Ce jardin, qui avait l'étendue de vingt pieds carrés, était la seule ressource de distraction des princes ; ils y jouaient à côté de leur mère, qui suivait machinalement des yeux tous leurs mouvements ; je m'assis près d'elle, et je lui contai toutes les nouvelles que j'avais recueillies. Lorsque je lui parlai de la demande faite aux Bourbons, de conserver la cocarde tricolore, elle me répondit : « Je ne conçois pas qu'ils ne l'aient pas accueillie avec empressement, ils auraient dû les premiers en avoir l'idée. Ils entendent bien mal leurs intérêts, de laisser ainsi de côté un drapeau qui est cher à la nation, et qui le sera toujours, quoi qu'on fasse. En proscrivant ces nobles couleurs, ils lèguent au peuple un signe de ralliement, et un prétexte à ceux qui voudront s'en servir contre le drapeau blanc ! » *Quinze ans après, ces paroles prophétiques de la Reine se sont trouvées justifiées.*

Je lui appris que sous l'égide des Anglais et des Prussiens, quelques cocardes blanches tentaient de reparaître : des officiers de la garde nationale, en petit nombre, avaient quitté la cocarde aux trois couleurs, mais ils n'osaient prendre la cocarde royaliste; il leur avait même suffi de se montrer ainsi en uniforme, pour indigner toute la garde nationale ; et un ordre du jour du prince d'Essling qui la commandait, et qui avait été sollicité vivement par les officiers les plus recommandables du corps, avait fait justice de cette félonie !

Je fis part à la Reine de la dissolution du gouvernement provisoire, et des motifs qui l'avaient amenée; je lui fis aussi connaître ce qui s'était passé à la Chambre des députés, ainsi que la manière dont les alliés en avaient fait la clôture.

« Mon Dieu! me dit-elle, est-il possible qu'une réunion de gens d'esprit dont les intentions sont bonnes, se soient trompés aussi étrangement sur la position de la France! faire des discours, envoyer des ambassadeurs à l'ennemi qui ne les reçoit pas; s'imaginer que des forces innombrables n'ont marché sur la France que pour voir adopter ce qu'ils auront décidé? c'est incroyable!... L'Empereur avait bien raison, lorsqu'il disait, il y a quelques jours à la Malmaison, avec une expression indéfinissable de douleur. « Nous voilà retombés » au *bas-empire*, on s'amuse à *discuter froide-* » *ment, quand l'ennemi est aux portes!* »

L'agitation que causait à la Reine tous ces sujets si tristes, si déplorables pour la France et pour elle, la chaleur de la saison, et la vie renfermée qu'elle menait depuis quelques jours lui causaient un tel malaise, qu'elle en suffoquait; je craignais qu'elle ne tombât malade. « Que je plains les gens privés longtemps d'exercice, me disait-elle; je l'éprouve par moi-même, je ne pourrais vivre dans cet état.

— »Mais, madame, il y aurait un moyen de

mettre fin à ce supplice, ce serait de venir faire un tour de promenade avec moi ; le jour baisse, qui pourrait vous reconnaître? personne ne s'imaginera vous voir à pied dans les rues de Paris, surtout dans des moments pareils.

— » Je n'oserai jamais ! C'est pour le coup que je donnerais prise aux calomnies que l'on répand sur moi : si quelqu'un me reconnaissait, cela suffirait pour faire croire aux courses et aux menées que bien méchamment l'on m'attribue. — Si vous alliez sur les boulevarts, madame, vous pourriez y rencontrer des gens de votre connaissance ; mais, à l'heure qu'il est, cette rue-ci n'est point un lieu de promenade. » Je la décidai : elle s'enfonça dans un chapeau, baissa son voile, et nous nous acheminâmes côte à côte tout le long de la rue Taitbout, suivies d'assez loin par le valet de chambre des princes, auquel nous avions recommandé de ne pas nous perdre de vue, mais de faire en sorte qu'on ne se doutât pas qu'il était avec nous.

Nous arrivâmes ainsi presque jusqu'à la barrière, où nous vîmes les uniformes anglais, ce qui arracha un soupir à la reine. Tout à coup j'aperçus, venant droit à nous, M. et madame Desbassin. Madame Desbassin était une personne charmante, que la reine aimait et estimait beaucoup, et qui lui était, je crois, fort attachée. Nous la voyions souvent, et malgré le dévouement qu'elle professait pour la Reine, il y avait dans les opinions de son mari une teinte prononcée de bourbonnisme, qui lui aurait sans doute rendu suspecte notre promenade fort innocente. Au nom de M. Desbassin, elle n'eut qu'une pensée : celle de l'éviter, et elle se précipita vers la première porte venue. La reine sonna ou frappa, on ouvrit, nous entrâmes sans savoir chez qui nous étions. Le portier se présenta pour nous demander où nous allions. Pendant que je cherchais une réponse, la Reine, qui s'était avancée dans la cour, aperçut madame de Saint-Martin, fit tout à coup volte-face et se précipita dans la rue avec le même empressement qu'elle avait mis à s'introduire dans cette maison. Heureusement M. Desbassin était passé; j'ignore s'il nous a reconnues. Je laissai le portier tout ébahi : cet homme nous prit probablement pour deux folles. Je courus sur les pas de la Reine, qui je demandai le sujet de cette brusque disparition.

Le valet de chambre qui nous suivait eut beaucoup de peine à nous retrouver, ayant perdu notre trace et ne sachant pas ce que nous étions devenues.

Madame de Saint-Martin était une Piémontaise qui avait été autrefois placée près de la princesse Caroline, lorsque celle-ci était grande-duchesse de Berg; Caroline, devenue reine de Naples, s'était séparée de madame de Saint-Martin, qui était venue se fixer à Paris.

Nous rentrâmes tout essoufflées dans la retraite de la Reine, qui se promit bien de ne plus renouveler une pareille imprudence, en me grondant d'avoir insisté pour qu'elle se promenât.

— « Je le vois bien, me dit-elle, il est nécessaire que je quitte Paris; je n'y suis nulle part en sûreté. — Et où irez-vous, madame? — En Suisse, près de Genève, dans ma petite maison de Prégny, où j'espère enfin être tranquille et vivre oubliée, comme je le désire; mais il me faudrait avoir des passeports, et je ne sais, en vérité, à qui m'adresser pour en obtenir. — Vous ne serez pas embarrassée pour cela, madame: on annonce les souverains étrangers, et nul doute que vous ne retrouviez l'empereur Alexandre aussi disposé à vous être utile qu'il y a un an.

— » Si ses bonnes dispositions à mon égard

ne sont pas changées, les miennes, comme les circonstances, ne sont plus les mêmes, et je ne le verrai certainement pas cette fois-ci. — Comment, madame, vous ne verrez pas l'empereur Alexandre, lui si bon, si parfait, si dévoué pour vous et pour votre frère? — Je ne verrai ni lui, ni qui que ce soit des vainqueurs. Maintenant on ne me trompera plus par des paroles bienveillantes! Je pouvais autrefois accepter des services de ceux qui ne frappaient que sur moi et sur ma famille; aujourd'hui c'est la France qu'on outrage, qu'on immole, à laquelle on impose la loi, je fais cause commune avec elle, je veux m'identifier avec ses malheurs, et, par conséquent, ne pas m'abaisser devant ses ennemis. Je te préviens que je ne veux pas en voir un seul, et encore moins avoir recours à eux; ainsi ne m'en parle plus. »

Je me tus et ne me le fis pas dire deux fois; je savais qu'autant la Reine était bonne et facile à vivre dans l'habitude de son intérieur, autant elle était ferme lorsqu'elle avait pris une résolution. N'avais-je pas entendu ce bon, cet excellent prince Eugène lui dire : « Hortense, tu es bien aimable, bien bonne, remplie de talents; tu possèdes toutes les vertus de ton sexe et beaucoup des qualités du nôtre ne te sont pas étrangères; je chercherais en vain ce qui te manque, si je ne m'étais aperçu que parfois tu es une *douce entêtée*. » Mais ici se déployait chez la Reine toute la noblesse de son caractère.

Les bourbonnistes arrivaient à Paris, soit de Gand, soit de leurs châteaux, et se montraient aussi triomphants qu'ils avaient été humbles dans l'adversité.

M. de Talleyrand, après avoir manœuvré au congrès de Vienne et conseillé à Gand, arrivait président du conseil des ministres, avec le portefeuille des affaires étrangères. Quelqu'un de ma connaissance eut occasion de le voir dans ces premiers moments; la conversation roula naturellement sur les événements, sur les chances qu'avait eu l'Empereur, et sur les résultats de cette guerre si courte et si malheureuse pour la France, que les vainqueurs eux-mêmes s'étonnaient d'un succès si rapide. Avec M. de Talleyrand, la conversation se résume en quelques mots qu'il lance comme des oracles; il y met tout son esprit et son talent; on les recueille; ils circulent, et même au besoin on lui en prête. Voici celui qu'on répéta dans le moment : *Cette affaire-ci est une question de légitimité en Eu-*

rope. Ainsi, dans la pensée de celui qui avait été l'âme de toutes les menées diplomatiques contre la France, chacun des souverains étrangers avait dû y mettre l'intérêt d'une affaire personnelle; cela explique bien leur animosité contre tout ce qui tenait à l'Empereur.

Le 3 juillet, Louis XVIII fit son entrée triomphale sans aucun doute, à Paris. Elle fut d'autant plus brillante, que c'était de ducs, de marquis et de comtes que se composait la foule : la *qualité* remplaçait la *quantité*. L'exaltation était du délire, les cris et les gestes devenaient convulsifs, tant la joie suffoquait le parti dominant. Les beaux équipages des femmes élégantes encombraient le passage du souverain surnommé *le Désiré*; elles allaient, venaient, repassaient sans cesse, en agitant leurs mouchoirs blancs ; on se tendait la main d'une voiture à l'autre; on s'embrassait en se rencontrant; enfin, au milieu de ces transports, où la voix manquait aux cris prolongés, on vit une grande dame, dont l'équipage était arrêté sur le boulevart de Gand, prendre son cocher par le cou et l'embrasser convulsivement.

J'avais hésité si je sortirais de chez moi; mais la curiosité l'emporta. Je me rendis, en conséquence, chez ma mère, qui logeait toujours sur les boulevarts, dans une maison faisant le coin du faubourg Montmartre, et je m'établis à l'une de ses croisées pour regarder cette scène mouvante, si bien faite pour donner lieu à des méditations. Que d'habits retournés, que de renégats de leur opinion et de leurs serments renouvelés il y avait si peu de temps, passèrent devant moi, mêlés au petit nombre des *fidèles!* J'avoue que, lorsque je vis les maréchaux *Victor, Marmont, Macdonald, Oudinot, Gouvion-Saint-Cyr, Moncey* et *Lefèvre* (c'était ainsi que les désignaient les journaux du moment, prouvant par là qu'ils ne voulaient pas souiller leurs colonnes en imprimant leurs titres); lorsque je les vis grossir le cortége du souverain ramené par les étrangers, je détournai la tête, et ma curiosité cessa. J'allai chez la Reine, pour me reposer auprès d'elle des sentiments pénibles qui me remplissaient le cœur, et que tout bon Français devait éprouver. Je la trouvai dans son petit jardin, à la même place, regardant jouer ses enfants; elle écouta mon récit avec le même calme qu'elle a toujours conservé dans toutes les circonstances si amères, si difficiles et si poignantes pour elle. Je m'en impatientai presque. « Vraiment, lui dis-je, vous avez une philosophie étonnante : vous m'écoutez comme si je vous racontais l'histoire du siècle dernier.

— » C'est la même chose pour moi, me dit la Reine avec douceur; tout est fini pour nous, et je juge ce qui succède à nos revers comme le spectateur le plus désintéressé. Puisque Louis XVIII a des amis si chauds, que son retour rend si heureux, il faut espérer qu'il défendra les intérêts de la France comme les siens propres, car il la regarde comme son domaine. Et surtout qu'il empêchera la dévastation, le morcellement de notre belle patrie. Il ne doit pas souffrir que les alliés s'y établissent en conquérants. »

Effectivement, on me raconta qu'un jour que les Prussiens avaient voulu faire sauter le pont d'Iéna, Louis XVIII s'était vivement interposé près des souverains alliés, pour qu'ils empêchassent ce vandalisme, en ajoutant que si Blücher persistait dans le projet de faire sauter le pont, il irait lui se mettre dessus! Le monument fut respecté.

La suite a prouvé que là s'étaient bornés ou les efforts ou l'influence du roi sur ses amis, pour la France, et qu'il ne put empêcher qu'on la traitât en pays ennemi. — La spoliation, la dévastation de nos musées, l'occupation du pays par les armées alliées pendant trois ans, et les 1,500,000,000 de contributions sont autant de faits qui viennent appuyer ce que j'avance.

Les souverains étaient attendus pour le surlendemain; on préparait leurs logements dans les palais et les grands hôtels. M. Devaux se mit en campagne pour connaître qui on imposerait à la Reine, et revint fort satisfait d'apprendre que c'était le prince de Schwarzenberg qui avait été désigné pour habiter chez elle. La Reine parut contente; elle pensa que la présence du général en chef de l'armée étrangère serait une sauve-garde pour elle et pour sa maison. Elle donna l'ordre de préparer pour le prince les appartements du rez-de-chaussée de son hôtel, et de couvrir un beau portrait de l'Empereur qui se trouvait dans la chambre que le prince de Schwarzenberg devait occuper.

Lors de la naissance du roi de Rome, l'Empereur avait fait de très-beaux cadeaux à toute sa famille et à toute la cour. Il donna à la Reine deux tapisseries des Gobelins d'un magnifique travail. L'une, de la plus grande dimension, représentait un sacrifice à Diane, la bordure portait le chiffre et la couronne impériale. Ce tableau avait été estimé 80,000 francs.

La seconde représentait, d'après un portrait de Gros, le premier consul à cheval et distribuant des croix d'honneur au camp de Boulogne. C'est ce dernier tableau qui se trouvait dans l'appartement qu'allait occuper le prince de Schwarzenberg et que la Reine recommandait de cacher à tous les yeux. On fit poser dessus un grand rideau pareil au reste de l'appartement, et personne ne soupçonna ce qui était dessous.

A propos de tableaux, il me revient à l'esprit une histoire des plus plaisantes que nous a racontée, dans sa jeunesse et dans la nôtre, Jérôme Bonaparte, lorsqu'il venait voir sa sœur Caroline, alors, ainsi que la Reine et moi, en pension à Saint-Germain chez madame Campan.

Il avait un jour, disait-il, absolument besoin de vingt-cinq louis, sa bourse étant dégarnie, bien que le général Murat, gouverneur de Paris, et qui était passionné pour lui, l'aidât souvent de la sienne; mais cette fois cette ressource lui avait manqué; et le quartier de la pension que lui faisait le premier consul était dépensé d'avance. Que faire donc? A qui s'adresser? à ses autres frères? ils étaient absents. Joseph et Louis commandaient les régiments dont ils étaient colonels; Lucien se trouvait en ambassade à Lisbonne ou à Madrid. Quant à sa mère, elle n'entendait pas raison en fait d'argent à donner à un jeune étourdi qu'elle aimait tendrement, mais à qui elle faisait plutôt de la morale que de la prodigalité. Qu'imaginer? Il lui vint à l'idée de rendre visite à un saint homme, à son oncle Fesch (devenu cardinal). Il se présente à lui, et il est parfaitement reçu par ce digne parent chez lequel était réunie nombreuse société. Il y avait ce jour-là grand dîner. On l'invite; il accepte. Le repas fini, on passe au salon pour prendre le café. Dans ce moment Jérôme voit le cardinal entrer dans une salle voisine; il l'y suit, et attirant dans l'embrasure d'une croisée ce cher oncle, qu'il avait déjà bien cajolé, il lui adresse sa requête; mais celui-ci est insensible et refuse net.

Le cardinal Fesch, on le sait, a toujours été grand amateur de tableaux; or, la salle dans laquelle il était alors se trouvait être celle où se formait le commencement de sa belle galerie, qui depuis est devenue si remarquable par la réunion des chefs-d'œuvre de toutes les écoles. En entendant un refus aussi positif, Jérôme se tourna brusquement : « Voilà, dit-il, un gaillard qui a l'air de rire de l'affront que je viens d'essuyer, il faut que je me venge. » Et en même temps il tire son sabre (1) et le pointe contre la figure d'un beau vieillard (*peint par Van-Dick*) à qui il veut crever les yeux. On peut juger dans quelle transe était le cardinal en le voyant prêt à transpercer un chef-d'œuvre : il s'efforce de lui retenir le bras; mais le jeune homme n'entend pas raison, que les vingt-cinq louis ne lui aient été promis. L'oncle capitula, la paix fut faite; et ils s'embrassèrent. Le tour fut trouvé charmant; et le premier Consul, à qui on le raconta quelques jours après, s'en amusa beaucoup.

Mais revenons à l'entrée des alliés qui se fit le 10 juillet. Elle ressemblait à ces cérémonies funéraires vers lesquelles la foule se précipite. C'est qu'en effet elle apportait le deuil dans le cœur de tous ceux qui étaient restés bons Français. La curiosité m'entraîna à aller voir

---

(1) Jérôme Bonaparte servait alors comme soldat dans les guides du premier Consul, sous les ordres du colonel Eugène de Beauharnais.

le cortége, et je me rendis encore chez ma mère. Je reconnus de suite la belle et élégante tournure de l'empereur Alexandre; mais je ne saurais dépeindre ce que j'éprouvai en apercevant par derrière, bousculé dans la foule des chevaux d'un brillant état-major, le comte d'Artois qui faisait fort triste figure, et auquel personne n'avait l'air de faire attention. A cet aspect je me sentis humiliée; et l'idée de l'abaissement de mon pays se présenta dans toute son étendue. En repassant dans ma mémoire tous les événements qui s'étaient succédés pour en arriver là, les larmes me vinrent aux yeux.

La Reine ne sut pas sitôt que le prince de Schwarzenberg était dans son hôtel, qu'elle voulut y revenir; je l'accompagnai, et nous rentrâmes ensemble, par la petite porte du jardin.

Tandis que la maîtresse de la maison se glissait inaperçue dans ses appartements, tout était bruit et mouvement dans l'hôtel : une garde nombreuse composée de grenadiers hongrois remplissait les cours; et le soir, à l'heure où elle se renouvelait, une musique brillante donnait au prince une espèce de sérénade qui semblait l'annonce d'une fête. Tout le monde connaît à présent l'excellence des musiques militaires autrichiennes. Cette musique, toute composée d'instruments à vent, dont les sons doux arrivaient jusqu'à nous, contrastait avec la tristesse de nos dispositions et le silence de nos appartements.

Malgré le sentiment pénible que la Reine devait en éprouver, elle se félicitait d'être revenue chez elle. « Si l'on me calomnie encore, si l'on me fait de nouveau courir les rues en héroïne guerrière pour animer le peuple à la révolte, disait-elle, tous les gens qui remplissent ma maison pourront témoigner qu'il n'en est rien. »

J'étais seule chez moi le soir, lorsque je vis arriver quelqu'un avec des lunettes vertes; au premier coup d'œil je ne reconnus pas la personne; mais il aurait fallu plus qu'un habit bourgeois et des besicles pour dissimuler la taille, la tournure et le visage si remarquable de Labédoyère. Je jetai un cri d'effroi et de surprise en le reconnaissant, et je montai avec lui vers la Reine.

Au moment du départ de l'Empereur, Labédoyère avait été compris sur la liste des personnes qui devaient l'accompagner, et un passeport avait été délivré pour lui. Mais comme il se trouvait à Paris le jour où l'Empereur s'était décidé à s'éloigner, il ne partit point avec lui. La Reine, revenant chez elle, le rencontra qui retournait à la Malmaison; elle fit arrêter sa voiture, lui parla, lui apprit le départ de l'Empereur et lui donna son passeport, qu'elle s'était chargée de lui remettre; comme elle ne l'avait pas revu depuis, elle pensait avec raison qu'il s'en était servi pour rejoindre l'Empereur, ou pour se retirer avec l'armée derrière la Loire, ou enfin pour s'exiler. Mais elle espérait qu'il n'était pas resté à Paris au milieu des troupes étrangères.

— « Comment, vous ici! s'écria-t-elle; mais à quoi pensez-vous de vous exposer ainsi? — Je ne pouvais pas laisser ma femme seule dans de pareilles circonstances, répondit le noble jeune homme; il fallait bien que je reçusse les Prussiens dans ma maison; j'ai même failli me battre avec eux. Ces messieurs tapageaient, criaient, faisaient du bruit au-dessus de nous; je suis monté les rappeler à l'ordre en les priant de faire moins de train. — Mais vous voulez donc vous faire arrêter? — Oh! pour cela, non! ils en seraient trop contents, les chers bourbonnistes! On me ferait mon procès, on me condamnerait à mort, et puis l'on ferait de la générosité, par considération pour la famille et les prières de ma femme, et je ne veux pas de grâce d'eux. Ils vont faire bien du mal à la France; mais le jour de la justice viendra. Il n'y a que les souverains et les gouvernements choisis par le peuple qui puissent durer; les bons Français doivent se conserver pour le jour de la délivrance, et je veux me réserver pour me retrouver avec eux, libre de mes opinions comme je l'ai toujours été et sans avoir reçu de grâce de personne. — Ah! lui dit la Reine, ne pensez en ce moment qu'à sauver votre vie, pensez à votre femme, à votre enfant et à vos amis! »

Pour moi je lui dis que les Alliés et les Bourbons devaient être également empressés de s'emparer de sa personne. — « Aussi je ne compte pas rester, me répondit-il, je vais partir; mais avant de m'éloigner, j'ai voulu savoir ce que devenait la Reine, et si je pouvais lui être utile à quelque chose. »

La Reine le remercia, le conjura de ne pas séjourner à Paris plus longtemps, et lui dit qu'elle comptait bientôt elle-même se mettre en route pour la Suisse; qu'elle n'attendait plus que des passeports et qu'elle allait s'occuper de s'en procurer.

Il nous quitta; nous l'avions vu pour la dernière fois!...

La Reine fit demander à Fouché des passeports qu'elle désirait pour se rendre en Suisse. Il envoya mademoiselle Ribout lui dire que Louis XVIII lui avait parlé de la Reine, et qu'il lui avait paru disposé à lui rendre la justice qu'elle méritait: il avait ajouté dans sa conversation avec Fouché: « On m'a conté de la duchesse de Saint-Leu beaucoup de choses auxquelles je ne crois pas; les esprits sont fort animés en ce moment; elle fait bien de s'éloigner pendant quelque temps; dans cinq ou six mois elle pourra revenir. »

Le duc d'Otrante faisait ajouter à cela beaucoup de paroles très-rassurantes, qui ne changèrent rien au projet bien arrêté de la Reine de partir aussitôt qu'elle en aurait la possibilité. En s'occupant des préparatifs de son départ, les difficultés d'argent n'étaient pas les moindres pour elle; ses revenus ne lui avaient pas été payés depuis longtemps; elle fut obligée de se défaire de plusieurs objets d'art pour fournir aux frais de son voyage. Parmi le grand nombre des tableaux qui furent vendus, elle en possédait un fort beau dont je ne me rappelle plus le sujet; depuis longtemps M. de Talleyrand désirait l'avoir : je ne sais s'il fit demander à l'acheter, ou si on le lui offrit, mais il en fit l'acquisition et le paya 16,000 francs. C'est peut-être à cet argent que la Reine dut de pouvoir se mettre en route d'une minute à l'autre.

Mon appartement donnait sur la cour intérieure de l'hôtel. Un jour, dans la matinée, je vis arriver l'empereur Alexandre à cheval, suivi de plusieurs officiers ; il mit pied à terre et entra chez le prince de Schwarzenberg. Ne doutant pas qu'il ne vînt ensuite chez la Reine, je montai à la hâte pour la prévenir qu'elle aurait probablement cette visite ; elle sortait de son lit ; aussitôt elle passe un peignoir ; et lorsque je lui dis que l'empereur Alexandre allait peut-être venir. « Fais dire que je ne recevrai pas ; je ne veux pas le voir. » Puis elle ajouta par réflexion : « Je ne pense pas qu'il se présente, il doit comprendre que, aujourd'hui, vis-à-vis de lui et de tous les souverains alliés, ma position est bien différente de ce qu'elle était lorsqu'ils sont venus l'année dernière. C'était pour la paix, disaient-ils, qu'ils s'étaient armés ; cette fois-ci, l'empereur Napoléon la leur a offerte jusqu'au dernier moment, cette paix dont ils n'ont plus voulu ! Cette guerre, cette animosité qu'ils apportent, c'est donc contre nous personnellement. L'empereur Alexandre croyait, il y a un an, que l'empereur Napoléon était tombé parce qu'on ne voulait plus de lui, parce qu'il avait fatigué la France par de trop longues guerres. Son miraculeux retour doit lui avoir prouvé combien est unanime l'affection de la nation pour le chef qu'elle s'était donné. En me rappelant tout ce que l'empereur Alexandre m'avait dit sur le respect qu'il portait au vœu des peuples, je ne pouvais imaginer qu'il ferait une guerre tellement opposée à ce principe; il s'est déclaré par là l'ennemi du peuple français. Je ne veux pas le voir! »

J'allais probablement répondre par de nouvelles instances pour qu'elle le reçût, lorsque le bruit des pas des chevaux attira mon attention. J'entraînai la Reine avec moi près d'une croisée qui donnait sur la cour, pour voir ce qui s'y passait : l'empereur Alexandre sortit de l'appartement du bas, suivi par le prince de Schwarzenberg qui le reconduisait. Il remonta à cheval et s'éloigna sans avoir même levé les yeux vers les croisées de l'étage supérieur, qu'il connaissait assez bien pour ne pas l'avoir oublié.

J'en restai stupéfaite. « Comment, m'écriai-je, il ne demande pas à vous voir! il ne donne pas un souvenir à des gens, à des lieux qu'il voyait, il y a une année, avec tant de plaisir! C'est indigne! Je n'aurais pas cru qu'il pût agir ainsi, lui qui paraissait si bon, si sensible à vos malheurs! Et venir dans votre maison peut-être exprès pour vous narguer, pour que cette démarche vous dise, *ne comptez plus sur moi, je ne m'intéresse plus à vous*, ah! c'est affreux!

— » Il aurait grand tort d'avoir cette idée, me dit la Reine, car cela m'est absolument indifférent, puisqu'avant même son arrivée, j'étais décidée à ne pas le voir; pourquoi me choquerais-je et m'étonnerais-je qu'il ait la même pensée que moi. »

Le lendemain, madame de Saint-Aulaire vint me demander des nouvelles de la Reine. Madame de Saint-Aulaire était une personne charmante, remplie de grâce et d'esprit, qui avait les meilleures manières du monde, et dont la société nous plaisait beaucoup. Lors de la première invasion, elle avait été dans le cas de voir souvent le roi de Prusse, qui appréciait au plus haut degré ses vertus et ses qualités solides, autant qu'il avait paru frappé de ses agréments et du charme de sa conversation ; il lui portait une grande estime, qu'il lui témoignait en toute occasion... Il était resté en correspondance avec elle, lorsqu'il avait quitté la France, et lui écrivait même du congrès de Vienne. Elle fut une des premières personnes qu'il vit à son retour à Paris ; on parla de la Reine, que le roi de Prusse peignait de couleurs bien différentes de celles sous lesquelles madame de Saint-Aulaire la voyait ; elle, qui la connaissait si bien, voulut la disculper ; mais le roi, pour lui fermer la bouche, lui conta que l'on avait saisi une lettre, que la reine Hortense écrivait à son frère, le prince Eugène, et dans laquelle l'empereur Alexandre était fort mal arrangé, lui qui avait été si bien pour elle, en 1814 ; on prétendait que la Reine le peignait comme un homme sans esprit, sans caractère, sur lequel il était facile de prendre de l'ascendant, et que l'on pouvait tourner à tout vent.

Madame de Saint-Aulaire me demanda s'il était vrai que ce fût l'opinion que la Reine Hortense avait conçue de l'empereur Alexandre. Je lui répondis ; que non seulement elle avait de lui une opinion tout-à-fait différente, mais que la Reine n'avait écrit qu'une seule fois à son frère, et que je connaissais mot à mot le contenu de cette lettre, où le nom de l'empereur Alexandre n'était prononcé qu'avec les expressions d'estime et d'amitié qu'elle lui portait; je parlai à madame de Saint-Aulaire du courrier que la Reine avait expédié au moment de l'arrivée de l'empereur Napoléon, avec le court billet que je l'avais en quelque sorte forcé d'écrire à son frère, tant elle était alors fatiguée.

Je ne comprenais rien à l'intention que l'on pouvait avoir, en prêtant à la Reine des paroles qu'elle n'avait pas écrites; et pensant qu'il pourrait y avoir là-dessous quelque intrigue ourdie contre elle, je m'empressai de lui conter ce que je venais d'apprendre. Ce fut pour elle une énigme comme pour moi; elle ne chercha pas même à se l'expliquer, son habitude n'étant pas de faire grande attention à ce qu'elle regardait comme des caquets de pure invention.

Jusqu'alors toutes les méchancetés dites et répétées contre la Reine, n'avaient été que des paroles : autant en emportait le vent; les journaux s'étaient abstenus de parler d'elle, ou il l'avaient fait d'une manière à peu près convenable; un matin, en les parcourant, la Reine en rejeta un loin d'elle, en s'écriant avec indignation :

« C'est par trop fort ! qui est-ce qui a pu inventer une platitude, une bassesse semblable, et me la prêter ? » Je ramassai la feuille, où je lus *que madame la duchesse de Saint-Leu s'était présentée pour voir S. M. l'empereur Alexandre.*

« Certainement, je ne laisserai pas passer cette impertinence, me dit la Reine avec vivacité, et je ferai démentir cet article : si j'avais recouru à la protection de l'empereur Alexandre, je ne ferais pas mystère des obligations que je pourrais lui avoir ; mais je ne veux pas que l'on m'impute une démarche que je n'ai point faite, et que ne permet pas ma position ; je veux absolument que l'on démente pour moi cet article, dis-le à M. Devaux. »

J'essayai de la dissuader, en disant que l'on ne ferait pas attention à ce faux énoncé, et que le démentir, c'était lui donner de l'importance et choquer l'empereur Alexandre, dont elle devait du moins éviter de se faire un ennemi personnel. Je n'obtins rien d'elle, mais on ne lui laissa pas le temps d'exécuter son projet ; dès le lendemain, le journal officiel relevait l'erreur de la feuille dont la Reine se plaignait, en disant que ce journal avait été mal informé ; *que madame la duchesse de Saint-Leu ne s'é-*

tait point présentée chez S. M. l'empereur Alexandre, et que si elle s'y fût présentée, elle n'aurait pas été reçue.

Cette réfutation, évidemment autorisée par l'empereur Alexandre, était le comble de l'outrage; elle porta ses fruits contre la pauvre Reine : personne n'avait oublié l'intérêt que l'empereur Alexandre lui avait témoigné, il y avait une année, on la croyait donc sous sa protection immédiate, et c'était probablement à cette idée qu'elle devait le reste de ménagement qu'on avait gardé pour elle. En voyant entrer l'empereur Alexandre dans son hôtel, lors de sa visite au prince de Schwarzenberg, on avait pu croire que c'était chez la Reine qu'il venait, et l'on n'avait pas osé s'attaquer à une personne à laquelle il témoignait aussi publiquement des égards; mais dès l'instant où l'on sut qu'on s'était trompé, que la Reine était sans appui, le déchaînement de ses ennemis ne connut plus de bornes, et devint de la fureur.

La Reine, à laquelle on venait conter les propos qui circulaient sur elle, les menaces qui les accompagnaient, finit par s'en alarmer pour ses enfants, qu'elle avait toujours laissés dans leur cachette de la maison de la rue

Taitbout; son devoir était de les mettre hors de danger : elle s'occupa donc de les faire partir secrètement pour la Suisse; elle conçut le dessein de les envoyer par la diligence, avec le valet de chambre et la nourrice, comme mari et femme emmenant leurs enfants avec eux. Il fallait se procurer un passeport qui les désignât ainsi, et il était fort délicat de savoir à qui s'adresser pour une commission qui avait pour la Reine autant d'importance. M. Gabriel Delessert, qu'elle voyait souvent, et qui lui avait toujours montré beaucoup de dévouement, mit infiniment de bonne grâce à lui rendre ce service; il lui apporta le passeport tant désiré, qui n'était autre que celui de son propre valet de chambre, natif de la Suisse; mais des circonstances survinrent, qui empêchèrent d'en faire usage; plus tard, il servit à sauver la vie à un Français, à un homme bien malheureux!

M. Sosthène de La Rochefoucault, qui était aide-de-camp de M. le comte d'Artois, arrivait de Gand; il écrivit à la Reine, pour demander à la voir et à lui offrir ses services, voulant sûrement répondre aux bons procédés qu'elle avait eus pour lui, en se mettant à sa disposition. Elle était, dans cet instant, si montée de tout ce qu'on venait lui raconter de l'animosité qui existait contre elle, que la visite de M. de La Rochefoucault fut refusée. La Reine se le reprocha plus tard, en pensant qu'il ne pouvait y avoir de sa part qu'une bonne intention qui le rapprochât d'elle dans un moment où tant de personnes de son parti se déchaînait contre elle d'une manière si violente; mais enfin c'était fait, et elle ne le revit plus depuis ce temps-là; cependant lorsqu'il eut le malheur de perdre son meilleur ami, elle lui témoigna la part qu'elle prenait à son chagrin.

Un reflet de cette haine du parti dominant se reportait sur le duc de Vicence, avec tout l'acharnement qui caractérise les passions politiques : il avait été pour la seconde fois fidèle à l'Empereur, et cela, jusqu'au dernier moment; il avait fait tout ce qui dépendait de lui pour diminuer autant que possible le malheur des derniers événements, et ainsi qu'il n'arrive que trop souvent, il en était récompensé par une persécution sourde, qui, pour ne pas se montrer ouvertement, n'en était pas moins tourmentante. Comme le duc était un des plus nobles caractères de notre époque, il fallait bien qu'il portât sa part du malheur qui frappait ce qu'il y avait de plus grand, de plus glorieux, de plus illustre dans le monde! La campagne du duc Vicence, près de Péronne, en Picardie, avait été pillée, dévastée par les Prussiens; il attendait que le mal fût réparé et qu'il pût l'habiter, pour quitter Paris.

Inquiet de tout ce qu'il entendait dire sur la Reine, et sachant bien que ces bruits étaient l'œuvre de la malveillance contre laquelle il la savait sans appui, il vint la trouver un soir, pour apprendre d'elle en quoi son zèle et son dévouement pouvaient lui être bons, et tâcher de la guider dans ce qu'elle avait à faire.

Le duc s'étonna de la disposition d'esprit dans laquelle il trouva la Reine; moi-même je la reconnaissais à peine, je l'avais toujours vue calme, douce, résignée, indifférente aux riens qui composaient sa vie habituelle, et ne montrant de volonté, de décision ou de résolution que dans de très-rares circonstances. Son caractère avait grandi avec les événements: c'était à présent une femme forte, énergique dans sa volonté; mesurant les circonstances où elle se trouvait, de la hauteur de la position qu'elle quittait et de celle où l'étendue de ses malheurs la plaçait, elle prenait en pitié ou en dédain la méchanceté des hommes que les haines de parti amoncelaient contre elle; ses nerfs étaient crispés, tendus, il eût été plus facile de la faire rire de colère que de l'attendrir et de la faire pleurer. Une marque de dévouement, d'affection, l'eût émue; mais les calomnies déversées sur elle l'avaient pour ainsi dire *bronzée* contre toute espèce d'impression.

Le duc de Vicence, qui la croyait faible, abattue par tant de revers, elle, dont la santé délicate n'avait pu résister à d'autres épreuves, la trouva montée au dernier point, et ne voulant en aucune manière courber la tête devant les persécutions dont on la menaçait ou devant les vainqueurs qui pouvaient la protéger,

« Je ne désire rien; ainsi, je n'ai besoin de personne! disait-elle au duc, qui s'efforçait de lui persuader d'écrire à l'empereur Alexandre.

— » Mais vous avez besoin de protection, quoi que vous en disiez, madame : seule, avec deux enfants en bas âge, il vous faut un appui et vous ne pouvez mieux le choisir. L'empereur Alexandre vous a prouvé qu'il savait vous apprécier, et qu'un malheur comme le vôtre était parfaitement compris par un vainqueur tel que lui. De tous les souverains qui vont se faire arbitres des destinées de la France et de celle de votre famille, il est le seul dont l'élévation de sentiments et la noblesse de cœur puissent vous garantir tous les bons procédés que vous avez droit d'attendre. Il lui faut peut-être un mot de vous, pour l'encourager à redevenir ce qu'il a déjà été pour vous, un ami zélé ! »

J'insistai avec lui près de la Reine, pour qu'elle fît la démarche qu'il demandait; et je contai au duc ce que madame de Saint-Aulaire m'avait dit, d'après la version du roi de Prusse, d'une prétendue lettre de la Reine à son frère.

« Vous le voyez, madame, reprit le duc, il croit peut-être avoir à se plaindre de vous ? Il a pu aussi se croire trompé par l'empereur Napoléon, dont il s'était fait garant près des autres souverains. Un mot de vous suffirait pour l'éclairer.

— » Je ne l'écrirai pas, répondit la Reine; l'empereur Alexandre doit me connaître assez pour distinguer ce qu'il y a de faux ou de vrai dans tout ce qu'on s'est plu à répandre sur moi. Je n'en veux point à ceux qui ne me connaissent pas, de se méprendre sur mon caractère; mais j'en veux à mes amis, lorsqu'ils ne me rendent pas la justice que je mérite. Il sait très-bien que je suis incapable des intrigues qu'on me prête, et c'est précisément parce que sa bonté, son amitié ont contribué à me placer il y a un an dans la position fausse où je me suis trouvée, que je ne lui pardonne pas de me livrer comme il le fait aux ennemis que ses bons procédés m'ont attirés. Il devrait comprendre mieux que personne l'embarras de ma situation, et aller au-devant de la protection dont j'ai besoin aujourd'hui.

» L'empereur Napoléon, qui ne voulait pas que nous nous mêlassions de rien, nous a trop laissé ignorer ce que nous étions; il a fallu que le malheur nous l'apprît.

— » Et encore madame, reprit le duc, vous ne le savez pas! Vous croyez que l'on descend impunément d'un trône et de la position élevée où le sort vous avait placée; vous vous figurez que, parce que vous désirez la tranquillité, l'obscurité même, vous l'obtiendrez. Vous êtes de bonne foi dans ces rêves de châlet que vous vous faites; vous espérez y vivre ignorée, oubliée au milieu des fleurs, cultiver vos talents et les arts en jouissant des jeux de vos enfants élevés sous vos yeux : détrompez-vous. Si vous êtes sans protection, vous serez sans repos; on s'armera contre vous des intentions que vous n'avez pas, l'on vous supposera telle que vous pourrez être.

— » Comment, répliqua la Reine, une femme, des enfants peuvent-ils avoir tant d'importance aux yeux de la politique et des grands de la terre, qui ne cherchent qu'à nous humilier?

— » Parce qu'ils portent un nom qui a fait trembler l'univers, et qui est grand malgré tout ce qu'on s'efforce de faire pour l'abaisser; (les noms des vainqueurs de l'empereur Napoléon ne passeront à la postérité qu'à la faveur du sien), parce que ces enfants, que vous voulez élever à l'ombre d'une vie ignorée, ont été un instant destinés à ce sceptre qui rendait la France si grande et devant lequel l'Europe se courbait tremblante. Vous êtes peut-être de toute la famille impériale celle qu'on craint le plus, parce que vous valez davantage par vous-même et que vous avez plus d'amis. On sait bien, au fond du cœur, que l'on a beau vous calomnier, l'opinion sera toujours pour vous en dépit de vos ennemis.

— » Que faut-il donc faire? reprit la Reine incertaine un moment. — Écrire à l'empereur Alexandre, reprit le duc, réclamer sa protection, lui demander des passeports.

— » Je sais bien! répondit la Reine, après un instant de réflexion, que je ne puis me passer de protection; devant quitter la France, traverser toute l'armée ennemie, il me faut une sauve-garde; mais j'aimerais mieux la devoir à l'empereur d'Autriche qu'à tout autre souverain : il ne me doit rien, je n'ai jamais compté sur sa bienveillance, je ne me suis point trompée sur ce que j'en attendais, et il m'en coûterait moins de lui avoir cette espèce d'obligation qu'à ceux qui me devraient des procédés qu'ils n'ont pas eus.

— » S'il en est ainsi, madame, attendez ce qui sera décidé sur vous; car je sais que les souverains tiennent conseil à cet égard; ils se partagent les résidences de la famille de l'empereur Napoléon, et il est possible qu'un reste de respect pour des relations de parenté porte l'empereur d'Autriche à se mettre en avant dans cette circonstance. »

La Reine, qui sur le sujet qu'elle venait de traiter avec le duc de Vicence n'était pas d'accord avec lui, l'était pourtant sur bien d'autres points plus importants. Il n'appartenait qu'à une femme distinguée comme elle et à un homme remarquable comme l'était le duc de Vicence, de bien juger ce qui se préparait pour la France. Le parti triomphant, aveuglé par l'enivrement de ses succès, était peut-être de bonne foi dans les illusions qu'il se faisait sur la conduite des Alliés et sur le *bonheur* que leurs princes préparaient à la France; et le grand nombre de leurs partisans aimaient mieux les croire que de prévoir des malheurs qu'il n'était plus temps d'éviter.

Il y avait parfois des rassemblements dans les faubourgs, on y proférait des cris séditieux (c'est ainsi que cela s'appelait), et comme on ne voulait pas, par amour-propre, convenir que le peuple n'était pas content, on préférait dire que c'était la Reine qui payait ces manifestations si peu en harmonie avec *la joie populaire* que les belles dames s'efforçaient de montrer dans les rues et aux Tuileries.

Les œillets rouges remplaçaient les violettes du printemps; et comme bon nombre de gens mécontents en portaient, on prétendit encore que c'était la Reine qui avait imaginé ce nouveau signe de ralliement.

A mon grand étonnement, Boutikim vint

me voir et ne me cacha point tout le danger de la position de la Reine; il m'assura que l'empereur Alexandre lui portait véritablement intérêt, et qu'il lui conservait la même amitié. Je lui témoignai toute la peine que j'avais à le croire d'après sa conduite présente; je m'exhalai en plaintes contre son souverain, et lui contai bien au long mes griefs.

« Ne lui en voulez pas, me dit-il, il n'est pas le maître de faire ce qu'il veut; et puis d'ailleurs ne serait-il pas en droit d'en vouloir un peu à la Reine? — Eh! pourquoi? — N'a-t-elle pas écrit des lettres à son frère? une, entre autres, arrivée dans une bouteille, et dont on a parlé à Vienne? — Je ne sais ce que vous voulez dire. » Je reconnaissais aux paroles de Boutikim l'histoire que m'avait rapportée madame de Saint-Aulaire et je voulus en avoir le cœur net; mais il n'était pas facile de le faire parler : un diplomate est toujours sur la réserve. Je lui fis je ne sais pas combien de questions avant qu'il me dît tout ce que je désirais savoir. C'était, qu'une lettre de la Reine à son frère, arrivée à Vienne dans une bouteille, avait été interceptée; qu'on en avait donné connaissance à l'empereur Alexandre qui y était fort maltraité; que plusieurs copies faites sur l'écriture originale de la Reine avaient circulé chez les souverains réunis à Vienne, et dans les mains de leurs ministres.

J'y ai bien souvent pensé depuis, et comme il est très-positif que la Reine n'a jamais écrit, ni à son frère ni à personne, un seul mot désobligeant sur l'empereur Alexandre, dont elle faisait beaucoup de cas; qu'elle n'a jamais envoyé de lettre dans une bouteille à qui que ce soit; il est certain que toute cette affaire était une fable, une machination diabolique contre la Reine, pour la brouiller avec l'empereur Alexandre, et pour l'éloigner du prince Eugène, dont il était réellement devenu l'ami. Il est affreux de penser jusqu'où peuvent aller les intrigues de la politique, puisqu'on ne peut pas supposer autre chose, sinon que l'on avait contrefait l'écriture de la Reine, et substitué cette fausse lettre à celle qu'elle avait écrite à son frère. Pour en arriver à de pareilles infamies, il faut y avoir un grand intérêt, et il n'est pas difficile de trouver quels étaient, au congrès de Vienne, les plus grands ennemis de l'empereur Napoléon, et conséquemment de sa famille.

Je reviens à la visite de Boutikim: il n'insista

pas sur cette lettre, dont la seule pensée me rendait furieuse; il voulait probablement me laisser penser que, vraie ou fausse, son Empereur était au-dessus de pareille susceptibilité; mais il insista beaucoup sur ce que son souverain n'était pas maître de faire ce qu'il voulait, sur ce qu'il devait compte, dans les circonstances où il se trouvait en France, de ses moindres démarches aux souverains ses alliés; sur ce qu'ils s'étaient engagés réciproquement, les uns les autres, à ne rien faire que d'un commun accord. Puis Boutikim ajouta, en prenant un air mystérieux, qu'il en avait beaucoup coûté à l'empereur Alexandre de ne pas voir la Reine, qu'il en avait eu l'intention bien arrêtée; mais que Louis XVIII avait tellement insisté pour qu'il n'en fît rien, que son Empereur n'avait su comment lui en refuser la promesse; qu'il avait été peiné de voir un vieillard aussi tenace dans sa demande, et que, craignant qu'il ne poussât l'instance jusqu'à formuler sa demande à genoux, il avait été obligé d'engager sa parole de ne pas voir la Reine.

Cette importance attachée à une démarche si simple de politesse vis-à-vis d'une femme, et ce tableau d'un roi de France suppliant ainsi l'empereur de Russie, me parurent si ridicules, que je conduisis Boutikim chez la Reine pour qu'il lui contât un fait aussi incroyable. Elle en sourit, sans avoir l'air d'y ajouter beaucoup de foi.

XIII.

M. et madame d'Arjuzon, chevalier et dame d'honneur. — Lettre à mademoiselle Cochelet. — Fidélité politique de madame d'Arjuzon. — M. Decazes. — M. d'Arjuzon élevé à la pairie. — Le complot absurde. — Ordre à la Reine de quitter la France sur-le-champ. — Le général Müffling. — Le comte de Voyna accompagne la Reine. — Embarras sur embarras. — Fâcheux contretemps. — Bruits alarmants. — Le coup monté. — Protestations dérisoires du russe Boutikim. — Indignation du duc de Vicence. — Alexandre devenu mystique. — Les adieux pour l'exil. — Un accès de misanthropie. — Les dangers d'un ordre verbal. — M. de Marmold. — La couchée à Bercy. — Dévouement de M. et madame de Nicolaï.

M. et madame d'Arjuzon étaient, depuis nombre d'années, attachés à la maison de la Reine : le mari, comme chevalier d'honneur, la femme, comme dame d'honneur. Ils lui étaient tous les deux fort dévoués, et avaient sincèrement pris part à tous ses malheurs.

A présent que tant d'années se sont écoulées, et que l'oubli a remplacé l'affection, j'aime à en retrouver l'expression dans des lettres auxquelles je tiens encore par souvenir des temps heureux. Alors on m'écrivait, et madame d'Arjuzon était du nombre des personnes à qui il n'était pas désagréable de correspondre avec moi. Voici une de ses épîtres :

21 juillet 1812.

« Je ne puis plus en douter, mademoiselle, vous m'évitez : toujours ma présence vous fait déserter tour à tour et Paris et Saint-Leu; vous avez quitté la campagne, lundi, parce que je vous avais mandé mon arrivée; je vous poursuis dans la capitale le lendemain, vous faites un crochet et vous refusez ainsi mon hommage. Cependant j'étais à votre porte avant midi. Une biche n'est pas plus agile; je me ferais dentiste pour obtenir un rendez-vous, qu'y gagnerais-je? quelques morsures, car vous avez de belles dents !

» Trêve de plaisanteries : j'ai du chagrin; vous partez, et sans que je vous suive; je penserai à vous et à la personne que je servais avec tant d'affection, et qui est si digne de nos respects. Mais vous, mademoiselle Louise, vous m'oublierez. Toutes les sources de Plombières seront le fleuve du Lethé; vous perdrez le souvenir même, le 25 août, de mon brillant costume, de mes riches présents et de mes vers pompeux!

» S'il en était autrement, si votre indulgente amitié nous donnait d'heureuses nouvelles de votre voyage, de la santé de la Reine et de la vôtre, nous serions si reconnaissants, ma compagne et moi; notre cœur va vite au devant du vôtre, quand il nous témoigne une tendre affection.

» Agréez, mademoiselle, etc. »

Au retour de l'Empereur, M. et madame d'Arjuzon étaient venus reprendre leurs fonctions interrompues pendant la première année de la Restauration; ils étaient tous les deux fort véhéments dans leur opinion bonapartiste, madame la comtesse d'Arjuzon surtout, si vive, si sensible, si impressionnable; elle portait dans sa conviction politique toute la chaleur de ses émotions, je n'en citerai qu'un exemple.

Le mari et la femme étaient liés depuis longtemps de la manière la plus intime avec M. Decazes; ils avaient vu avec peine le changement de principes de celui-ci, mais sans que madame d'Arjuzon et son mari eussent changé en rien leurs relations avec lui. Dans la première année de la Restauration, lorsque madame d'Arjuzon sut M. Decazes parti pour Gand, elle ne lui pardonna pas, et se promit bien de ne plus le revoir. Aussitôt son retour de Gand, M. Decazes se présenta chez elle. Il vit d'abord M. d'Arjuzon, puis se rendit avec lui dans l'appartement de sa femme qui, lorsqu'elle l'aperçut, cacha son visage de ses mains en lui criant : « Eloignez-vous ; comment osez-vous vous présenter ici ? je ne veux pas vous voir. » Et elle se retira sans avoir voulu lever les yeux sur lui.

La rancune toutefois ne tint pas longtemps ; on se revit comme autrefois, et, le 5 mars 1819, M. le comte d'Arjuzon fut fait pair de France par le roi, M. Decazes étant président du conseil des ministres.

Quelques jours après la rentrée de Louis XVIII à Paris, la terreur que causait à la cour des Tuileries la présence de la Reine dans la capitale fit décider qu'on lui donnerait l'ordre de partir. Par un reste de pudeur, on hésitait sur la voie par laquelle on le lui ferait intimer. M. Decazes pensa y mettre plus d'égard en chargeant M. d'Arjuzon, dont il connaissait le dévouement pour la Reine, de lui apprendre ce qu'on exigeait d'elle. M. d'Arjuzon, qui sentit tout ce que cette mission avait de pénible, refusa de s'en charger, et, en cela, il eut grand tort, car c'eût été un service à rendre à la Reine, et qui lui eût évité les ennuis d'un départ trop précipité.

La Reine ne sut rien de la démarche de M. Decazes. Elle s'occupait de ses projets de départ, sans penser que le jour pût en être fixé par d'autres que par elle. On lui avait appris que c'était l'empereur d'Autriche qui lui donnerait des passeports et un officier pour l'accompagner; elle réfléchit qu'avec une pareille sauve-garde, il n'y avait rien à craindre, et que ses enfants voyageraient beaucoup plus sûrement avec elle de cette manière que par la diligence, comme l'idée lui en était venue quelques jours auparavant; que d'ailleurs, elle serait toujours plus rassurée et plus contente de les avoir à ses côtés. La Reine se proposa donc de les faire revenir à l'hôtel, pour quitter Paris lorsque tout serait prêt.

Elle ne se doutait pas alors qu'on allait l'accuser de l'agitation qui régnait dans tous les esprits. Un bruit absurde circula et prit consistance : *on dit* qu'un complot avait été ourdi par les plus mécontents, et qu'il ne s'agissait, ni plus ni moins, que de faire *assassiner tous les souverains étrangers!* Que quelques cerveaux faibles y aient cru, c'est possible; mais que l'on ait poussé l'absurdité, je dirai même la monstruosité, jusqu'à désigner la Reine comme instigatrice de cet infâme projet, et qu'il y ait eu des gens assez stupides pour y croire, c'est ce qui passe toute idée! On a même pensé que c'était sur ces ignobles propos qu'avait été motivé l'ordre, donné si brusquement à la Reine, de sortir de France! Le 19 juillet au matin, M. de Müffling, officier général prussien, commandant de Paris pour les armées alliées, fit prier M. Devaux, l'intendant de la Reine, de passer chez lui, et lui signifia que la reine Hortense eût à quitter Paris dans *deux heures*. M. Devaux objecta que rien n'étant prêt, il était impossible que la Reine pût se mettre en route aussi promptement. M. de Müffling insista, et consentit enfin à donner quelques heures de plus; mais en exigeant que la Reine partît le jour même; il ne voulait pas qu'elle couchât à Paris: il en avait, disait-il, pris l'engagement.

M. Devaux revint en toute hâte rapporter les ordres qui lui avaient été signifiés. La Reine l'écouta avec le calme glacial qui ne l'abandonnait plus, et donna ses ordres pour pouvoir s'éloigner aussi vite que possible.

M. le général de Müffling lui fit offrir une escorte de troupes alliées ; elle la refusa ; mais elle accepta un officier autrichien pour l'accompagner et répondre d'elle et de ses enfants pendant toute la durée de son voyage. Ce fut un aide-de-camp du prince de Schwarzenberg, M. le comte de Voyna, chambellan de S. M. l'empereur d'Autriche, qui fut choisi pour remplir cette mission.

Les petits embarras viennent pour l'ordinaire se mêler aux grands. Le piqueur de la Reine, auquel on avait déjà parlé du départ, sans en fixer le moment, avait été à quelques lieues de Paris chercher un postillon dont il faisait grand cas, et qu'il comptait employer dans cette circonstance. On envoya un homme à cheval courir après lui. Tout cela prit du temps et beaucoup ; les heures s'écoulaient et rien n'avançait ; on ne pouvait avoir les voitures. Pour surcroît, cet homme avait les clefs de tous les coffres, et l'on ne pouvait rien emballer qu'il ne fût revenu. Tout était confusion, désordre dans l'hôtel ; enfin il arriva, et les domestiques purent commencer leurs préparatifs.

Madame la comtesse de Nicolaï se trouvait chez moi, lorsque M. Devaux vint m'apprendre que la Reine devait partir le jour même, qu'elle en avait reçu l'ordre formel. Prévoyant bien toutes les difficultés de détails que ce départ si subit présenterait, je me récriai sur ce que cela était impossible. Madame de Nicolaï pensa que, pourvu que la Reine ne couchât pas à Paris, c'était tout ce qu'on demandait; elle monta chez elle pour lui offrir son château de Bercy, ce qui lui permettrait de quitter la capitale aussi tard qu'elle jugerait à propos.

La Reine fut très-sensible à cette offre, et l'accepta volontiers; elle s'occupait avec autant de tranquillité de son départ, que si elle devait aller coucher à Saint-Leu. Mais les sentiments pénibles qui lui donnaient cette apparence d'indifférence étaient trop bien compris par moi pour qu'ils pussent m'échapper. Pendant que je l'aidais à ranger ses bijoux et ses papiers, plusieurs avis très-alarmants nous parvinrent. On fit dire à la Reine de ne rien emporter de précieux avec elle, ni or, ni argent; que le bruit courait qu'elle possédait des millions, et qu'un coup pareil à celui tenté par Maubreuil contre la reine de Westphalie était monté contre la reine Hortense; que plusieurs bourbonnistes, qui avaient les plus mauvaises intentions sur elle et sur ses enfants, étaient partis pour aller l'attendre sur la route qu'elle devait parcourir. Ces avis officieux arrivèrent au moment où les enfants, sortis de leur cachette, venaient de rentrer à l'hôtel, et il était trop tard pour qu'on pût rien changer à ce qui avait été décidé pour eux.

J'étais tremblante en écoutant ces détails, et j'aurais voulu persuader à la Reine de résister à l'ordre qui lui était donné de partir. Lorsqu'on lui faisait entrevoir des dangers, elle n'était occupée que d'une idée fixe, c'est qu'elle allait avoir ses enfants dans sa voiture; mais, d'un autre côté, elle serait encore plus inquiète de s'en séparer, en les laissant à Paris. Je ne saurais exprimer dans quelle agitation je fus pendant toute cette journée. La Reine décida qu'elle partirait le soir à neuf heures, et, dans la soirée, toute sa maison se réunit au salon, pour lui dire adieu.

Le duc de Vicence ayant appris le brusque départ de la Reine, était venu pour la voir et lui souhaiter un bon voyage. Elle le recevait dans son salon particulier, lorsque j'y conduisis Boutikim, qui désirait la voir, et que je croyais chargé d'une mission de l'empereur Alexandre; mais il n'apportait que des paroles de bienveillance et d'intérêt, qui, dans la circonstance, étaient vraiment dérisoires. Le duc de Vicence s'en indigna encore plus que nous, et lui dit avec beaucoup de véhémence : « Que vos souverains y songent, ils donnent en ce moment un mauvais exemple, dont ils pourraient bien se mal trouver un jour. Comment est-il possible d'agir avec si peu d'égards vis-à-vis d'une femme, d'une reine, dont le caractère et la position personnelle inspirent la vénération et l'intérêt? C'est oublier à la fois ce qu'on doit au malheur et à la grandeur déchue. Ils croient que leurs propres forces suffisent pour ne rien ménager, pour tout braver. Mais qu'ils se rappellent la puissance de l'empereur Napoléon, devant laquelle ils ont fléchi si longtemps, et ils verront qu'aucune grandeur, qu'aucun pouvoir n'est à l'abri d'un revers. Que seraient leurs trônes, si Napoléon ne les avait relevés, raffermis, et si, par l'éclat dont sa gloire entourait le diadème qu'il portait, il n'avait rendu aux leurs la considération qu'ils avaient perdue ? Les choses qui se passent aujourd'hui peuvent être un jour de fâcheux précédents que les peuples se rappelleront. »

Boutikim répondit que ce n'était pas à l'Empereur son maître que l'on devait s'en prendre du brusque départ de la Reine ; qu'il n'y était pour rien, et que probablement il en ignorait les motifs ; que lui-même il trouvait l'empereur Alexandre bien changé depuis un an ; que ce n'était plus le même homme pour bien des choses ; que lui si gai, si brillant, il n'allait plus dans le monde ; qu'il se refusait à toutes les invitations qui lui étaient faites ; qu'il fuyait les lieux de réunions publiques, et restait le soir seul à l'Élysée, sans que personne fût jamais reçu chez lui ; que, dans la journée, à peine s'il remplissait les devoirs que lui prescrivait sa position ; et que dans sa personne tout respirait une mysticité qu'on n'avait jamais remarquée chez lui.

Après avoir congédié ces messieurs, la Reine rentra dans son salon et fit ses adieux à tout le monde ; elle était si montée, qu'elle ne trouva pas un mot qui exprimât le regret d'un adieu peut-être éternel !...

Madame d'Arjuzon, qui fondait en larmes, y fut très-sensible.

— « Comment est-il possible que la Reine nous quitte tous avec cette tranquillité et cette indifférence? — Il serait bien injuste de s'en plaindre, lui répondis-je. On conçoit que des procédés comme ceux qu'on a avec elle sont bien faits pour irriter et pour rendre insensible à l'émotion d'un adieu. »

Ce départ de la Reine était une véritable désolation pour ceux qui ne devaient pas la suivre; mais pour moi, qui étais sûre de la rejoindre bientôt, j'en prenais mieux mon parti.

A neuf heures du soir, le 17 juillet 1815, la Reine quitta Paris pour s'éloigner de la France, sans éprouver ce sentiment déchirant d'une longue séparation, ni cette douleur que lui cause encore l'absence de la patrie! Elle venait d'y éprouver tant de mécomptes, tant d'injustices, que, dans ce premier moment, elle ne demandait qu'à fuir le monde.

La Reine monta dans sa voiture, seule avec ses enfants; M. de Marmold, son écuyer, et M. le comte de Voyna, aide-de-camp du prince de Schwarzemberg, suivaient dans une berline. Le départ de la Reine avait été si précipité, que M. de Voyna n'avait reçu que verbalement les ordres pour la mission qu'il avait à remplir. Ce défaut de formalité fut cause, sur la route, de bien des embarras.

La troisième voiture, contenant la nourrice du plus jeune des princes et la femme de chambre Vincent, précédait en courrier. C'est ainsi que la Reine partit pour un exil dont elle était bien loin de prévoir la durée!.... Elle coucha au château de Bercy. M. et madame de Nicolaï l'y reçurent avec le dévouement et l'affection que la Reine sait si bien apprécier; elle se reposa, près de cet heureux ménage, des pensées amères et irritantes qui l'avaient préoccupée pendant toute la journée.

Je la laisserai poursuivre son voyage, dont je ne connus les détails que plus tard.

XIV.

Madame de Krüdner à Paris. — Ses prédictions à l'empereur Alexandre. Coïncidence extraordinaire. — L'empereur Alexandre chez la prophétesse. — La détonnation alarmante. — Paris en cendres; effroi de madame d'Arjuzon. — Offre de madame de Krüdner; son amitié pour la Reine. — La planche de salut. — Conseil donné par le duc de Vicence. — Entrevue de mademoiselle Cochelet et du Czar. — Le notaire Chodron. — Offres généreuses d'Alexandre. — Refus réitérés. — La parure de rubis et les tableaux de l'électeur de Cassel. — Madame Krüdner. — Invention de la Sainte-Alliance. — La bannière du Christ. — La prophétesse passe en revue l'armée russe.

Mes affaires, comme celles de la Reine, avaient nécessité le retard apporté à mon départ. Une seule chose aidait à m'en consoler, madame de Krüdner était arrivée à Paris depuis quelques jours, et je ne l'avais pas encore vue. Elle m'avait cependant fait avertir de son séjour dans la capitale; mais, occupée et absorbée comme je l'étais par mes soins assidus près de la Reine, dans un pareil moment, je n'avais pu me rendre au désir de cette excellente amie aussi promptement que mon cœur m'y aurait porté.

Dès le lendemain du départ de la Reine je courus bien vite chez madame de Krüdner, je la retrouvai toujours bonne et affectueuse pour moi; mais plus exaltée que jamais dans les mystères et dans la religion. Elle se jeta dans mes bras avec une effusion d'amitié dont je fus vivement touchée, et nous passâmes plusieurs heures ensemble, tant nous avions de choses à nous dire. Malheureusement nous n'avions que des événements déplorables à rappeler !... Je lui contai nos angoisses et nos tourments ; elle me fit le récit de ses voyages et de tout ce qui lui était arrivé depuis notre séparation aux eaux de Baden-Baden.

Madame de Krüdner était à Altorf, lorsque la guerre se déclara, et que les armées ennemies traversèrent successivement cette ville; elle s'y trouvait encore, lorsque les troupes russes y passèrent et se livrèrent aux plus révoltants excès. Une famille malheureuse, à laquelle madame de Krüdner s'intéressait, fut indignement battue et maltraitée : madame de Krüdner, désolée, résolut de recourir à l'empereur Alexandre lui-même; elle se rendit immédiatement à son quartier-général, et lui demanda la répression des méfaits de la soldatesque, en lui prédisant que s'il ne maintenait pas le bon ordre et la discipline parmi ses troupes, Dieu ne bénirait pas son entreprise.

Sans recommandation, sans lettre d'introduction, elle se présenta chez l'empereur Alexandre, et fut fort surprise, après s'être nommée, d'être reçue aussitôt.

Madame de Krüdner trouva l'Empereur seul, qui lui témoigna les plus grands égards. « C'est le doigt de Dieu qui vous amène ici, » madame, en ce moment où je désirais ar- » demment votre présence, et où je demandais » au ciel de m'éclairer dans ses desseins sur » moi. »

Il lui fit part que sa femme, l'impératrice de Russie, qu'elle avait vue à Baden, l'année d'auparavant, lui avait longuement parlé d'elle; qu'il avait connaissance de tout ce que madame de Krüdner lui avait dit, qu'il en avait été frappé; mais qu'il l'avait été bien davantage de voir tous les événements qu'elle avait prévus se réaliser; que sans cesse il y pensait; que ce jour même, dans la minute où on était venu l'interrompre pour lui annoncer sa visite, incertain sur ce qui arriverait et sur la marche qu'il devait suivre dans toutes ces affaires, il venait de prier Dieu, de l'envoyer à lui, afin qu'elle l'éclairât de ses lumières. Cette coïncidence si extraordinaire, ne pouvant être à ses yeux qu'un miracle du ciel, qui la désignait à lui comme étant inspirée d'en haut, il en resta convaincu, et les conseils qu'elle lui donna sur les devoirs de sa position, sur sa mission de conciliation, de protection et de paix, le touchèrent tellement, que depuis cet instant il ne lui permit plus de s'éloigner de lui, et qu'il ne laissa pas passer un jour sans la voir. Elle suivit la marche de l'état-major-général, et arriva à Paris le même jour que l'empereur de Russie. Elle y vint se loger, rue du faubourg Saint-Honoré, dans une maison dont le jardin donnait au midi sur les Champs-Élysées, pas très-loin de l'Élysée-Bourbon, qu'occupait l'empereur Alexandre. Tous les soirs, il longeait les jardins des hôtels du faubourg Saint-Honoré, suivi d'un seul cosaque, et venait ainsi par une petite porte de derrière, trouver madame de Krüdner, prier avec elle, et ranimer sa confiance et sa foi aux exhortations de cette pieuse femme. Ils passaient plusieurs heures ensemble, pendant lesquelles personne n'était admis chez madame de Krüdner, et toute la maison de l'empereur Alexandre le croyait à travailler dans son cabinet.

Elle ajouta à ces détails, que la veille elle était dans une vive alarme, en attendant l'Empereur qui tardait plus que de coutume, quand tout à coup, le guettant à une fenêtre, elle avait entendu le bruit d'une arme à feu tirée à peu de distance d'elle. En femme courageuse, elle n'avait pas hésité à s'élancer dans le jardin pour découvrir d'où pouvait venir ce bruit, lorsqu'elle vit paraître l'empereur Alexandre qui la rassura. Mais elle le supplia en grâce de ne plus s'exposer, comme il le faisait, dans ces lieux retirés et de se faire mieux accompagner dorénavant; elle lui dit qu'elle se mourait d'inquiétude de le savoir ainsi livré au premier assassin qui voudrait l'assaillir.

Alexandre tenait tellement au secret de ses visites, que j'ignore s'il suivit ce prudent conseil (1). Il paraît néanmoins que l'on sut

---

(1) Le coup de pistolet qui avait été tiré à neuf heures du soir, près de la demeure de madame de Krüdner, a été expliqué par la

quelque chose à Paris des visites mystérieuses de l'empereur Alexandre, et des prédictions de madame de Krüdner, dont on fit grand bruit, et qui s'étaient accomplies d'une manière étonnante.

Chacun voulait la voir, lui parler, et surtout l'entendre; c'était, dans ce moment, la personne intéressante et à la mode. M. Bruce, qui se trouvait de retour à Paris, vint me voir et m'en parla. Il avait un grand désir de la connaître; il était enfin parvenu à se faire présenter à elle, et paraissait fort touché de son éloquence jointe à l'onction de ses paroles, tant une conviction profonde a toujours quelque chose de pénétrant qui persuade, lorsque l'esprit de contradiction ne s'en mêle pas.

Madame Dugazon souhaitait aussi ardemment de voir cette femme si extraordinaire et si attachante à la fois. Je lui obtins la faveur d'une audience, dont elle sortit tout épou-

---

présence d'un homme tué, et retrouvé au bas du mur du jardin d'une maison voisine, le lendemain matin. D'après des renseignements certains, il a été constaté que, depuis quelques jours, on s'introduisait dans ce jardin, la nuit, et qu'on y volait des fruits : ce soir-là, au moment où cet individu, chargé de sa maraude, escaladait le mur, il fut atteint d'un coup de feu tiré par un gardien de la propriété.

vantée. Madame de Krüdner, en peignant des plus vives couleurs les malheurs présents de la France, en prédisait encore de plus grands pour l'avenir : elle faisait un tableau effrayant de révoltes, de guerre, de sang répandu dans Paris, qui finirait enfin, dans un temps éloigné, par être brûlé et ruiné de fond en comble. L'accent de sa voix, l'assurance de ses paroles, l'air inspiré de sa physionomie, avaient tellement troublé madame Dugazon, qui est d'ailleurs une femme fort impressionnable, qu'elle ne pouvait s'en remettre.

Madame de Krüdner m'avait parlé de la Reine avec tout l'intérêt et toute l'affection qu'elle lui portait ; elle avait approuvé son départ, sachant très-bien quelle animosité il y avait contre elle à Paris dans ce moment-là ; mais elle m'avait encore répété, comme à Baden, qu'il n'y avait que l'empereur de Russie qui pût la protéger et la sauver de la persécution de ses ennemis. « Je sais, disait-elle, qu'il n'est pas aussi bien disposé pour la Reine qu'il l'était autrefois : il croit qu'elle s'est mêlée de politique, et lui en veut pour cela ; mais ce nuage passera ; elle ne peut rester brouillée avec lui ; il est si bon, si noble, si généreux ; c'est une âme digne du ciel. Je veux absolument que vous voyez l'empereur Alexandre; il vous sera facile de vous expliquer avec lui et de vous entendre. Venez me trouver à l'heure où il se rend chez moi; je me charge de vous faire bien accueillir, je l'y préparerai. »

Je remerciai cette chère amie, sans accepter son offre, craignant que la Reine ne trouvât mauvais que je visse l'Empereur, dont elle pensait avoir à se plaindre.

Le duc de Vicence vint me voir un jour; il savait madame de Krüdner à Paris, et connaissait ma liaison avec elle. Lorsque je lui dis que je l'avais vue, et ce qu'elle m'avait conté de ses relations avec l'empereur Alexandre, il me répondit que c'était une planche de salut qui se présentait pour la Reine, et que je devais profiter de cette circonstance pour la raccommoder avec l'Empereur. Ma réponse fut que je m'en garderais bien, que j'étais convaincu que ma démarche déplairait à la Reine, et que je n'avais pas accepté, de madame de Krüdner, l'occasion de rencontrer l'empereur Alexandre chez elle, comme elle avait bien voulu me l'offrir.

— « Vous avez eu grand tort, me dit le duc; il y a des situations qui sortent de la ligne ordinaire du devoir, et où l'on doit servir ses amis malgré eux. La position de la Reine est affreuse : sans appui, sans soutien, il n'est pas un coin de l'Europe où elle puisse trouver la tranquillité, si une des quatre grandes puissances qui se partagent, par l'exil, la famille de l'empereur Napoléon, ne soutient la reine Hortense. Il faut que, sans plus hésiter, elle se donne à la Russie, parce que son souverain est encore le meilleur de tous. Il y a toujours de la ressource avec un aussi noble cœur que celui de l'empereur Alexandre. Je sais bien, ajoutait le duc de Vicence, que le climat de ses états est trop rigoureux pour que la Reine, avec sa santé délicate, puisse habiter la Russie; mais il lui suffirait d'avoir un passe-port de l'ambassade russe, et l'appui du souverain, pour être bien venue partout. »

— « C'est possible, lui répondis-je; mais pour que cette protection fût acquise à la Reine, il faudrait qu'elle la demandât; et comme elle ne fera jamais cette démarche, je ne me risquerai certainement pas à la faire, pour être réprimandée de sa part. Je sais, monsieur le duc, que la Reine a beaucoup d'amitié pour vous, beaucoup d'estime pour votre caractère, et de déférence à vos conseils. Mais, ayant la certitude que, dans pareille circonstance, elle a refusé de se rendre à vos avis, vous me permettrez de ne pas les suivre, en son absence et contre ses intentions.

— » Elle vous en saurait gré plus tard.

— » J'en doute, vous ne connaissez pas, comme moi, son caractère ; elle est d'une fermeté de volonté remarquable sur les choses raisonnables et réfléchies. Les gens qui l'entourent, subjugués par sa douceur et sa bonté, peuvent se croire quelquefois de l'influence sur elle : lorsque, sur un objet dont elle n'a pas encore envisagé toutes les faces et arrêté ses idées, on lui en présente une bonne qui ne lui serait pas encore venue, elle l'adopte volontiers si elle l'a trouve juste et sensée ; mais quand son opinion est arrêtée, fixée sur une chose qu'elle croit de son devoir et de sa dignité, nulle puissance humaine ne la ferait revenir d'une détermination qu'elle aurait prise ; et aller contre serait s'exposer à la mécontenter et à encourir ses reproches.

— » Mais au moins, comme de vous-même, voyez l'empereur de Russie ; vous en avez le moyen, profitez-en pour dissiper les mauvaises impressions qu'on peut lui avoir données méchamment contre la Reine ; cette démarche va à votre cœur et ferait connaître votre dévouement si tant de fois vous n'en aviez fait preuve. Il est bien nécessaire, ajouta le duc, que si l'Empereur n'a pas à se plaindre d'elle, il ne se mette pas du nombre de ses ennemis et de ses persécuteurs. »

Je cédai aux instances du duc de Vicence et je lui promis d'aller auprès de madame de Krüdner, et d'y voir l'empereur Alexandre, comme elle me l'avait proposé. Je me rendis le soir même chez elle, avant l'heure où il y venait ordinairement. « Je suis bien aise que vous vous soyez décidée à le voir, me dit-elle, car, je le repète, il n'y a que sous sa protection que l'on puisse être à l'abri de tant de malheurs qui menacent encore : de grands crimes ont été commis, il faudra qu'il y ait des expiations, des victimes, et notre mission est, si nous ne pouvons en diminuer le nombre, d'obtenir du ciel le salut de tant d'âmes pécheresses. »

J'avoue que, dans ce moment, je n'étais pas aussi loin de la terre que cette bonne madame de Krüdner; j'oubliai un peu le monde à venir pour repasser dans mon esprit tant d'entretiens si agréables que j'avais eus, il y avait une année, avec l'empereur Alexandre, et il m'en coûtait, en le revoyant, d'avoir à peser mes paroles, à m'armer de toute la dignité et de toute la réserve que la Reine elle-même m'eût imposées. Cette obligation de calculer ce que j'avais à dire, qui était si loin de ma manière d'être ordinaire, m'était pénible, et ce fut avec émotion que j'entendis les pas de l'empereur de Russie.

Il fut poli et froid. Je restai dans l'attitude cérémonieuse convenable. Madame de Krüdner lui dit que, connaissant les bontés dont il m'avait honorée autrefois, elle avait pensé qu'il ne serait pas fâché de revoir une ancienne connaissance, contre laquelle on lui avait peut-être inspiré d'injustes préventions.

Je pris alors la parole pour dire à l'empereur Alexandre, que si ses préventions n'eussent porté que sur moi, je ne me serais pas crue assez digne de son attention pour chercher à les dissiper; mais que, comme elles portaient sur la Reine, j'avais cru de mon devoir, envers elle et envers lui, de faire mon possible pour qu'il lui rendît toute la justice qu'elle méritait.

— « J'ai toujours, pour la reine Hortense, la même amitié que j'avais conçue pour elle, me répondit-il; mais j'avoue franchement que je n'aime pas que des femmes veuillent se mêler de politique, comme des hommes d'état, et sous ce rapport, la Reine a été tout à fait différente de ce que je la croyais.

— » Mais, sire, qu'a-t-elle donc fait qui n'ait pas été d'accord avec les qualités et le caractère que votre majesté s'était plu à lui reconnaître ; car il est des positions où, quoi qu'on fasse, on se trouve lié aux événements politiques ?

— » Sûrement ; mais après *avoir reçu des bontés du roi de France* la permission de rester à Paris, la Reine ne devait pas se mêler aussi activement qu'elle l'a fait à tout ce qui s'est passé.

— » Dites : de *vos bontés*, sire, car vous ne pouvez pas avoir oublié que la Reine ne voulait rien recevoir des Bourbons, et que ce n'est qu'à vos instances qu'elle a cédé, en acceptant ce que vous leur imposiez pour elle.

— » N'importe de qui elle l'avait accepté, elle ne devait pas rester à Paris, l'empereur Napoléon y revenant.

— » Je ne sais pas politiquement ce qu'elle aurait dû faire ; mais fille et sœur de l'Empereur, ses devoirs auraient toujours, pour elle, marché avant tous ses intérêts ; et si la Reine les a remplis activement, ce n'est pas au moment du triomphe, mais lorsque le malheur est venu, en allant à la Malmaison partager les dangers de celui à qui elle devait tout, en veillant à sa sûreté, et en adoucissant les chagrins de ces derniers jours de crise...

— » Ce rôle était bien digne de la reine Hortense, dit l'Empereur, en quittant le ton sec qu'il avait pris d'abord; et si je pouvais lui être agréable en quelque chose, je le ferais volontiers. » En prononçant ces mots, sa physionomie me parut avoir repris l'expression gracieuse qui lui était habituelle; il me sembla le retrouver tel que je l'avais vu autrefois, et l'idée que le sort de la Reine dépendait peut-être de ce moment et de ce que j'allais dire, produisit sur moi une vive émotion. Je me rappelai les conseils du duc de Vicence, ce partage fait des membres de la famille impériale entre tous les souverains; et je me demandai pourquoi ce ne serait pas l'empereur de Russie qui présiderait aux destinées errantes de ma pauvre Reine. « Sire, allais-je lui dire, vous pouvez tout pour elle, pourquoi ne seriez-vous plus son protecteur, son appui, son refuge contre l'injustice des hommes et de la fortune? »... Mes pensées furent rapides comme l'éclair; mais, me retraçant les sentiments amers de la Reine à son départ, je rentrai dans la dignité que je m'étais imposée pour elle, et, guidée par la crainte de lui déplaire, je répondis à l'Empereur : « Il sera sûrement fort agréable à la Reine, sire, de connaître l'intérêt que votre majesté lui porte encore ; mais quant à recevoir un service de quelqu'un, ou recourir à la protection de qui que ce soit, elle a bien prouvé, en partant comme elle l'a fait, que ce n'était pas son intention. Elle a eu à peine le temps de se pourvoir des effets qui lui étaient nécessaires, n'ayant pas même pu emporter avec elle ses bijoux, qui sont à présent sa seule fortune, et qu'elle ne voulait pas exposer aux hasards du voyage.

— » Je suis fâché que, dans cette circonstance, elle n'ait pas eu l'idée de s'adresser à moi ; et si vous vouliez lui envoyer ses bijoux, je me ferais un plaisir de les lui faire parvenir d'une manière sûre.

— » Je remercie votre majesté de son obligeance. Je viens de déposer les objets précieux, appartenant à la Reine, chez M. Chodron, mon notaire, et comme on ignore ce dépôt, j'ai lieu d'espérer qu'il y sera en sûreté. Pour le moment, elle n'en a pas besoin ; une seule parure de rubis entourée de diamants, qui est la première chose dont elle veut se défaire, voyagera avec moi, car c'est sur le produit qu'on en tirera qu'elle compte vivre un certain laps de temps.

— » Il serait peut-être plus sûr encore de me la confier pour la faire parvenir à la Reine, reprit l'Empereur (1). » Je lui répondis que, voyageant avec un de mes frères, je devais croire qu'il ne m'arriverait pas d'accidents ; je le remerciai respectueusement et je me retirai. Rentrée chez moi, je préparai tout pour mon départ et je rangeai très-soigneusement la parure, qui plus tard fut démontée et vendue au quart de sa valeur, comme tout ce dont la Reine s'est défait. La somme produite par la vente du collier fut placée chez un banquier, qui fit banqueroute. C'est ainsi que les débris même de son ancienne fortune manquaient encore à la Reine et ajoutaient à ses nouveaux

(1) Ayant refusé à l'empereur Alexandre ce léger service, son bon cœur et son désir d'obliger la Reine et le prince Eugène se retrouvèrent dans une autre occasion, qu'il s'empressa de saisir. Plusieurs beaux tableaux, qui étaient restés à la Malmaison, avaient été donnés par l'empereur Napoléon à l'impératrice Joséphine, ils provenaient des conquêtes. L'électeur de Cassel réclamait ces tableaux ; l'empereur Alexandre, pour éviter qu'on ne s'en emparât, les fit porter chez lui, puis il les acheta du prince Eugène et de la Reine.

malheurs des ennuis d'affaires qu'elle n'aurait jamais dû connaître.

Je revis encore madame de Krüdner. A présent que je réfléchis à tout ce qui est arrivé de malheureux, après le retour des Bourbons en 1815, je ne comprends pas comment cette femme si bonne, si sensible, si bienfaisante, si compatissante aux souffrances du genre humain, ne chercha pas à soustraire quelques victimes aux réactions qui commençaient. Certainement cela était en son pouvoir, si elle avait usé de l'immense ascendant qu'elle avait pris sur l'esprit de l'empereur Alexandre; elle aura sans doute compté pour peu de chose la destruction de ce corps périssable, et se sera peut-être contentée de prier pour ces âmes rappelées instantanément devant leur juge suprême. Car il n'est pas possible de douter d'un cœur comme celui de cette créature angélique. On ne peut non plus mettre en doute l'empire qu'elle exerçait sur l'esprit du plus puissant des souverains réunis à Paris, empire tout moral, basé sur l'élévation des sentiments de cette femme remarquable par ses vertus, par cette piété exaltée qui la détachait entièrement des intérêts de ce monde, par cette éloquence entraînante qui versait dans l'âme du potentat le mépris des grandeurs, pour y placer en première ligne les pieuses convictions dont sa nouvelle amie faisait passer les consolations dans son cœur.

C'est de madame de Krüdner qu'est venue la première idée de la sainte-alliance, dont on a fait depuis un principe politique. Un soir que j'étais près d'elle, et qu'elle me contait le sujet de ses entretiens avec l'empereur Alexandre, elle me fit part qu'elle l'exhortait à arborer la bannière du Christ. « Le règne du Sauveur viendra, sire, lui disait-elle, gloire et bonheur à ceux qui auront combattu pour lui ! Malédiction et malheur à ceux qui se seront élevés contre lui ! Formez une alliance sainte de tous ceux qui sont fidèles à la foi ; qu'ils jurent de combattre d'un commun accord tous ces novateurs qui veulent abattre la religion, et vous triompherez éternellement avec elle !... »

Je ne sais si c'est d'après ses conseils que l'empereur Alexandre se conduisit ; toujours est-il que, partant pour aller en Champagne passer une revue générale de toutes ses troupes, il exigea de madame de Krüdner qu'elle l'accompagnât, et qu'elle passât avec lui l'inspection de ces nombreux bataillons et escadrons réunis pour recevoir les encouragements et les grâces de leur maître. Certes, nul homme au monde ne craignait plus que l'empereur de Russie le ridicule, que l'on sait si bien répandre en France sur ce qu'il y a de plus respectable et de plus sacré, comme sur ce qu'il y a de plus blâmable ou de plus burlesque; pour le braver, comme il le faisait, en affichant ainsi ses relations avec madame de Krüdner, il fallait que le besoin de sa présence et de son approbation l'emportât sur tout. Car l'âge, le visage de la pieuse inspirée, ses cheveux blonds jadis, aujourd'hui argentés; le tout ne formait plus d'elle une conquête à produire aux yeux des méchants qui auraient pu vouloir malignement interpréter ces relations.

XV.

Une tache éternelle. — Pressentiment au sujet de M. de Lavalette — Madame Dépréville et sa fille. — Libéralités de la Reine. — Le mobilier ambulant. — Le docteur Léveillé. — La duchesse de Raguse. — *Notre Dame des exilés*. — L'abbé Bertrand. — M. Appel, chevalier au visage de Kalmouk. — *La poulet* et *le demoiselle*. — La confusion des genres. — Le bonheur d'un puriste. — M. de Canouville. — On conspire pour le duc d'Orléans. — La bienfaisance en route. — L'infortune soulage la misère. — Fausse alarme. — Attentat contre la Reine par les gardes royaux. — M. de Na... et M. de Nan...., principaux auteurs du désordre. — Les grandes dames de Dijon. — Affreuse situation. — Les rodomontades de ces messieurs. — Le général Liger Belair et son stratagème. — Les rages d'un garde-du-corps. — Scènes de regrets, *les bons s'en vont, les mauvais restent.* — La Reine obligée de protéger sa sauve-garde. — Le vieillard incrédule et les bons paysans. — Genève enfin !

Revenons à cette bonne Reine, que l'on a vue se mettre en route, et qui, en partant, avait du moins pu emporter la consolation que l'empereur Napoléon ayant quitté à temps Paris, était en sûreté, et que les soins qu'elle lui avait prodigués avaient eu le résultat qu'elle désirait, celui d'assurer sa retraite. Hélas! si son départ eût retardé de vingt-quatre heures, elle aurait appris, par les journaux du 18 juillet, la nouvelle positive de l'arrestation de l'empereur Napoléon sur le Bellérophon, bâtiment de guerre anglais, auquel il s'était donné volontairement. Cette violation du droit des gens a laissé sur une grande nation une tache éternellement indélébile. La Reine ne le sut que beaucoup plus tard; moi j'en fus accablée : qu'allait devenir l'Empereur? quel serait son sort, à présent que des ennemis sans honte levaient le masque et foulaient aux pieds toutes les convenances et le respect que l'on doit à un ennemi vaincu?

Ce nouveau malheur fut bientôt suivi d'un autre, qui vint aussi me frapper au cœur : Lavalette, le bon, l'aimable, le digne Lavalette fut arrêté le 20 juillet; et l'inquiétude que j'en éprouvai pour lui fut, hélas! le triste pressentiment du sort qui le menaçait, et auquel il n'échappa plus tard que miraculeusement, et par le sang-froid et le dévouement de sa femme.

J'avais hâte de quitter Paris, de fuir les

réactions, plus encore que je ne désirais joindre la Reine. Je pressai le plus possible les arrangements que j'avais à terminer, et grâce aux leçons de la bonne madame Dépréville, je parvins, au bout de quelques jours, à m'éloigner de la capitale, où j'avais passé de si heureuses années.

Comme je n'écris pas pour parler de moi, mais pour rendre compte des faits historiques venus à ma connaissance dans la position exceptionnelle où le sort m'a placée, et pour raconter mes relations avec les personnes marquantes de notre époque, tous les faits qui ne regardent que moi seule sont passés sous silence ; mes impressions, mes affections, le nom de mes plus chers amis resteraient ignorés, s'il n'arrivait que de temps en temps ils se lient à ce que j'ai à raconter ; c'est pourquoi le nom de madame Dépréville n'a point encore trouvé place dans ce récit.

Née pour un meilleur sort, madame Dépréville avait été frappée comme tant d'autres par les malheurs de la révolution, et se trouvait dans un état voisin de la gêne, lorsque j'obtins de la Reine de la prendre pour sa première femme. Elle soignait les atours de la Reine, et en avait toujours été traitée avec une bonté et des égards particuliers. Madame Dépréville mangeait seule chez elle, et n'avait de relation avec les autres personnes du service que lorsque ses devoirs près de la Reine le nécessitaient. Sa fille, qui était comme elle une bonne et aimable personne, fut, par une faveur toute spéciale accordée à la protection de la Reine, placée comme dame à l'institut de la Légion-d'Honneur, à Saint-Denis. J'eus le bonheur d'avoir contribué au bien-être de deux amies si chères, en les ayant fait connaître à la Reine, qui avait un tact si parfait pour apprécier le vrai mérite partout où elle le rencontrait. La présence de madame Dépréville dans la maison de la Reine avait été pour moi, pendant de longues années, un véritable bonheur, et lorsque les malheurs arrivèrent, ce fut près d'elle que je trouvai consolation et dévouement : en mon absence, c'était elle qui soignait les affaires de la Reine, et cette fois-ci encore, je lui remis la responsabilité et les embarras de tout ce que la Reine laissait, et de plus mes propres affaires ; car j'avais aussi mes petits intérêts à soigner. Le peu que je possédais, je le devais à la Reine. En 1813, dans un moment où les fonds publics étaient bas, elle m'avait acheté cent louis de revenu sur les rentes de l'État. Ce fut là le commencement de ma petite fortune. En 1815, quand la Reine partit, après avoir donné l'ordre de vendre son hôtel, elle nous donna à chacun le mobilier de l'appartement que nous occupions. Le mien était fort joli, fort complet, et ce fut là aussi le commencement de mon ménage. Quant aux meubles de la Reine, ils lui furent envoyés de Paris à Genève, de Genève à Augsbourg, et de cette dernière ville à Rome, suivant partout la vie errante de l'illustre exilée! Mon mobilier resta confié aux soins de madame Dépréville, ainsi que tous les effets de la Reine, que je ne croyais pas en sûreté dans l'hôtel de sa majesté. Elle cacha plusieurs des objets de prix et toute ma correspondance, mes livres et mes papiers, qui étaient ce à quoi je tenais davantage, chez M. le docteur Léveillé, médecin de ma mère, chez lequel ils furent saisis par la police : je dirai plus tard comment et pourquoi. Cette bonne duchesse de Raguse voulut bien m'être utile dans un autre moment, en recueillant chez elle beaucoup de choses qui m'appartenaient ; elle fut parfaite pour moi et pour d'autres personnes de ma connaissance, qui étaient atteintes par le malheur. C'est dans ce temps de réaction, que le surnom de *Notre-Dame des exilés* lui fut décerné par la reconnaissance.

Ma mère devait venir me rejoindre aussitôt que nous serions casés quelque part, n'importe où; je la quittais donc avec moins de regret, pensant qu'elle me suivrait dès que je lui en ferais parvenir l'avis, et qu'elle aurait pris les arrangements nécessaires pour se mettre en route.

Mon frère aîné, Carli, qui avait été payeur à l'armée d'Espagne, se trouvait sans emploi à Paris; c'eût été pour moi une véritable inquiétude que de l'y laisser dans un moment pareil, où tous les jeunes gens se trouvaient exposés lorsque leurs sentiments et leurs opinions ne cadraient pas avec celles qui accueillaient le retour des Bourbons. Sa protection, d'ailleurs, allait me devenir presque nécessaire. Le digne et respectable abbé Bertrand, qui avait le courage moral que donne toutes les vertus évangéliques, mais dont la taille chétive et les dehors n'étaient pas ceux d'une bravoure chevaleresque qui rassure les dames en voyage, allait être mon compagnon. Il est vrai que je devais avoir aussi un aide-de-camp du prince de Schwarzenberg pour sauve-garde ; mais comme je n'avais pas la confiance des dames du faubourg Saint-Germain, dans *leurs amis nos ennemis*, j'étais fort aise d'avoir mon frère en quatrième. Aussi, pensant que la Reine ne me désapprouverait pas, je pris sur moi de l'emmener avec nous.

M. Appel, qui avait été désigné pour m'accompagner, était âgé d'une trentaine d'années. Son visage, un peu kalmouck, n'avait rien de beau ni de régulier; mais une expression de bonté et de franchise était l'indice de son caractère. C'était le meilleur et le plus brave des hommes : on le citait peut-être comme un bel homme de guerre ; mais à mes yeux il n'était pas du tout un homme agréable. En voyage, on fait vite connaissance, et nous fûmes bientôt tous les quatre de la meilleure intelligence. M. Appel, avec une grande bravoure, et possédant des talents militaires, était parvenu au grade de chef d'escadron sans être noble, chose assez rare en Autriche. Sa fortune s'éleva par la suite bien autrement haut ! J'aurai occasion d'en parler plus tard.

Il connaissait très-peu la langue française, et ce qui l'embarrassait davantage, c'était la différence des genres ; il ne manquait jamais de dire *un demoiselle et une poulet.* Le bon abbé Bertrand, qui était un véritable puriste, ne pouvait pas oublier qu'il avait été maître de langue française à Saint-Germain, chez madame Campan ; et, par suite de cette habitude d'enseignement, il saisissait toutes les occasions de reprendre M. Appel, qui prenait la chose à merveille. A chaque objet qui se présentait, il lui disait d'avance : *ceci est un monsieur, ceci est une dame ;* et, d'après cette indication, M. Appel se servait de l'article féminin ou de l'article masculin. Il finit par s'attacher réellement à nous, et, plus tard, nous nous en séparâmes avec un véritable regret. Je devais par reconnaissance lui en témoigner plus qu'un autre, car je puis dire sans vanité que j'étais fort de son goût, et qu'il me trouvait très-aimable.

Au moment où nous allions monter en voiture pour quitter Paris, M. l'abbé Bertrand, qui était en retard, hâtait le pas pour gagner le rendez-vous. Il rencontra M. de Canouville, qui l'arrêta un instant pour lui demander quand il partait. « A l'instant même, monsieur, lui répondit l'abbé, et je vous demande bien pardon si je vous quitte aussi vite.— Vous allez rejoindre la reine Hortense ? —

Oui, monsieur. — Eh bien! dites-lui de ma part qu'elle ne s'inquiète pas de son éloignement; tout ceci ne peut pas durer; les Bourbons seront chassés avant un an peut-être; ils seront remplacés par le duc d'Orléans, car on travaille activement pour lui; et lorsqu'il sera sur le trône, la Reine pourra revenir si elle le désire, rien ne s'y opposera; ainsi donc mettez mes hommages à ses pieds, et dites-lui que je compte bien la revoir ici *l'année prochaine.*

L'abbé, tout enchanté de cette perspective, monta en voiture un peu consolé. Ces messieurs vinrent m'attendre à la barrière, où je leur avais donné rendez-vous. J'avais aussi une course indispensable à faire; je n'avais pas voulu partir sans revoir madame de Krüdner, sans l'embrasser une dernière fois; je passai avec elle une heure, qui dut paraître bien longue à mes compagnons de voyage. Leur impatience était au comble, quand j'arrivai enfin, ayant pressé de toute mon éloquence le cocher de fiacre qui me conduisait près d'eux.

Une fois hors de Paris, je n'eus plus qu'une pensée, celle de rejoindre la Reine au plus vite; malgré la présence de M. de Voyna près d'elle, je m'inquiétais de son voyage. Les avis qu'on lui avait donnés au moment de son départ me revenaient à l'esprit, et à chaque relais je demandais des nouvelles de toutes les voitures de poste qui étaient passées.

Mes propres impressions, pendant le voyage, me peignaient celles qu'avait dû éprouver la Reine sur cette même route ; partout des uniformes étrangers, des chaumières désertes, les paysans attristés, mendiants sur le seuil de leurs maisons ravagées par la guerre de 1814. La Reine s'était arrêtée près d'eux, avait soulagé leur misère, leur avait parlé avec cette bonté qui lui gagnait tous les cœurs : c'était en comptant les infortunes qu'elle avait soulagées que je trouvais sur la route les traces de son passage.

A deux journées de Paris, on nous dit que des voyageurs avaient été arrêtés ; le cœur me battit violemment, et je ne fus rassurée, que lorsque j'appris que c'étaient des Anglais.

Des corps francs, qui existaient dans les départements que nous traversions, avaient essayé d'opposer aux ennemis une résistance inutile après que Paris avait été livré, et c'était dans une de ces collisions, que des voyageurs anglais, traités comme appartenant à une nation ennemie, avaient été arrêtés.

Mais en approchant de Dijon, mes inquiétudes devinrent une véritable terreur; j'appris qu'une espèce d'émeute avait eu lieu dans cette ville, et y avait été occasionnée par la présence de la reine Hortense; qu'elle avait failli être assassinée, ainsi que ses enfants, par des gardes royaux, parmi lesquels on nommait M. de Nan... comme fauteur de tout ce désordre; la Reine n'avait dû d'échapper à ce danger, qu'à l'intervention des Autrichiens appelés à son secours par l'officier qui accompagnait S. M., et qui avait employé la force pour parvenir à lui faire continuer sa route, malgré ceux qui voulaient s'y opposer.

J'étais toute tremblante en écoutant ces détails; je me les fis raconter de nouveau à Dijon, où je m'arrêtai dans le même hôtel où la Reine était descendue; on y ajoutait que ceux qui avaient fait cette scène n'étaient autres *que ces forcenés de gardes royaux et de belles dames, dont les cheveux étaient ornés de fleurs de lis,* mais *que les braves gens* en avaient le cœur tout navré, et qu'on en voyait qui pleuraient sur la porte de leur boutique, en s'in-

quiétant comment finirait ce tumulte. Il est
sûr que le sentiment affectueux du bon peuple
a toujours été, dans la plus grande partie de la
France, pour l'Empereur et pour sa famille.
Lorsque je rejoignis la Reine, voici ce qu'elle
me conta sur ce qu'il lui était arrivé à Dijon :

Il faisait encore jour lorsqu'elle s'arrêta dans
cette ville ; quelques personnes entourèrent
sa voiture au moment où elle en descendit ;
elle ne s'en étonna pas, c'était toujours ainsi
lorsqu'elle s'arrêtait, et partout elle recueillait
des témoignages d'intérêt et d'affection. Cette
fois, il lui sembla voir sur les physionomies
des gens qui se plaçaient sur son passage quelque chose de sinistre et de malveillant, qui
lui parut étrange et de toute nouveauté pour
elle. En montant l'escalier pour se rendre
dans son appartement, elle vit une porte s'ouvrir, une dame fort élégante parut, et dit à
haute voix : « Ah! la voici! c'est elle! » et la
porte se refermant brusquement, ne permit
pas à la Reine de voir quelles étaient les personnes auxquelles ces paroles s'adressaient.
En même temps que la Reine descendait de
voiture, une avant-garde des troupes autrichiennes arrivait à Dijon ; l'officier qui la
commandait se trouvait de la connaissance de

M. de Voyna, qui s'empressa de le présenter à la Reine aussitôt qu'elle fut installée dans son appartement; sa chambre était au premier étage, d'où elle vit la foule se grossir sous les fenêtres de l'auberge, et au milieu de cette foule, un rassemblement qui lui parut de bonne compagnie, de femmes mises avec recherche ainsi que le petit nombre d'hommes qui les accompagnaient. Tout ce monde était arrêté et criait *vive le roi*. Elle ne voyait jusque-là, dans ces vociférations, qu'une insulte de mauvais goût, lorsqu'un bruit étrange attira son attention vers la porte de la chambre où elle se trouvait alors avec ses deux enfants et le commandant autrichien, qui leur parlait allemand; M. de Voyna venait de sortir pour se promener dans la ville et y acheter une paire de lunettes dont il avait besoin.

La Reine reconnut la voix de ses domestiques; ils refusaient l'entrée de son appartement, qui fut forcée, et au même instant elle vit paraître, non sans étonnement, quatre officiers qui s'approchaient, le visage en feu, et les yeux étincelants; l'un d'eux lui dit d'une voix menaçante : « Madame, vous êtes notre prisonnière. — Et de quel droit, monsieur

— Du droit que nous donnent les ordres que nous avons reçus de vous arrêter.

— Soit! messieurs, comme je n'ai rien à opposer à la force, je suis votre prisonnière; et la Reine, en prononçant ces mots, s'assit tranquillement en rapprochant ses enfants d'elle.

— Qu'est-ce que cela signifie, messieurs, dit le commandant autrichien qui était présent; qui commande ici? est-ce vous ou moi? madame partira quand il lui conviendra, et sans que personne ait le droit de l'en empêcher! » Les gardes royaux pâlirent de colère, entendant cette déclaration énergique, et quoiqu'elle fût pour la Reine une chance de sécurité, elle éprouva une véritable mortification, que ces paroles fussent adressées, devant elle, à des officiers français par un commandant étranger.

Au même instant M. de Voyna rentra; une altercation assez vive s'engagea entre lui et ces messieurs, qu'il entraîna hors de l'appartement. On ne sait comment eût fini cette querelle, sans la présence de l'avant-garde autrichienne, car il n'y avait pas moyen de faire entendre raison à ces gardes royaux. Ils s'étaient emparés de la voiture de la Reine; ils y avaient placé deux des leurs à côté des portières, pour l'empêcher de partir, et s'approprier *les millions* qu'ils prétendaient qu'elle emportait. Le commandant autrichien fit placer un poste dans l'auberge, reprit la voiture aux gardes royaux, et fit évacuer les abords de la maison, qu'une foule d'élégants encombraient encore en criant *vive le roi !* Les belles dames répétaient, en s'éloignant, qu'elles ne se seraient jamais attendues à ce dont elles venaient d'être témoins, que des Autrichiens empêchassent de crier *vive le roi !* Les gardes royaux ne se laissèrent pas décourager; ils tinrent bon dans l'auberge, et s'y établirent dans une grande salle où ils passèrent la nuit à boire. On les entendait aller et venir, en criant, brandissant leurs sabres et laissant traîner les fourreaux sur leurs pas, afin d'augmenter le bruit et de faire plus d'effet. Au sentiment pénible qu'éprouvait la Reine, de penser qu'elle était menacée par des Français et protégée par des étrangers, se mêlait une espèce de honte, de voir le ridicule dont se couvraient ces jeunes gens, en tête desquels se trouvaient un M. de Nu... et un M. de Nan...

La Reine avait vu souvent les plus braves,

les plus renommés de nos officiers revenir des armées après avoir fait de grandes choses, et rentrer dans la vie privée avec le juste orgueil de leur gloire acquise; elle comparait la simplicité de leurs manières aux rodomontades de quelques écervelés, s'armant pour s'emparer d'une femme et de deux enfants. C'était vraiment à faire pitié! On aurait ri, si cela n'eût fait plutôt hausser les épaules. Comme ils étaient en nombre, on voyait arriver le moment où il faudrait en venir aux mains. MM. de Marmold et de Voyna s'armèrent ainsi que le domestique de la Reine, et ils passèrent la nuit en faction à sa porte, non sans inquiétude.

A une heure assez avancée de la nuit, l'avant-garde à laquelle M. de Voyna avait eu recours, partit pour faire place au corps d'armée qu'elle précédait et qui arrivait presque en même temps. M. de Voyna, n'ayant pas d'ordre écrit, était assez embarrassé de savoir comment il se ferait reconnaître des nouveaux venus; il regardait que son honneur et sa responsabilité étaient également engagés à faire respecter la Reine, et à remplir sa mission, qui était de l'accompagner dans son voyage.

Aussitôt que l'avant-garde qui protégeait la

Reine fut partie, les gardes royaux reprirent toute leur audace, et plusieurs d'entre eux coururent au-devant des Autrichiens qui arrivaient. Ils leur dirent qu'ils étaient chargés, en vertu d'ordres supérieurs donnés par le comte d'Artois, d'arrêter la Reine et ses enfants; qu'ils avaient cru trouver secours près des Autrichiens pour atteindre leur but; mais que la Reine avait avec elle un officier français qui se faisait passer pour Autrichien et qui était parvenu à le persuader au commandant de leur avant-garde, qui lui avait prêté main-forte contre eux, etc., etc.

Le commandant des nouvelles troupes autrichiennes se rendit à l'auberge, persuadé de tout ce qui venait de lui être dit, et prêt à donner aux gardes royaux toute l'assistance qu'ils réclamaient; heureusement, c'était encore une des connaissances de M. de Voyna, qui n'eut pas de peine à rétablir les faits et à s'entendre avec lui sur ce qu'il y aurait à faire. Ce qu'il fallait éviter, c'était d'en venir aux prises. Après s'être concertés, ayant appris que le nouveau lieutenant-général, nommé par le Roi, venait d'arriver dans la même nuit à Dijon, ils se rendirent chez lui, pour lui expliquer ce qui se passait et obtenir qu'il s'interposât afin de rétablir l'ordre, et de mettre la Reine à même de partir quand il lui plairait. Ce général était un ancien militaire, bourbonniste prononcé, on ne savait trop pourquoi, mais au fond très-brave homme ; il était dans ses intentions de faire le bien et d'éviter tout désordre ; mais dans ces premiers moments, les passions politiques étaient tellement déchaînées, qu'il fallait encore prendre des précautions pour faire son devoir sans qu'on vous en sût mauvais gré parmi les énergumènes qui faisaient partie de la faction dominante; car les dénonciations contre les autorités qu'on ne supposait pas *pures royalistes* se succédaient avec rapidité. — M. Liger Belair (c'est ainsi que se nommait le nouveau général) ne trouva rien de mieux, pour éviter une collision entre les Autrichiens et les gardes royaux, que d'envoyer à ces derniers un ordre de se rendre immédiatement à une revue, qu'il fit sur la place, de tous les militaires qui se trouvaient à Dijon pour quelque motif que ce fût.

Pendant ce temps, M. de Voyna fit hâter le départ de la Reine, qui emporta de cette ville un souvenir très-pénible. M. de Nan..., comme garde-du-corps, arrivant de Paris, resta à l'auberge à surveiller ce qui se passait; sa rage ne connut plus de bornes lorsqu'il vit que sa proie allait lui échapper, et les gestes les plus menaçants accompagnèrent les paroles furieuses qu'il adressait à M. de Voyna et à la Reine qui s'éloignait, suivie et protégée par une escorte autrichienne.

A quelques lieues de là, elle trouva le quartier-général de l'armée d'occupation. Plus loin, il n'y avait plus de troupes autrichiennes, et ce fut au tour de la Reine de protéger M. de Voyna : les habitants des campagnes quittaient leurs travaux pour se précipiter au-devant de sa voiture ; on lui jetait des bouquets d'œillets rouges par la portière, et les cris de *vive l'Empereur!* l'accueillaient partout. A un relai, elle entendit ces paroles : « *Les bons s'en vont, les mauvais restent.* »

A Dôle, une émeute d'un genre diamétralement opposé à celle de Dijon attendait la Reine : le peuple, par affection, ne voulait pas laisser partir M. de Voyna, et il courut un véritable danger. En voyant un officier autrichien avec la Reine, on crut que c'était lui qui la conduisait prisonnière, et ni plus ni moins on voulait le tuer pour la délivrer. Elle eut mille peines à faire comprendre à ces braves gens que c'était volontairement qu'elle s'éloignait, que M. de Voyna l'accompagnait, et qu'elle lui avait déjà de grandes obligations; il fallut qu'elle parlât elle-même à la foule qui se pressait autour de sa voiture. Un vieillard, d'une figure on ne peut plus respectable, qui portait la parole pour les autres, et qui faisait répéter à la Reine ce qu'elle avait tant de peine à leur persuader; lui répondit : — « Bien vrai, ce que vous dites là ? car, voyez-vous, vous n'avez qu'un mot à dire ! » La Reine remercia ses officieux protecteurs et arriva enfin à Genève, où je la rejoignis trois jours après.

Elle descendit à l'hôtel du Sécheron, et, pour faire moins de dépense à l'auberge, elle envoya tout de suite ses chevaux à sa campagne de Prégny, qui était située à très-peu de distance, dans une des plus belles positions des bords du lac. Elle comptait aller s'y installer dans quelques jours, lorsque je serais arrivée, ainsi que les effets et les meubles qu'elle attendait de Paris.

XVI.

Le bonheur dans un châlet. — Courtes illusions. — Ordre de quitter Genève. — M. de Voyna parlemente. — Les petits potentats inexorables. — Un sursis. — Madame-Mère et le cardinal Fesch. — Les *vivat* qu'il faut éviter. — Une visite à la montagne. — M. Gausse ou l'ermite docteur. — Le vrai misanthrope. — Un proscrit au désespoir. — Le passe-port de M. Gabriel Délessert et le rouleau de pièces d'or. — Caractère des Genevois. — Les petits chiens aboyant après les gros qui ont une patte cassée. — Le coup de pied de l'âne. — Une visite à Coppet; madame de Staël et sa fille. — Deux millions prêtés par Necker aux Bourbons. — Circonspection et franchise. — Un mot de madame de Staël sur Napoléon. — Le duc et la duchesse de Bassano, fugitifs. — Voyage à Prégny. — Le rêve du châlet est détruit. — Le baron de Talleyrand. — Ordre de départ. — Cruelle situation; embarras de M. de Voyna. — *Jetez-moi dans le lac*, dit la Reine. — Une grande grâce. — La Reine se rend à Aix. — Le comte de Sellon. — Une rouerie diplomatique. — La parole tenue.

La Reine commençait à respirer, car elle se supposait au terme de son voyage, et se croyait dans un lieu de repos; ses passe-ports, signés par les ambassadeurs de toutes les grandes puissances de l'Europe, la dirigeaient vers la Suisse, pays libre qui était resté étranger à la guerre, et où son imagination lui avait toujours représenté le vrai bonheur dans un châlet. Les illusions de la Reine ne furent pas de longue durée. Dès le lendemain de son arrivée, le gouvernement de Genève lui fit signifier qu'elle eût à s'éloigner, vu qu'il ne lui était pas permis de séjourner sur le territoire de la république. M. de Voyna parlementa; il s'appuya sur les passe-ports, sur l'ordre positif de son souverain, qui lui enjoignait de ne quitter la Reine que lorsqu'elle serait en sûreté dans la Suisse, qu'elle avait désignée pour sa résidence. *Les potentats*, placés à la tête du nouvel état de douze lieues carrées, ne voulurent rien entendre. M. de Voyna était furieux. Que devait-il faire? Il ne pouvait ramener la Reine en France, ni la conduire ailleurs qu'en Suisse, puisqu'elle n'avait pas de passe-ports pour un autre pays. Il demanda le temps d'écrire à Paris pour recevoir de nouveaux ordres; on lui accorda quelques jours, qu'il mit à profit à cet effet.

Madame-Mère et le cardinal Fesch, auxquels on avait donné des passe-ports pour l'Italie, et qui étaient aussi sous la sauvegarde d'un officier autrichien, arrivèrent à Genève le 25 juillet; ils s'y arrêtèrent un jour pour dîner avec la Reine. Madame-Mère, qui était très-fatiguée, aurait bien désiré se reposer quelques jours; mais on ne le lui permit pas, et le 27 elle continua sa route avec son frère le cardinal.

Le lendemain, de bonne heure, M. de Voyna se présenta chez la Reine; il avait l'air fort embarrassé. « Je ne sais, lui dit-il, où votre majesté passera sa journée, mais elle ne peut rester ici : il doit y avoir, aujourd'hui même, dans cette auberge, un dîner de corps d'officiers suisses, en réjouissance de *leur délivrance*; et vous seriez exposée, madame, à entendre des toasts et des vivats qui vous seraient pénibles.

— Mais où aller?... Y a-t-il quelques curiosités à visiter dans les montagnes environnantes?

La Reine ne vit rien de mieux que de faire une course au haut du Salis, ce mont nu et isolé qui domine Genève du côté de la Savoie. Elle partit du Sécheron avec M. de Marmold, M. de Voyna et ses deux enfants. Elle laissa sa voiture dans un village où elle déjeuna, et prit ensuite le premier sentier dont la direction semblait lui promettre la vue du magnifique panorama qui se déroule au pied de la montagne. Tout à coup le sentier qu'elle suivait au milieu d'une nature agreste, devint moins rapide et moins sauvage; une haie d'arbustes, régulièrement taillés, le bordait, et un doux parfum de fleurs arrivait jusqu'à elle. Bientôt elle aperçut un enclos, dont la porte avait été murée et l'abord rendu impraticable. Un petit vieillard, d'une figure originale, était le propriétaire de ce singulier ermitage. Quand la Reine en approcha, il était comme embusqué derrière une espèce de murger, d'où il la voyait venir. A son aspect il éprouva une vive surprise et une sorte de dépit, car les visites lui déplaisaient, et il en recevait le moins possible. Cependant, quand il sut la qualité de l'auguste étrangère, il se montra disposé à la bien accueillir, et il descendit de son poste d'observation pour la guider, ainsi que ses enfants, par un passage assez difficile. L'ermite était vêtu d'une étoffe si grossière, qu'on l'eût prise pour de la serge; sa physionomie, très-fine et très-spirituelle, portait l'empreinte de pensées graves et sérieuses. La Reine l'aborda et fut étonnée de trouver, sous des apparences aussi simples, le langage et l'esprit cultivé d'un homme lettré. Cet étrange personnage était un médecin de Genève nommé Gausse... Il avait longtemps exercé son état avec distinction; mais la bizarrerie de son humeur et ses études scientifiques ayant fait grandir chez lui le désir de s'éloigner du monde, il avait fini par se construire un petit ermitage dans un des endroits les plus retirés de la montagne. Cette habitation, qui était recouverte d'écorces d'arbres, n'avait pas plus de huit pieds carrés, et elle n'était élevée que d'un étage. Le rez-de-chaussée lui servait à la fois de cuisine et de salle à manger; un petit nombre d'ustensiles indispensables en garnissaient les murs; une armoire à bascule enserrait l'étroite couchette sur laquelle dormait un domestique. Une échelle de meunier conduisait à la chambrette du dessus. Là était tout l'appartement du docteur-ermite. Une table pour écrire, quelques livres et une couchette pareille à celle du domestique, en formaient tout l'ameublement. Le bizarre vieillard conta à la Reine sa vie solitaire depuis longtemps, et les mécomptes qui avaient porté sa misanthropie à un si haut degré, que la vue de tout être humain lui faisait mal. « C'est bien assez, disait-il, d'être dans l'obligation d'avoir un domestique avec moi. Le bruit des catastrophes qui, du faîte des grandeurs, venaient de précipiter la Reine dans l'exil, était arrivé jusqu'à lui. Il lui exprima avec sensibilité l'intérêt qu'il prenait à sa position, et l'indignation que lui inspiraient les persécutions dont elle était l'objet. Il avait vu l'Empereur autrefois, et conservait dans sa mémoire les plus minutieux détails de la seule occasion qu'il avait eue de se trouver en sa présence. Il parlait de ce souvenir avec une piquante vivacité. Cette rencontre intéressa la Reine, qui ne quitta son singulier hôte que lorsque l'approche de la nuit lui eut donné la certitude qu'elle n'avait plus à craindre d'être témoin des réjouissances qui l'avaient forcée à cette excursion.

Le lendemain matin, M. de Marmold vint de bonne heure informer la Reine qu'un homme exténué de fatigues, dont les pieds étaient ensanglantés et les habits déchirés, avait demandé à lui parler, en ajoutant *à elle seule*. M. de Marmold s'y était refusé, craignant, à l'air égaré de ce malheureux, qu'il n'y eût danger à le laisser pénétrer jusqu'à elle. Il l'avait pressé de questions, auxquelles l'étranger hésitait à répondre. Son accent était français, son langage celui d'un homme bien élevé; ses moustaches indiquaient un militaire; il disait avoir échappé à de grands dangers, et ne voulait cependant se nommer qu'à la Reine. Comme il voyait qu'en insistant pour garder l'*incognito* il n'atteindrait pas son but, il avait fini par avouer qu'il était le général Ameil, et avait confié le récit de ses malheurs à M. de Marmold, qui en avait été vivement touché. Le général Ameil était un de ceux qui s'étaient prononcés le plus énergiquement au retour de l'Empereur, et qui s'étaient réunis à lui des premiers. Son nom se trouvait sur une liste fatale qui venait d'être publiée. Retiré derrière la Loire avec les débris de l'armée, il avait eu connaissance du sort qui le menaçait, et il était parvenu à s'y soustraire en s'évadant. Errant de village en village comme un malfaiteur, il venait de passer la frontière, épuisé de fatigues, sans argent, sans passe-port, ne sachant que devenir. Il était au moment de se brûler la cervelle pour mettre un terme à toutes ses angoisses, lorsqu'il avait appris le séjour de la Reine à Genève. La Reine, comme on le pense bien, fut on ne peut plus douloureusement émue de connaître une position aussi fâcheuse, et elle éprouva la douce satisfaction d'être d'une grande utilité à ce brave et digne militaire. Comme il était sans papiers, elle pensa d'abord à lui en procurer, et le passe-port suisse qu'elle tenait de M. Gabriel Delessert se trouva fort à propos dans ses mains pour cet usage. M. de Marmold le remit de sa part au général Ameil avec un rouleau de pièces d'or. La Reine fit en même temps recommander au proscrit de s'éloigner bien vite; car il était à craindre que les ombrageux et vaniteux magistrats de Genève ne vinssent à savoir qu'il était venu la trouver, ce qui l'aurait exposé à être suivi et peut-être arrêté, tant le zèle de la persécution était ardent chez ces messieurs, et même chez tous leurs concitoyens. Il faut rendre aux Genevois la *justice* de reconnaître qu'ils ont toujours le même dévouement pour tout ce qui règne, et qu'on les voit toujours à propos se ranger du parti du vainqueur. Dans le temps dont je parle, rien ne pouvait égaler leur enthousiasme d'égoïsme pour la sainte-alliance, pour les Bourbons et pour leur restauration. M. de Voyna, qui parfois était caustique, prétendait qu'ils étaient comme les petits chiens, qui aboient après les gros lorsque ceux-ci ont une patte cassée. Il est certain que, dans la situation de la Reine, les mauvais procédés des Genevois pour elle étaient le coup de pied de l'âne.

On ne pouvait être si près de Coppet, où se trouvait madame de Staël, sans avoir le désir de voir cette célébrité littéraire de notre époque. M. de Voyna alla lui faire une visite; il en fut très-bien accueilli, et revint charmé de son esprit, et encore plus des agréments de sa fille, qui alors était une belle et gracieuse personne, dont la présence à Coppet devenait un attrait de plus pour les nombreux visiteurs. M. de Voyna ne manqua pas d'y retourner plusieurs fois. Madame de Staël le chargea de présenter ses compliments à la Reine, et de lui témoigner tous les regrets qu'elle éprouvait de ne pouvoir lui rendre ses devoirs; qu'elle la faisait juge de sa position; que dans ce moment elle poursuivait avec instance une réclamation de *deux millions* qui avaient été prêtés par M. Necker aux Bourbons; que cela devait la rendre très-circonspecte, pour ne pas nuire à ses intérêts. La Reine lui sut gré de sa franchise, et lui fit dire qu'elle serait désolée qu'une démarche pour la voir lui fît tort. La Reine avait d'autant plus de mérite à répondre ainsi à madame de Staël, qu'elle n'avait jamais eu plus de désirs de causer avec elle. Il lui était revenu d'elle un mot qui lui prouvait combien est grande la fascination du succès, puisqu'elle gagnait même un esprit aussi supérieur. Madame de Staël aurait dit de l'Empereur, après les derniers événements : « Vraiment, je ne le comprends plus, je l'avais toujours regardé comme un grand homme ! » Ce doute venait de ce qu'il avait échoué, disait la Reine, et elle aurait tenu beaucoup à prouver à Madame de Staël que, dans ces derniers temps, toutes les paroles, toutes les actions, toutes les démarches de l'Empereur avaient été conséquentes avec le caractère de grandeur empreint dans tout ce qui venait de lui. Elle se croyait sûre de ramener madame de Staël à cette opinion, qui était la sienne, qu'il venait de se montrer plus grand que jamais.

Le jour même où la Reine, dans ses malheurs, avait encore eu la consolation d'être si utile à un de ses compatriotes réduit à la plus déplorable détresse, elle vit arriver le duc et la duchesse de Bassano, qui s'étaient échappés de Paris, ne sachant pas où s'arrêteraient les réactions dont le début était si alarmant.

La duchesse eut le cœur serré en retrouvant la Reine, si seule, sans dames, sans serviteurs auprès d'elle, sans aucune donnée positive pour prévoir le terme de cet isolement. Elle l'accompagna à Prégny, et fit le chemin à pieds en causant. La Reine conservait un peu d'espoir de se retirer dans cette propriété, et elle faisait d'avance ses arrangements et ses distributions pour le moment où elle y établirait sa résidence; elle dut bientôt renoncer à cette idée qui lui souriait tant; car, en rentrant à l'hôtel, elle apprit par M. de Voyna, exaspéré, qu'il fallait partir.

— Pour aller où? demanda la Reine.

— Je n'en sais absolument rien, madame; mais voilà un baron de Talleyrand, ministre de France en Suisse, qui, ayant appris l'arrivée de votre majesté, fait signifier au gouvernement de Genève qu'il ait à vous renvoyer; que la France ne permet pas que vous restiez aussi près des frontières; et comme Messieurs de Genève ne demandent pas mieux que de vous tourmenter, il faut partir.

— Eh bien! partons, dit la Reine; mais où irons-nous?

— Je n'en sais rien, répéta encore M. de Voyna d'un ton chagrin et en faisant tous ses efforts pour concentrer la colère qui le suffoquait. On n'a jamais rien vu de semblable, murmurait-il entre ses dents en se promenant avec agitation dans le salon; ne pas même vouloir attendre que j'aie reçu la réponse de Paris! On n'a pas d'idée de cela! Que dois-je faire de la Reine? dit-il en s'arrêtant devant M. de Marmold, qui ne savait pas plus que lui quel parti prendre.

— Jetez-moi dans le lac, dit la Reine en souriant, car enfin il faut bien que je sois quelque part.

M. de Voyna, en entendant ces mots, sortit très-précipitamment du salon, et dit à M. de Marmold qui le suivait :

« Vraiment je ne comprends pas la Reine! Je ne sais plus que faire ; il y va de son repos, de sa vie peut-être. Elle trouve le moyen de traiter les choses en plaisantant ; on reconnaît bien là toute la légèreté des Françaises, ajouta-t-il. »

M. de Marmold ayant appris à la Reine le mécontentement de M. de Voyna, elle le fit appeler, et lui dit qu'en quittant Paris et la France, après y avoir été en butte à l'injustice et à la malveillance, dont les atteintes étaient tout ce qu'il pouvait y avoir de plus pénible pour elle, (puisque c'était de son pays et de ses compatriotes que ses chagrins lui venaient), elle était résignée à tout; que ce qui lui restait à supporter ailleurs n'était rien en comparaison de ce qu'elle avait déjà souffert; et que, par conséquent, il lui était impossible d'envisager de nouveaux malheurs avec trop de gravité; que malgré cela elle n'en appréciait pas moins ce qu'il faisait pour elle, et tout ce que la difficulté de sa position lui donnait d'ennuis, et qu'elle était fort reconnaissante du zèle dont il avait fait preuve à son égard.

M. de Voyna, radouci par ces paroles, se décida à tenter de nouvelles démarches près des autorités genevoises, et obtint, comme *grande grâce*, la faveur de rester un jour de plus.

Les choses en étaient là, lorsque j'arrivai le coeur gros des tristes nouvelles que j'apportais à la Reine, de l'arrestation de l'Empereur et de celle de Lavalette, mais rayonnante de joie de me trouver auprès d'elle et de la voir, avec ses enfants, saine et sauve après toutes les inquiétudes que j'avais eues.

La première personne que j'aperçus, en descendant de voiture, fut la duchesse de Bassano, avec son beau et doux visage. Son aspect semblait un pronostic de bonheur; en l'embrassant, je me sentais heureuse et me croyais au port...

Les détails qui précèdent me furent tout aussitôt racontés par M. de Marmold; ils me replongèrent dans toutes les agitations dont j'avais cru voir le terme.

M. de Voyna voulait ramener la Reine en France, la laisser à Bourg en Bresse, premier chef-lieu de département sur la frontière, et se rendre de là à Paris pour y prendre de nouveaux ordres. Il pensait que pendant son absence la Reine serait en toute sûreté dans une ville déjà occupée militairement par les troupes alliées; et que si les autorités bourbonnistes nouvellement installées n'étaient pas bien pour elle, les chefs militaires autrichiens seraient toujours là pour la protéger et pour la faire respecter.

La Reine n'approuva pas le projet de repasser ainsi la frontière : elle ne se souciait nullement d'aller à Bourg, où elle ne connaissait personne; elle préféra se rendre à Aix en Savoie, où sa mère et elle avaient fait de longs séjours. Le pays était rempli du souvenir de leurs bienfaits; la Reine y avait fondé un hôpital, et si elle n'y retrouvait pas des amis parmi les autorités nouvelles, elle était sûre au moins de retrouver dans le peuple une sympathie qui lui servirait de sauvegarde, et serait en même temps pour elle une consolation. Le départ pour Aix fut une chose arrêtée et j'y applaudis de grand cœur.

Nous fîmes nos adieux à M. et à madame la duchesse de Bassano. Le comte de Sellon, leur ami, dont chacun connaît la bonté, l'âme élevée et la philanthropie, leur offrit sa belle terre d'Allaman, qui est à quelques lieues de Genève. Ils se rendirent dans ce séjour, où ils ne furent pas longtemps tranquilles. Le duc de Bassano ne tarda pas à y être arrêté.

Je voyageais dans la voiture de la Reine, avec elle et ses enfants; les messieurs et les gens suivaient dans les autres voitures.

La Reine, comptant que bientôt justice lui serait rendue, et qu'elle pourrait revenir s'établir à Prégny, avait envoyé l'abbé Bertrand, M. de Marmold et quelques domestiques s'y installer en l'attendant. Mon frère, MM. de Voyna et Appel nous accompagnèrent; nous arrivâmes à Aix sans accident et sans que notre voyage présentât rien de remarquable.

Aussitôt que nous fûmes entrés à Aix, M. de Voyna, sans se donner le temps de se reposer, partit immédiatement pour Paris, disant à la Reine qu'il allait tâcher de lui obtenir des passe-ports, et les protections qui lui étaient nécessaires pour avoir la faculté de rester où bon lui semblerait.

Je ne doutai nullement que telles ne fussent ses intentions, d'après le dévouement qu'il n'avait cessé de montrer à la Reine; et en effet, on verra plus tard qu'il s'empressa de tenir la parole qu'il nous avait donnée en partant, et que jusqu'à une certaine époque il s'occupa des intérêts de la Reine, quoique ce fût sans résultat.

M. le comte de Voyna n'avait que vingt ans : sa tenue, son aplomb et son caractère étaient extraordinaires à cet âge; il était fort grand, et bien proportionné. Sa taille était pleine de noblesse et de grâce, quoiqu'il eût l'habitude de tenir la tête un peu dans les épaules. Il avait de jolis cheveux blonds et bouclés; de beaux yeux bleus un peu enfoncés, des traits réguliers; son nez était droit et fin comme celui d'un beau profil grec; ses manières étaient agréables; son esprit vif et retort sentait déjà un peu la diplomatie, à laquelle il se vouait et où l'on pouvait dès lors pressentir qu'avec M. de Metternich il ferait son chemin.

Il nous peignait l'Autriche comme le pays le plus agréable à habiter; et à chaque difficulté qui se présentait, « Allez en Autriche, madame, disait-il à la Reine! » Au fond de ma pensée, je suis restée convaincue qu'il entrait un peu dans sa mission de persuader à la Reine de s'arrêter à cette détermination. C'eût été ajouter un second otage à celui que la cour de Vienne possédait déjà dans la personne de Napoléon II.

XVII.

Séjour à Aix. — M. Finot, préfet de Chambéry. — La Reine demande qu'on l'oublie. — Le comte de Monti, ou le noble de mauvaise mine. — Grande colère de M. Appel. — On va se couper la gorge. — Sang-froid prodigieux de la Reine entre l'Allemand et le Piémontais. — Les brigands d'Anne Radcliff. — Un mouchard facile à trouver. — Mécompte du gouverneur-général de la Savoie. — Naguère et maintenant, contraste. — Les hommages regrettés. — M. de Marcadet, ambassadeur. — Le comte de Ségur, poëte ordinaire de la Reine. — Son hôpital ambulant. — Les romances de M. le comte de Sémonville. — La dent du chat. — Une lettre de M. de Sémonville. — Sa comète. — Sa petite boîte de buis et la monture d'Alexandre. — Le régime du général Bachelu. — Autre lettre de M. de Sémonville. — Le docteur Pasquier. — L'homme qui a signé le plus d'adhésions et prêté le plus de serments. — Un gendre dans chaque parti. — Un fils de madame de Staël. — Madame Doumerc.

En quittant la France, où les haines de partis et une malveillance exclusivement politique ne pouvaient s'acharner que contre la Reine, je croyais qu'excepté la rencontre de quelques détachements de troupes ennemies, nous n'avions aucune mauvaise chance à redouter. Toutefois, par précaution, je m'étais munie *de trois lettres que j'avais reçues de l'empereur Alexandre ;* c'était là ma sauvegarde, au cas où j'eusse été arrêtée par des Russes ou par d'autres troupes alliées. Ces lettres étaient celles que j'ai déjà transcrites ; elles sont les seules qui me soient restées d'une correspondance assez étendue que j'ai eue avec ce souverain, et qui m'a été prise par les ordres de M. Decazes, d'une manière qui ne fait guère honneur aux bons procédés et aux convenances gardés par sa police. Mon voyage pour rejoindre la Reine s'était passé sans accident ; j'avais touché la Suisse, ce pays libre, hospitalier, dont mon imagination avait toujours poétisé le séjour ; mais la réception qui venait d'être faite par les Genevois à la Reine avait détruit mon beau rêve, et ne me laissait aucune confiance sur ce qui nous attendait ailleurs.

A peine étions-nous à Aix, qu'un souvenir bienveillant pourtant y accueillit la Reine : M. Finot, qui était encore à Chambéry en qualité de préfet, s'empressa de mettre à ses pieds l'expression de son dévouement, et de lui faire toutes les offres de services imaginables. La Reine, qui sentait les difficultés de sa position, et combien celle de M. Finot, comme préfet, était précaire, puisque la Savoie allait être enlevée à la France, lui fit dire verbalement par monsieur de Voyna, (qui passait par Chambéry pour se rendre à Paris), qu'elle le remerciait de ses offres obligeantes et de ses bonnes intentions; que le meilleur moyen de la servir était de ne pas venir la voir; mais de lui donner avis s'il s'ourdissait quelque chose contre elle, et d'avoir l'air en même temps de l'oublier entièrement.

Cet *oubli*, que la Reine réclamait de l'autorité civile qui était encore debout, ne fut point imité par l'autorité sarde qui, s'emparant militairement du pays, dirigeait partout des troupes au nom des souverains alliés. Dès le lendemain de son arrivée à Aix, la Reine reçut la visite du maire de la ville; il était accompagné d'un homme de fort mauvaise mine, à la voix rauque, au visage sinistre, qui nous dit être envoyé par le gouverneur-général de toute la province, et se nommer M. le comte de Monti, d'une ancienne famille du pays.

La Reine salua ces messieurs et les fit asseoir; M. de Monti, dont les manières étaient aussi communes que les traits ignobles et la physionomie repoussante, se hâta de prendre la parole dans un mauvais français que nous avions de la peine à comprendre, mais avec un ton d'impolitesse et d'outrecuidance qui se traduisait de lui-même en toutes les langues. Il annonça à la Reine que le gouverneur-général l'avait chargé d'ordres exprès qui la concernait (la Reine fit un signe de tête équivalent à une adhésion,) *qu'il devait la voir tous les jours;* (la Reine répéta le même mouvement d'un air résigné); et M. de Monti continua, en ajoutant qu'il devait la voir *seule*.

A cette singulière notification, nos regards se portèrent avec épouvante sur cette tournure de bandit, qui résumait assez bien, dans un personnage de cette espèce, le type des brigands italiens dont les romans d'Anne Radcliff nous ont peint les allures et le caractère; je me crus sous l'influence de quelque vision du château d'Udolphe; et l'idée que la Reine devait recevoir souvent une pareille visite me causait une terreur telle, que j'attendais avec anxiété ce qu'elle allait répondre.

M. de Monti, que personne n'avait interrompu, finit par dire à la Reine, en élevant fortement la voix, qu'elle était mise sous *sa surveillance immédiate*.

Ces dernières paroles attirèrent l'attention de M. Appel: habitué qu'il était à ne comprendre que peu de chose aux conversations qui avaient lieu en Français, il n'avait presque point prêté l'oreille à ce qui se disait; toutefois il en avait entendu assez de la part de M. de Monti. Il ne fit qu'un saut en quittant sa chaise, et s'élançant sur lui, il l'interpella violemment pour qu'il eût à répéter les expressions dont il venait de se servir. Celui-ci, fort de l'autorité du gouverneur-général, répéta plus brièvement les mêmes choses que M. Appel, dans sa vivacité, lui permit à peine d'achever.

« *Surveiller la Reine !* s'écria-t-il dans son mauvais français, personne ici n'a le droit de se mêler de ce qui la regarde, que moi ! »

M. de Monti, dans son *baragouin*, parlait de la *dignité* de sa race, de l'importance de ses fonctions, et des pouvoirs sans limites du gouverneur-général dont il était le réprésentant. M. Appel se nomma, en déclarant qu'il était l'aide-de-camp du prince de Schwartzenberg, qui commandait en ce moment toutes les armées des alliés; il ajouta que par le seul fait de l'existence du généralissime, M. le gouverneur-général de la Savoie était sous les ordres du Prince; que lui, étant l'aide-de-camp de ce dernier, ne devait tenir aucun compte des instructions données à M. de Monti par des supérieurs auxquels il ne devait pas obéissance; qu'il s'en référait à celles qu'il avait reçues, et par lesquelles il lui était prescrit de faire respecter la Reine partout où il lui plairait d'aller.

M. Appel était très-animé; M. de Monti répondait sur le même ton; tous les deux, criant à tue-tête, finirent par ne plus s'entendre. Mon frère, qui était présent, et qui les voyait au moment de se couper la gorge, leur dit que, parlant l'un et l'autre une langue qui leur était étrangère, ils ne se comprenaient pas. A ces mots, toute leur colère se tourna contre lui, et, sans le laisser achever sa phrase, ils lui répliquèrent qu'il n'était pas nécessaire de parler français pour avoir du cœur et se faire respecter, etc.

Ma frayeur, qui s'était dissipée en voyant cette scène tourner au grotesque, me revint avec la crainte que mon frère ne devînt peut-être leur victime, pour avoir essayé de les apaiser.

La Reine, qui avait conservé tout son sang-froid, eut mille peines à mettre fin à cette querelle, que les champions allèrent, dès le lendemain, vider devant le gouverneur-général qui était à Chambéry.

De l'explication que M. Appel eut avec ce gouverneur, il résulta que celui-ci ayant appris que la Reine était à Aix, s'était cru obligé de la faire espionner, afin de savoir ce qu'elle venait y faire : que pour que la chose se passât le plus délicatement possible, il avait jugé convenable de choisir un homme titré, et d'une des plus anciennes familles du Piémont. Son intention avait été qu'il cherchât à se faire admettre dans la société de la Reine, et à la voir tous les jours, sans qu'elle pût jamais soupçonner de quelles fonctions il s'était chargé en venant chez elle.

M. le gouverneur-général n'avait pas eu de peine à trouver un homme prêt à se ravaler à une mission de mouchard, parmi les nombreux partisans de l'absolutisme qui se montrèrent, dans tous les coins de l'Europe, après le triomphe de la sainte-alliance. Malheureusement, le tact et l'intelligence de M. de Monti n'étaient pas à la hauteur de l'ancienneté de son origine, ni de la noblesse de sa race. Il n'avait compris, de sa mission, que l'importance politique qu'on y attachait, et avait agi avec toute *la finesse* que l'on vient de voir, en se faisant assister du maire de la ville, comme un exempt se ferait suivre d'un recors.

M. le gouverneur-général parut honteux de la maladresse de son envoyé ; il fit des excuses à M. Appel, qui revint triomphant, et les choses en restèrent là.

Pour nous, quelle différence de ce séjour à Aix et de ceux que nous y avions faits précédemment ! ce n'était pas ainsi que l'on avait accueilli la Reine en 1813, dans ce temps où nos joies furent troublées par un terrible événement (1); ni en 1811, à cette époque si grande, si glorieuse de l'Empire. Alors elle ne recevait que des hommages, et j'en recueillais ma part à côté d'elle; mes cartons sont pleins de vers qu'on lui adressait. J'en inspirais aussi à des hommes aimables, qui s'empressaient autour de la Reine, et qui, par ricochet, m'accordaient des soins et des attentions. Pour le jour de ma fête, le 25 août 1811, M. de Marendet, ambassadeur de France en Wurtemberg, me chantait, de la manière la plus

---

(1) La mort de madame de Broc, dame de la Reine.

aimable. M. le comte de Ségur, le poëte ordinaire de la Reine, m'adressait quelques couplets, et m'écrivait aussi. Voici une lettre que je reçus de lui, à Plombières, lorsque j'y accompagnai la Reine, dans l'année 1810.

Paris, 2 juillet.

« La lettre que vous m'avez fait l'honneur de m'écrire, mademoiselle, m'a fait d'autant plus plaisir que j'étais privé depuis longtemps des nouvelles de S. M. Je craignais qu'étant arrivée de si bonne heure à Plombières, elle n'en souffrît; car, dans les montagnes, le froid donne plus que dans la plaine, et ce n'est que dans le mois de juillet qu'on commence à y jouir d'un temps tolérable. Je vois que la vie que vous y menez est à la fois raisonnable et assez gaie, deux choses très-difficiles à réunir. J'ai beaucoup ri de vos descriptions des costumes du matin de Beaumont et d'Osd... Si chacun en imagine d'aussi plaisants, les buveurs et les baigneurs doivent présenter de jolis tableaux pour augmenter le portefeuille de dessins de la Reine. Toute ma famille voudrait bien augmenter le nombre de ses modèles et aller à Plombières, mais les médecins la retiennent ici ; cependant, comme mon hôpital va mieux, et commence à être ambulant, j'espère dans huit à dix jours partir et vous rejoindre. J'exécuterai ce projet si mes malades me le permettent, et si les affaires du conseil m'en laissent la liberté. On dit que la Reine a mal aux yeux, mais que sa santé est bien plus forte et plus rassurante qu'avant son départ. Je ne croirai à la justice du ciel que si je la vois bien portante et heureuse ; qui mériterait de l'être, si elle ne l'était pas? Elle est si bonne, si aimable ; on ne peut la connaître sans la respecter, sans l'aimer, sans faire des vœux pour elle. Elle est tout naturellement ce que la plupart des autres femmes voudraient paraître. Présentez-lui, je vous prie, mon hommage, mademoiselle, et agréez celui de mon respect et tous mes remerciements. »

M. le comte de Sémonville faisait également des romances pour la Reine, qui les mit aussi en musique. Il était aux eaux d'Aix en même temps que nous, en 1811 ; il me fit une romance, que j'ai égarée ; mais voici une lettre des plus aimables qu'il m'adressa lors de son retour à Paris ; je la place ici comme souvenir de ce temps de féerie, si loin de nous. A peine si je puis déchiffrer l'écriture fine et ronde de l'homme qui a signé tant d'actes importants, dans le dix-neuvième siècle ; cependant j'en viens à bout, et je la transcris.

Paris, 8 septembre 1841.

« Vous êtes une personne adorable, mademoiselle, et je passerais ma vie aux pieds de la Dent du Chat (1), si je ne m'étais engagé ailleurs longtemps avant d'avoir l'honneur de vous connaître. Ma comète n'a pas voulu me permettre d'exécuter vos ordres ; j'ai parlé trop tôt de vous, de vos faveurs, elle a deviné mes projets sur vous, j'ai été repoussé, battu : c'est ainsi qu'on a récompensé ma fidélité. La Reine m'a comblé de bontés, vous en êtes l'organe ; ce serait y mettre un double prix, si cela était possible ; mais ce qui l'est sûrement, c'est de faire agréer l'hommage de ma reconnaissance, et de le déposer à ses pieds. Je suis pour ma petite boîte de buis, comme Alexandre pour sa monture ; je prenais du tabac par habitude, à présent j'en prendrai par sou-

---

(1) Montagne dont j'ai acheté la sommité.

venir; j'allais dire par sentiment, mais on ne sait jamais comment parler aux personnes royales; il serait impertinent de se servir vis-à-vis d'elles de toutes les expressions qui peuvent rappeler celles qui appartiennent au vulgaire. Celles du dévouement respectueux, de la reconnaissance, sont encore permises : arrangez cela comme vous le voudrez, vous ne direz jamais ni trop, ni même assez. Je n'ai vu personne ici : à peine dépoudré, j'ai couru me repoudrer de nouveau; je suis revenu chez moi, à Frémigny; c'est ma case, mon ermitage, c'est là que je pense aux gens que j'aime, et que je sais jouir de l'absence : j'ai beaucoup, beaucoup pensé à Aix. J'ai quitté mon gîte hier soir, et je retourne à Compiègne, tout comme si j'étais courtisan. J'ai cherché M. votre frère; le lendemain de mon arrivée, il est venu chez moi, tout cela en vain; à mon retour, j'irai tenter de surprendre M. l'auditeur à son réveil. Je vous suppose à Genève, d'après une lettre que je reçois du préfet. J'ai aperçu Lavalette, il m'a demandé et donné des nouvelles de la Reine : quand donc revenez-vous? Est-il bien vrai que mademoiselle de Broc se souvienne de moi? Je ne m'en flatte point; je ne sais si je dois le désirer. J'ai été passablement maussade; le soir je me tâtais en rentrant avec ma lanterne, et mes conclusions d'examen étaient que je serais mieux le lendemain; le lendemain n'est pas venu, ce n'est pas faute de désir; mais tout ce monde d'inconnus m'étouffait. Vous voilà au régime du général Bachelu, la comparaison me servira : faites-le, je vous prie, souvent jouer dans cette intention avec mademoiselle Adèle (1), ce sera une obligation de plus que je vous aurai. Et votre fidèle Amélie, qu'en faites-vous? mon Dieu! qu'elle serait bien, si elle ne voulait pas être aussi bien que tout ce qui l'approche; il faut renoncer à plaire aux gens qui n'entendent pas notre langue, et s'en tenir à ceux faits pour nous apprécier. Ce besoin de succès passera, elle les aura tous quand elle ne les cherchera plus. Voilà de la morale! pourquoi? c'est le cachet des vieux; mais un autre privilége de leur âge est la fidélité dans leurs affections : les miennes sont immortelles; et en tête de celles que j'éprouve, est le tendre respect dont j'ai l'honneur de vous offrir l'hommage.

» Sémonville. »

Deux ans plus tard, M. Sémonville me fai-

(1) Madame de Broc.

sait part de tous ses chagrins : voici la lettre qu'il m'écrivait à Paris, et dans laquelle il me conte toutes ses doléances.

Paris, 29 septembre 1812.

« J'appelle à mon secours ma divinité tutélaire, et veux éprouver, mademoiselle, si vous serez un talisman efficace au milieu de tous mes chagrins (et j'en ai de tous genres, que je ne porte point dans le monde, parce que le monde n'aime pas les gens chagrins). Je suis menacé de tracasseries presque aussi pénibles ! — Il y a quatre jours que le docteur Pasquier m'apporta à Fremigny la nouvelle de la perte de notre malheureux Jules, l'enfant de notre tendresse. Quelques heures après, madame de Sémonville, désolée, lui demanda des nouvelles de la santé de la Reine. A ce sujet, Pasquier m'apprend que M. Devaux m'a fait l'honneur de m'inviter de sa part à Saint-Leu. Je n'ai point reçu cette lettre : supposant qu'elle était confondue avec les lettres de spectacle de cour, je l'ai cherchée vainement en arrivant hier, la lettre n'y est point. Pasquier ne s'est-il pas trompé? n'a-t-il pas supposé une intention pour un fait? Je n'aurais pas relevé cette erreur, et je me serais borné à passer chez M. Devaux, si l'on ne m'avait dit hier au soir que la Reine était mal pour moi, qu'elle croyait avoir à se plaindre de la fidélité de mon dévouement. Ici il y a plus qu'une erreur, il y a calomnie, méchanceté, perfidie, que sais-je? Je respecte beaucoup les princes, je me permets d'en aimer quelques-uns; mais je les vois tous le moins que je puis, parce qu'il pleut des paquets autour d'eux; qu'ils sont défiants, qu'ils doivent l'être, et que le plus habile n'a point de pierre de touche pour distinguer ses amis véritables d'avec les courtisans. Je chéris la Reine tendrement, et ne l'approche jamais sans qu'elle me rappelle ma pauvre Zéphirine. — Durant dix ans de prospérité et de faveurs, je n'ai pas mis deux fois le pied chez elle ni à la Malmaison, *et le lendemain d'un grand événement* je m'y suis trouvé *seul* avec *Montalembert* et *Lavalette*, et n'en suis pas sorti pour ainsi dire depuis cette époque. Voilà mon unique réponse : la foule n'a reparu qu'après la première visite de l'Empereur. La société intime de la Reine convient peu à une vieille figure;

j'y parais quelquefois, et sais que les cheveux gris doivent être sobres de bals et de concerts. Je ne suis plus propre tout au plus qu'à la conversation entre quatre ou cinq personnes; je m'y tiens par système et par goût; et vous, mademoiselle, qui en avez si souvent fait partie, vous savez ce que je dis et surtout ce que je pense de la Reine. Après cela que lui a-t-on dit? pourquoi le lui a-t-on dit? Je l'ignore et ne puis l'apprendre; mais je lui promets qu'avant six mois la même personne, quelle qu'elle soit, lui fera une même perfidie, précisément en raison du succès de la première; j'attends donc avec chagrin, mais avec patience, le jour où elle sera éclairée. D'ici là, sa majesté ne pensera sans doute guère à moi; mais si par hasard elle prononçait mon nom devant vous, en raison des malheurs qui frappent ma famille, soyez assez bonne pour lui dire bien fort qu'il n'y en a point qui lui soit plus respectueusement dévouée; et ne craignez point que la suite des événements vous démente. Adieu, mademoiselle, il faut que je compte bien sur votre indulgence pour vous parler ainsi; j'aurais voulu vous voir, plutôt que de vous ennuyer de mon griffonnage; mais je ne fais que traverser Paris, et j'y dépose chez vous l'hommage de ma confiance en vos bontés, et du dévouement que vous avez bien voulu agréer.

» Sémonville. »

Après M. de Talleyrand, dont il est le très-digne émule, M. de Sémonville est certainement celui qui a donné le plus d'adhésions et prêté le plus de serments. On raconte de lui toutes sortes de tours d'adresse pour se trouver toujours sur ses pieds, et constamment en faveur auprès de tous les gouvernements qui se sont succédé en France. Je n'en citerai qu'un.

Lié d'une vieille et franche amitié avec lui, le duc de Bassano dînait un jour chez M. de Sémonville (alors grand-référendaire de la Chambre des Pairs); on était alors en 1819, époque à laquelle on ne se gênait nullement pour décrier le gouvernement de la Restauration. Le duc se prononçait vivement dans ce sens, et fut interrompu par M. de Sémonville, en ces termes :

« Soyez donc prudent, et imitez-moi, mon ami, dans ma tactique et dans mes manœuvres politiques. J'ai deux gendres ; l'un (le général Montholon) est auprès de l'Empereur à Sainte-

Hélène; l'autre (le général Despare) est pair de Louis XVIII! » Dans cette citation l'homme se peint tout entier.

Parmi les souvenirs qui me revenaient au cœur en me retrouvant à Aix, était celui d'un fils de madame de Staël, digne et charmant jeune homme que la mort a enlevé trop tôt à la tendresse de sa famille et à l'affection de ses amis. Je retrouve une lettre de lui, qui m'est bien précieuse, parce que c'est la seule que j'aie conservée.

Coppet, dimanche 18.

« Vous avez désiré, mademoiselle, avoir de l'écriture de ma mère, je vous en envoie, avec de la mienne propre, ce qui, je l'espère, ne vous fera pas un moindre plaisir. Vous voyez que je conserve encore la douce habitude que j'avais prise de vous parler un peu librement. Je ne puis vous dire assez combien je regrette le peu de temps que j'ai passé à Aix, et c'est peut-être le temps de ma vie où j'ai été le plus heureux. J'espère que, dans quelque partie du monde que j'aille, vous aurez toujours la bonté de vous ressouvenir un peu de moi.

» J'ai écrit à votre amie, madame Doumerc, il y a quelque temps ; elle ne m'a pas répondu : je vais lui écrire encore par ce courrier, peut-être serai-je plus heureux, c'est une personne des meilleures et des plus aimables que j'aie rencontrées de ma vie ; je ne sais pas si elle se souvient encore que j'existe ; mais, pour moi, je n'oublierai jamais le peu de jours que j'ai passés avec elle.

» Comme je n'ai pas eu le temps de prendre congé de la Reine, ma mère a eu la complaisance de lui écrire pour la remercier de toutes les bontés qu'elle a eues pour moi. Adieu, mademoiselle, je n'aurais pas osé vous écrire, si je n'avais pas eu pour prétexte de vous envoyer l'écriture que vous m'avez demandée : si par hasard vous faites une collection de manuscrits, j'ai à vous offrir des lettres de toutes les personnes marquantes du dernier siècle. Je suppose que vous aurez conservé l'agréable portrait que vous avez fait de moi.

» Agréez, mademoiselle,

» Albert de Stael.

XVIII.

Les princes jouent aux soldats. — Aberrations de la police. — Les chevaux bannis. — La Reine apprend l'assassinat du maréchal Brune. — Le ministre Carnot et le duc d'Otrante. — La demande et la réponse laconiques. — Pends-toi, Fouché. — Labédoyère est arrêté. — Détails sur cet événement. — Le général autrichien Rochemann. — Projet d'assassiner les neveux de l'Empereur. — L'épée de Richard Cœur-de-Lion. — Un mécompte héraldique. — Malencontreuse érudition de la Reine. — Berthier de Sauvigny, président du conseil de guerre de la réaction. — Le maréchal Ney et le sabre accusateur. — M. Locard, préfet du Cantal. — Débordement de calomnies et d'injures contre Napoléon. — Labédoyère est condamné. — Autres assassinats juridiques. — Madame la marquise de Lavalette. — Ses efforts et ses sacrifices pour sauver Labédoyère. — Elle échoue. — Sévérité de M. Decazes envers elle. — On la retient en prison plusieurs mois. — L'admirable femme de chambre. — Une famille anéantie par la Restauration.

En arrivant à Aix, la Reine loua la première maison vacante : elle était mal située, triste et laide ; le seul avantage qu'elle offrît, était une cour assez grande où les enfants pouvaient jouer à leur aise. Deux ou trois petits garçons, à peu près de leur âge, qui appartenaient aux gens qui demeuraient dans le voisinage, venaient se réunir à eux. Ils jouaient aux soldats; le plus petit, fier d'être en tête et de porter le tambour qui faisait partie des joujoux du prince Louis, marchait le premier frappant à tort et à travers sur la peau d'âne et faisant le plus de bruit possible, mais qui pourtant ne se serait pas entendu de bien loin. Le prince Napoléon, comme le plus grand et le plus intelligent, commandait toute la troupe en tirant hors du fourreau un petit sabre de ferblanc qui pendait à sa taille déjà gracieuse et élégante. Il alignait sa troupe et grossissait sa voix pour la commander; il la faisait marcher au pas tant bien que mal. Le prince Louis, armé d'un bâton comme tous les autres, était en serre-file et suivait des yeux tous les mouvements de son frère, qui était son modèle et son idole. Placées ensemble à ma fenêtre, la Reine et moi nous regardions quelquefois ces innocentes récréations sans nous douter qu'elles devaient plus tard donner lieu à des rapports de police : qui aurait pu jamais deviner de pareilles aberrations de l'esprit humain ?

Il y avait une semaine que nous étions installés dans notre modeste demeure, lorsque nous vîmes arriver M. de Marmold, l'abbé Bertrand avec les domestiques et les chevaux que la Reine, par économie, avait laissés à Prégny. Les nobles autorités de Genève n'avaient pas voulu laisser respirer auprès d'elles des êtres si dangereux; et au bout de quelques jours employés à délibérer en une si grave occurrence, M. de Marmold et l'abbé avaient reçu, le 9 août, l'ordre de partir à l'instant, avec injonction de quitter le plus tôt possible le territoire de la république de Genève. Les chevaux eux-mêmes n'avaient pas été exceptés dans cet ordre sévère.

La Reine fut très-contrariée de cette arrivée, qui allait doubler sa dépense à Aix; il fallut louer une seconde maison pour tout ce monde, et des écuries pour les chevaux. On sait que, pendant la saison des bains, les locations sont hors de prix. La position pécuniaire de la Reine n'étant pas moins précaire que sa position politique; elle commença à s'effrayer de tous ces détails. Qu'allait-elle devenir? dans quel coin lui serait-il permis de se retirer? de quoi vivrait-elle? Ces soucis-là auraient pu être ceux de tous les moments, mais combien ils étaient minimes auprès des peines de cœur dont était accablée la pauvre Reine! Que de chagrins, que d'amertumes n'entraînaient pas après elles des catastrophes comme celles qui l'avaient forcée à fuir son pays! Exilée, errante, persécutée dans chaque membre de sa famille, dans chacun de ses amis frappés comme elle par les réactions politiques, elle ne pouvait plus éprouver un sentiment qui ne fût une affliction; elle n'avait plus une pensée qui ne la désolât, qui ne la désespérât pour l'avenir.

La Reine apprit, avec un serrement de cœur difficile à dépeindre, que, le 1er août, le maréchal Brune avait été massacré à Avignon. Les détails de cet assassinat faisaient frémir! Le corps de la victime avait été traîné sur une claie, dans les rues, et précipité dans le Rhône, sans que les autorités royalistes se fussent opposées à cet horrible excès. Ce premier crime fut le signal de sanglantes réactions, qui se succédèrent avec une rage furieuse; tout le Midi était en feu, et la proximité où nous étions de pareilles scènes était loin d'être rassurante.

Les nouvelles fâcheuses se répandent bien plus promptement que les autres, aussi ne fûmes-nous pas longtemps à connaître l'ordonnance du 24 juillet, qui appelait l'élite de nos généraux devant les conseils de guerre, et qui mettait sous la surveillance de la haute police tout ce qui avait exercé des emplois pendant les cent-jours. Carnot, collègue du duc d'Otrante, soit comme ministre sous l'Empire, soit comme membre du gouvernement provisoire, était compris dans cette dernière mesure; il se trouva en conséquence dans l'obligation d'écrire à ce sujet au duc d'Otrante, devenu ministre de Louis XVIII, pour lui demander quelle résidence on lui assignait; il le fit en ces termes : « *Où faut-il que je me rende, traître?* » La réponse du ministre de la police, à son ex-collègue ne se fit point attendre; elle était aussi courte, aussi significative que la demande : « *Où tu voudras, imbécile.* » Telle n'était point l'opinion de la France sur Carnot. Quant au duc d'Otrante, il y avait longtemps que sa perfidie était devenue proverbiale; et ce dicton populaire, qui circulait à l'entrée des armées ennemies à Paris, en 1814 : « *Pends-toi, Fouché, Talleyrand a traité sans toi*, » le caractérisait assez bien; on y faisait allusion à l'absence de Fouché qui, à cette époque, se trouvait relégué en Illyrie.

Chaque jour les papiers publics nous annonçaient de nouvelles arrestations; une des premières qu'ils nous apprirent fut celle de Labédoyère, cet excellent jeune homme à qui nous avions voué tant d'estime et d'amitié, à cause de ses nobles sentiments et de sa conduite énergique. C'était avec une bien vive et bien douloureuse impatience que nous attendions l'arrivée de chaque courrier pour chercher avec anxiété, dans les journaux, ce qui allait être décidé de son sort et de celui de tant de braves militaires, détenus comme lui. Dans de pareils moments, tous sentiments personnels disparaissaient chez la Reine, qui oubliait l'incertitude de sa position et ses propres dangers, pour ne penser qu'à ceux que couraient tant de vaillants guerriers, dignes du plus vif intérêt.

Labédoyère avait été arrêté, le 2 août, par suite de la dénonciation de son valet de chambre; il avait alors pris le parti de quitter l'armée de la Loire, et il était décidé à passer en pays étranger. Malheureusement, ayant voulu faire ses adieux à sa femme et à son fils, il revint à Paris, où il descendit chez madame Fonteries, amie de sa famille; il fut fort étonné, deux heures après, d'y être arrêté. Un agent de police déguisé était venu avec lui, dans la même diligence, de Riom à Chartres ; à partir de cette dernière ville, Labédoyère s'était servi d'une voiture particulière, et le même agent l'avait suivi, à une poste en arrière.

Une fois qu'on se fut saisi de sa personne, on le conduisit à la préfecture de police, où M. Decazes lui fit subir un premier interrogatoire ; puis on l'écroua à la prison de l'Abbaye, où il fut mis à la disposition d'un conseil de guerre, formé pour le juger. Ce mode de procédure, étant le plus expéditif de tous, nous laissait peu d'espérances. La Reine et moi, nous avions l'âme navrée de nos fatales prévisions. Cependant, assez d'autres inquiétudes venaient nous assaillir pour qu'elles fissent diversion à celles-ci, si cela eût été possible. Vers cette époque de nos tourments, un officier autrichien, porteur d'une lettre pour la Reine, vint trouver M. Appel, de la part du général qui commandait, à Lyon, toutes les forces alliées réunies dans cette ville et aux environs.

Le général Rochemann était un ancien militaire, un brave et digne homme. Sachant que la Reine était à Aix, et cette ville se trouvant sous son autorité, il lui écrivit pour lui offrir ses services, et chargea l'aide de camp à qui il avait confié cette mission de lui dire de vive voix qu'il priait S. M. de disposer de lui en toute occasion. L'assassinat du maréchal Brune et la rapidité avec laquelle les réactions s'opéraient dans le Midi pouvaient exposer la Reine à des tentatives contre lesquelles il était de son devoir de la prévenir, puisqu'elle se trouvait placée sous la sauvegarde de l'Autriche. L'aide de camp avait l'ordre de s'entendre avec M. Appel sur ce qu'il était nécessaire de faire pour mettre la Reine et ses enfants à l'abri de tout danger.

L'air soucieux de M. Appel, lorsqu'il eut reçu ce message, me fit penser qu'on venait en outre de lui donner quelques mauvaises nouvelles qu'il ne disait pas à la Reine : je ne me trompai pas; il me confia que l'aide de camp du général Rocheinann l'avait averti verbalement d'avoir à exercer la plus grande surveillance pour préserver les enfants de la Reine, car on était informé que des émissaires avaient été envoyés par ces forcenés royalistes du Midi, qui y mettaient tout à feu et à sang; et l'on craignait que les neveux de l'Empereur n'eussent été désignés au poignard de ces misérables. Le général savait que des ordres secrets avaient été expédiés de Paris, par je ne sais quel pouvoir occulte, pour inspirer ou même autoriser cet épouvantable attentat. Comme dans le même temps les journaux annonçaient (à tort il est vrai) l'arrestation, en Suisse, des frères de l'Empereur, Jérôme et Joseph, et celle de Lucien à Turin, il était évident qu'on traquait la famille impériale : les desseins les plus sinistres contre elle étaient de notoriété publique.

Je ne saurais rendre compte de ce que j'éprouvai en recevant cette fatale confidence; combien je bénis le ciel qu'on eût caché à la Reine ce nouveau sujet de crainte et de douleurs ! Quelles eussent été ses terreurs si elle eût su le danger que couraient ses enfants! elle n'aurait plus eu un instant de repos, et sa santé, déjà si affaiblie, n'avait pas besoin de nouvelles secousses. J'engageai M. Appel, tout en gardant son secret, à s'unir à nous pour veiller sur les princes, afin qu'un malheur semblable à celui sur lequel on nous donnait l'éveil ne nous arrivât pas.

La Reine avait fort bien accueilli l'envoyé du général Rochemann, et l'avait engagé à venir dîner avec elle. A l'heure fixée l'aide de camp arriva en grand uniforme, et portant à son côté une épée, qu'il ne tarda pas à nous faire remarquer. C'était sa pièce de montre; il disait que cette épée, qui était fort belle et fort ancienne, était celle de Richard-Cœur-de-Lion. Elle aurait été trouvée, disait-il, après sa captivité en Allemagne, au retour de la croisade, et on l'avait conservée avec grand soin comme une relique précieuse d'un si vaillant et si illustre guerrier. L'aide de camp la gardait comme un souvenir de ses aïeux, qui se l'étaient léguée de père en fils.

La Reine, qui à peine avait écouté notre conversation, demanda d'un air assez distrait à voir l'épée que nous nous passions de main en main, en l'accompagnant de toutes les exclamations d'admiration qu'elle excitait en nous. L'officier autrichien lui présenta l'arme, sur laquelle était bien réellement écrit le nom de Richard. La Reine l'examina avec grande attention, puis la rendit, en disant fort tranquillement qu'elle était très-belle, qu'elle avait peut-être appartenu à un roi d'Angleterre qui portait le nom de Richard III; mais que bien certainement ce ne pouvait être l'épée de Richard-Cœur-de-Lion, parce que dans l'écusson qui enrichissait la poignée, se trouvait la devise de l'ordre de la Jarretière, qui n'existait pas alors et qui ne date que d'Édouard III.

La Reine ne s'aperçut pas de la stupéfaction du pauvre officier. Je crois que je fus la première à comprendre toute l'étendue de son mécompte. Un seul mot avait suffi pour ruiner de fond en comble l'importance que lui donnait la possession d'une arme aussi précieuse; il voyait tout à coup s'évanouir l'authenticité d'un titre de noblesse, lequel lui avait attiré la politesse de plusieurs grands personnages, et les prévenances des Anglais, qui d'ordinaire en sont si avares; mais qui portent toujours le plus grand intérêt à tout ce qui se rattache à leurs souvenirs nationaux. Cette épée lui avait valu des invitations à dîner, des cajoleries, et l'offre d'une somme d'argent considérable, qu'il se repentait sûrement de n'avoir pas acceptée. Il devait le regretter d'autant plus, que ce glaive ne pouvait venir que du mauvais roi Richard, que l'on accuse, non sans quelques fondements, d'avoir fait assassiner ses neveux. Je gagerais que l'aide de camp du général autrichien se garda bien de confier à qui que ce fût la découverte que venait de faire la Reine, et que dans le détail des beautés de son épée il ne s'avisa plus de faire remarquer le malencontreux ordre de la Jarretière.

Lorsque je contai à la Reine tout le désappointement que son érudition avait causé à cet officier, elle en fut désolée et regretta que son amour pour la vérité l'eût portée à rétablir ainsi les faits, d'autant plus qu'il n'est pas dans son habitude de faire étalage de savoir. Mais revenons à ce brave et infortuné Labédoyère, dont l'affaire si déplorable ne cessait pas de nous préoccuper. Nous apprîmes que le 9 août, le capitaine rapporteur du deuxième conseil de guerre lui avait fait subir un interrogatoire, et que le jugement ne tarderait pas à avoir lieu, sous la présidence du colonel Berthier de Sauvigny.

Le maréchal Ney fut arrêté le 11 août au château de Bessonies, propriété d'une parente de sa femme. Voilà quelques particularités de son arrestation : le maréchal était depuis quelques jours dans cette retraite, lorsqu'un bourbonniste des environs, dans une visite qu'il avait faite au château, remarqua dans un des coins du salon un sabre, qui, d'après sa richesse et les emblèmes militaires qui le décoraient, lui parut ne devoir appartenir qu'à quelque illustration militaire. Dans son opinion, le propriétaire de cette arme ne pouvait être que Murat ou Ney. D'après cet indice, on pensa que l'un ou l'autre de ces deux illustres fugitifs était caché à Bessonies; un avis officieux parvint à M. Locard, préfet du Cantal, et au sous-préfet d'Aurillac, qui, secondé parfaitement par le capitaine de gendarmerie, fit entourer le château et captura le maréchal que l'on conduisit immédiatement à Paris. Il n'était pas de ville en France qui n'eût à cette époque ses arrestations, ses jugements, ses assassinats : la mort violente du général Ramel, commandant à Toulouse, avait suivi de près l'affreuse catastrophe du maréchal Brune.

Les listes de proscription circulaient et s'augmentaient chaque jour de nouveaux noms, que les journaux reproduisaient accompagnés d'insultes de toutes espèces ; mais c'était principalement sur l'empereur Napoléon qu'ils versaient les flots les plus âcres de leur fiel. Les feuilles publiques étaient remplies de détails de son arrestation, de son embarquement et des dispositions prises par les souverains à son égard. Tout cela, il faut le dire à la honte de l'espèce humaine, était répété avec des expressions ignobles, où perçaient la haine et l'injure, qu'une personne qui se respecterait ne pourrait pas même prodiguer au plus coupable des malfaiteurs. Il n'était sorte de mensonges, de bassesses et de calomnies que l'on n'inventât contre lui, sans qu'une voix amie essayât jamais de rétablir la vérité; et tous ceux qui avaient vécu près de lui, ou qui étaient capables de l'apprécier, étaient également en butte à tant de persécutions, qu'ils devaient laisser au temps à amener l'heure de la justice qui lui serait rendue. En attendant, les libelles s'imprimaient contre lui par milliers; et de toutes parts pleuvaient les contes les plus absurdes sur lui et sur tous ceux qui lui appartenaient. On s'étonne que des productions aussi dégoûtantes aient eu des lecteurs; car là le nom des personnes, comme les faits, tout était méchamment falsifié. Quand on veut se repaître de fictions, du moins faudrait-il les choisir moins hideuses d'immoralité et de corruption, que celles par lesquelles, dans ces temps de passions vindicatives, on s'attachait à flétrir les réputations les plus intactes, les plus pures, les plus respectables. Comme Française, je sens le rouge me monter au front, en me rappelant des publications aussi lâchement pitoyables.

Ce fut le 14 août que le jugement qui condamnait le colonel Labédoyère fut prononcé. Infortuné jeune homme! jamais une plus belle vie n'eut une fin plus malheureuse et n'emporta des regrets plus véritables!... Qu'avait-il fait? Il s'était empressé d'abandonner un souverain qui avait été imposé à la France par les baïonnettes étrangères, pour aller au-devant de son Empereur, proclamé par le vote de la grande nation. Et d'ailleurs, la capitulation de Paris, par son article 12, n'interdisait-elle pas toutes recherches, toutes poursuites envers les personnes qui pourraient être inculpées au sujet du retour de l'Empereur? En éludant cette convention, on a inscrit les mots *assassinat juridique* en tête des jugements rendus contre Labédoyère, Ney, Bertrand, les frères Faucher, Mouton-Duvernet, Lavallette, etc. Je le pleurai amèrement, ce bon Labédoyère, et la douleur de la Reine ne fut ni moins grande, ni moins vive, ni moins sincère que la mienne.

Les journaux firent mention qu'un individu avait été arrêté porteur d'une somme de 90,000 fr., destinée à séduire le geôlier de l'Abbaye, et à faciliter l'évasion du prisonnier. J'ai su plus tard la vérité de ce fait, que je rétablis ici dans son entier.

M. de Labédoyère avait pour cousine madame la marquise de Lavalette (1). C'était une femme bonne, aimable, spirituelle, portant la vertu jusqu'à l'exaltation : mariée à un homme qu'elle aimait tendrement, et mère de trois charmants enfants en bas âge, dont elle s'occupait avec la sollicitude d'une mère passionnée. Madame de Lavalette voyait peu son parent, mais elle lui portait une estime et une amitié bien sincères. Lorsqu'elle eut connaissance de son arrestation, ne se faisant pas d'illusion sur le sort qui l'attendait, sa pensée dominante fut à l'instant de soustraire la victime à ses bourreaux ; et réunissant tout l'argent qu'elle possédait, vendant ses bijoux, empruntant même, elle parvint à former une somme de 30,000 fr., avec laquelle elle se rendit de suite à la prison pour séduire le geôlier ; mais elle eut la poignante douleur de ne pas réussir. Cet homme crut de son devoir de faire son rapport à ses chefs, et il trahit de la

(1) Cette dame n'était nullement parente de M. le comte Lavalette, directeur-général des postes, sous l'empire; mais elle était bien digne de porter le même nom que sa femme.

sorte la noble et belle intention de cette intéressante femme.

M. Decazes, qui était alors préfet de police, la fit arrêter à l'instant; la somme accusatrice se trouvait encore sur elle. On l'amena devant lui comme une criminelle, sans égards pour son sexe, pour sa jeunesse et sa position. M. Decazes, superbe de dignité et d'insolence, la reçut lestement, et poussa l'impudeur jusqu'à lui faire, d'un ton goguenard, les questions les plus sottes et les plus déplacées dans la bouche d'un magistrat qui se respecte, sur les sentiments qui l'avaient portée à faire en faveur de son cousin une démarche aussi téméraire, et qui pouvait avoir des conséquences aussi fâcheuses pour elle. Malheur aux hommes par qui de pareils sentiments ne sont pas compris! malheur aux temps où ils sont imputés à crime!...

Madame la marquise de Lavalette, emprisonnée d'abord, obtint par la suite d'être conduite dans une maison de santé, où elle passa plusieurs mois : rendue à la liberté, elle eut le malheur de perdre son mari, qui succomba plus tard à des souffrances, suites de sa longue détention. Avec lui madame de Lavalette perdait, non-seulement tout son bonheur, mais encore ses moyens d'existence. Elle restait avec ses jeunes enfants, et à peu de chose près sans ressource. Au comble de l'infortune, elle reçut les preuves les plus touchantes de dévouement de la part de sa femme de chambre qui idolâtrait ses vertus; non-seulement cette fille la servait pour rien, mais elle partageait avec elle et ses enfants le produit de son travail et de ses petites économies. Le courage de madame la marquise de Lavalette ne l'abandonna pas: seule, sans appui, sans soutien, elle partit pour l'Amérique, dans l'espoir de recueillir quelques débris de son ancienne fortune; mais elle y mourut bientôt, loin de tout ce qui lui était cher.

Le mari et la femme avaient été fort attachés à la Reine, qui avait donné à M. de Lavalette la place de receveur de ses bois, dans un temps où il était fort mal à l'aise. Au premier retour des Bourbons, son titre de marquis lui valut une recette dans une petite ville du Midi, et il y était lorsque l'Empereur débarqua au golfe Juan. Le souvenir que M. de Lavalette conservait des bontés de la Reine le porta alors à se prononcer pour le retour de l'île d'Elbe; de là toutes les persécutions qu'il eut à essuyer, lors de la seconde restauration, persécutions qui amenèrent sa triste fin, et par suite celle bien prématurée de son intéressante compagne.

XVIII.

Napoléon emporté à Sainte-Hélène. — Mort de Labédoyère. — Sa femme et sa mère aux pieds de Louis XVIII. — Insensibilité de ce vieillard. — Illusion de madame de Labédoyère au sujet du meilleur des rois. — Sa trompeuse sécurité. — Lettre de madame de Labédoyère à sa tante, madame de Souza. — L'anneau donné. — Le testament de Labédoyère. — Les saturnales des Tuileries. — Trestaillon et la chasse aux invalides. — Affreuse impunité. — Une condamnation capitale pour rire. — Agonie de Trestaillon. — Soins touchants que lui prodiguent un comte et une marquise. — Madame-Mère et le cardinal Fesch à Rome. — Qu'est devenu Murat ? — La Reine incertaine sur son sort. — M. de Voyna lui écrit. — Lettre curieusement mystique de madame de Krudner.

Le 17 août, le vaisseau qui emportait l'Empereur mettait à la voile pour Sainte-Hélène, et le grand homme disparaissait de l'Europe pour n'y plus revenir.

Le 19, Labédoyère périssait victime de son dévouement à la cause impériale... Il tombait criblé de balles dans la plaine de Grenelle. Pendant ce temps, sa mère et sa femme faisaient d'infructueux efforts pour le sauver. Au moment où le Roi sortait de ses appartements, madame de Labédoyère s'élança et tomba à ses pieds, en criant : *Grâce, grâce!* Mais, en entendant un refus qu'elle était loin de prévoir, elle s'évanouit. On la transporta chez elle sans connaissance, pendant que la mère de Labédoyère tentait encore un effort désespéré : elle parvint, bon gré malgré, à se placer sur le passage du Roi, comme il rentrait chez lui; mais S. M. voyant une femme vêtue de noir, et reconnaissant madame de Labédoyère, donna l'ordre qu'on l'éloignât de lui, disant que toutes ces émotions lui faisaient mal?... Dans ce temps de triste mémoire, le droit de grâce, le plus bel apanage de la royauté, paraissait exilé de la terre.

Madame de Labédoyère la jeune, élevée dans une famille toute dévouée aux Bourbons, nourrissait les mêmes sentiments. Lorsqu'elle sut son mari arrêté, elle se crut certaine que, quel que fût le jugement, il lui serait facile d'obtenir sa grâce, car elle ne pouvait mettre en doute la clémence du *meilleur des Rois*, ainsi que journellement elle l'entendait désigner dans la société. Elle pensa que ce procès, une fois terminé, n'aurait d'autre conséquence que d'éloigner à jamais son mari de s'occuper de politique, et qu'elle n'en serait que plus heureuse. Sa sécurité était donc parfaite, et le coup fut pour elle beaucoup plus affreux, en ce qu'il fut inattendu.

La tante de son mari, madame de Souza, que j'ai revue depuis, m'a conté tous ces détails, et m'a permis de prendre copie d'une lettre que madame de Labédoyère lui avait écrite dans son affreux malheur; je crois sa place marquée ici par l'intérêt et le souvenir que j'ai gardé de ce brave Labédoyère. J'ai toujours été étonné qu'on l'ait si constamment oublié, que rien n'ait été écrit, ni sur sa vie, ni sur sa mort; car un si noble caractère était, suivant moi, digne d'une apothéose.

Du Ther, ce 28 avril 1815.

« Ah! madame, que je suis profondément malheureuse! je m'étonne de vivre encore, après un coup si affreux!... mais c'est pour mourir et le pleurer tous les jours; vous savez peut-être à quel point je l'aimais et il me rendait heureuse. Sa conduite m'avait déplu, mais n'avait pas changé mon cœur pour lui, je ne respirais que pour lui; j'aurais été trop heureuse de lui sacrifier ma vie, partout où il eût passé la sienne. Je me suis flattée qu'un démarche ostensible auprès du Roi ferait un bon effet, que je lui rendrais la vie, et à moi un bonheur sans égal ; comme j'ai été douloureusement trompée ! quelle affreuse barbarie ! ah ! madame, je l'ai vu encore à cinq heures, cet ami si cher, on a dû m'arracher de ses bras... quel calme avait sa physionomie ! pas une plainte contre ses assassins ! ah ! du moins que l'on rende hommage à sa mémoire, qu'on la disculpe des accusations fausses que l'on a porté contre lui ! Ne serait-il pas possible, madame, et n'auriez-vous pas les moyens de faire rédiger un article en sa faveur, à mettre dans les journaux, qui semblent déjà craindre le blâme général et répondre aux arguments que nous pourrions faire : ils veulent faire passer pour juste la plus grande des injustices : On n'a qu'à lire la *Gazette de France* du 20, pour s'en convaincre. C'est un assassinat épouvantable ; on devrait mettre de l'intérêt à ne pas laisser passer sous silence un semblable jugement, et à prouver qu'il n'était pas coupable des fautes qu'on lui imputait, puisque la proclamation du roi, datée de Cambrai, le mettait naturellement hors de la liste. Si un parti trop acharné, ou des ennemis particuliers n'avaient mis de l'intérêt à cette exécution, et ne l'avaient pressée d'une manière qui devait le disculper aux yeux de tous, il aurait dû être mis en liberté après sa défense au conseil de guerre. Vous qui le connaissiez, madame, ne vous serait-il pas possible de diriger la rédaction de quelques phrases bien simples, bien impartiales, sur tout le cours de cette procédure, de montrer les défectuosités et l'injustice du traitement qu'on lui a fait jusqu'au dernier moment (puisque, contre toutes les règles, il a toujours été au secret) et de parler de ses derniers moments si admirables, si héroïques... Il avait bien le calme de sa conscience. Il m'a chargée de remettre à M. votre fils (1), l'anneau qui tient les breloques de sa montre, comme gage de son amitié; je le garderai jusqu'à ce que je puisse le lui remettre à lui-même ou le faire parvenir sûrement. Il regrettera cet ami de son enfance, qui, jusqu'à son dernier soupir, n'a cessé de penser à lui; car il a voulu garder ce qu'il avait de lui, jusqu'après le coup fatal. Il nous a écrit à toutes des lettres admirables, c'est-à-dire, à sa mère, à la mienne et à moi; et son testament!

« Ah! madame, quel ami j'ai perdu! que de

---

(1) Son cousin, M. le général Flahaut.

bonheur m'est enlevé! ma vie est un véritable martyre. Je vous remercie mille fois de votre petit billet, je n'ai pas eu le courage d'y répondre. J'ai fui une ville abominable, que je ne pouvais plus supporter; je n'ai regretté que mon appartement..... Tout est douleur pour moi... je vous prie de témoigner toute ma reconnaissance à madame Lavalette.

« Les deux *personnes marquantes*, en qui vous et moi, madame, nous avions confiance, ont été je crois, les plus cruelles.

« Je vous prie, madame, d'agréer mes hommages, et l'assurance de mon sincère attachement. »

Le jour même où Labédoyère expirait, le maréchal Ney arrivait chargé de fers à Paris; et le soir, on dansait des rondes dans les allées du jardin des Tuileries; était-ce en réjouissance de l'invasion étrangère, des dissensions intérieures et des réactions politiques qui amenaient le deuil dans les familles? de quoi aurait pu se réjouir la France?... Le peuple était triste, morne et silencieux; mais en revanche, une société du monde élégant le remplaçait dans les promenades publiques. Les dames du faubourg Saint-Germain quit taient pour quelques heures les lambris dorés de leurs salons aristocratiques, pour venir improviser une foule joyeuse, sous les fenêtres de leur monarque *désiré*.

Dans le midi de la France, où les prêtres et la noblesse avaient *fanatisé* le peuple, les dames royalistes ultrà donnaient une pareille représentation sur les places publiques, où elles se joignaient aux gens de la plus basse extraction pour exécuter des farandoles. Je sais de source certaine, d'une personne qui a été le témoin de ces joies indécentes, que les dames de la plus haute noblesse dansaient à la ronde, pêle-mêle avec les assassins de l'infortuné maréchal Brune. Une madame la marquise de *** se faisait surtout remarquer par son exaltation, qui la portait à donner familièrement la main, en dansant, à un infâme brigand, à *Pointu, dit Trestaillon*, lequel avait pris pour mission, dans ce temps de réaction, de *faire la chasse aux hommes*. Malheur aux pauvres invalides de la succursale d'Avignon, lorsqu'il leur arrivait de franchir l'enceinte de leur retraite ! s'il en rencontrait en promenade, dans les champs autour de la ville, il tirait sur eux, sans avoir été l'objet d'aucune provocation de leur part; et ces vieux braves, mutilés par les armes ennemies, recevaient la mort d'une main française.

Trestaillon avait consacré deux heures par jour à cette chasse abominable, et il la disait plus ou moins heureuse, suivant le nombre plus ou moins grand des victimes. Quelle horreur! Cela pouvait aller de pair avec la fameuse glacière en 93. Mais ce qui surpasse toute idée et qui excita l'indignation de tout ce qu'il y avait de gens de bien à Avignon, ce fut une impunité encourageante, acquise à tant de forfaits, bien qu'ils eussent été signalés à la justice. *Pointu dit Trestaillon* avait bien été condamné à mort, mais par contumace; il eut l'impudence de revenir en ville le jour où on attachait son jugement à l'échafaud, et d'aller, en plein midi, lire sa sentence, dont il faisait des gorges chaudes. Les autorités étaient sans force pour faire exécuter les lois. Le parti ultrà mit tout en œuvre pour qu'elles ne reçussent pas leur application. Arrêter Trestaillon serait le signal d'un véritable danger pour la ville, disait-on, tant le bas peuple le soutenait, tant la noblesse le protégeait. Ce fut donc la justice divine, à défaut de la justice humaine, qui frappa un tel scélérat : il mourut d'une fièvre inflammatoire, entouré des soins du comte de R*** et de la marquise de ***, qui lui témoignèrent des regrets sincères. Faut-il être aveuglé par la fanatisme politique, pour en venir là !...

Madame-Mère et le cardinal Fesch étaient heureusement arrivés à Rome, le 15 août, jour bien brillant autrefois, car il était l'anniversaire de la fête de l'Empereur. Les autres membres de la famille impériale erraient, dispersés dans toutes les contrées de l'Europe; on avait perdu la trace de Murat. La reine Hortense, oubliée dans le coin où elle s'était retirée, continuait à être sur le qui-vive, ne sachant pas ce qu'elle deviendrait. M. de Voyna lui écrivit, de Paris, les démarches qu'il faisait pour elle, auprès de tous les ministres étrangers, pour qu'il fût enfin statué sur son sort. De son côté, M. Devaux, qui était resté à Paris, chargé de tous les intérêts de la Reine, ne négligeait rien, et ses démarches coïncidaient dans le même but avec celles de M. de Voyna! Les lettres de ces deux messieurs étaient à peu près les seules que la Reine reçut de la France. La peur de se compromettre avait glacé tous les cœurs, tous les sentiments, ou du moins elle en faisait ajourner l'expression. Mon excellente mère et la bonne madame d'Épréville furent à peu près les seules personnes qui osèrent, dans ces premiers temps, me donner de leurs nouvelles.

Je m'étais repentie bien souvent d'avoir pris trop à la lettre les idées exagérées de dignité de la Reine, et de n'avoir pas usé de cette bonne madame de Krüdner, pour intéresser l'empereur de Russie au sort de la pauvre exilée. Combien de fois je me rappelais avec regret cette occasion, que j'avais eue, de parler longuement au Czar, chez sa prophétesse, et que j'avais laissé échapper. Depuis mon départ, mes réflexions m'avaient portée à écrire à madame de Krüdner, afin de lui faire connaître notre triste position; j'en reçus la lettre suivante.

Paris, 16 août 1817.

« Je profite, ma chérie, ma bien chère amie, d'un petit moment pour vous le donner; je n'en ai presque plus un seul à moi. Tout se porte ici, beaucoup de femmes de la cour, des savants et des ignorants, mais enfin des gens qui ont besoin des grandes vérités que je leur dis. Je ne vous oublie pas, au milieu de cette vie, où quelquefois je n'ai pas un instant pour dîner, et mon cœur vous chérit. Vos lettres sont venues me réjouir et me peiner à la fois. Je suis contente de vous savoir avec la Reine, mais peinée en même temps, en pensant à tant de choses qui vous inquiètent. Prenez courage, chère amie, celui qui a commencé en vous la bonne œuvre l'achèvera; c'est lui qui est le tout-puissant; il saura bien avoir soin de ceux qui se donnent à lui. L'essentiel est de se donner à lui, car il ne sagit pas de quelques jours passés sur la terre, mais de l'éternité entière. Qu'y ferions-nous avec nos habitudes? nos péchés? nos agitations? Il est donc nécessaire que nous ayons des peines qui nous portent à recourir à ce Sauveur, que nous devons connaître et aimer, si nous ne voulons nous jeter dans un avenir de ténèbres, où nos souffrances sont incalculables. Continuez donc, ma chère Louise, à prier, non avec des formules, mais avec le cœur, et en donnant ce cœur à celui qui a acheté si cher notre salut.

» Reprochez-vous alors vos inquiétudes; demandez-lui-en pardon; car comment n'aurait-il pas plus soin de vous qu'une mère, et comment ne dirigerait-il pas vos pas?

» Je viens de voir la princesse Sophie Wolkonski, qui vous aime beaucoup; elle vous a écrit, et nous avons parlé de vous longtemps hier. J'ai vu Paul, il a été incommodé; mais je l'ai trouvé bien pour vous; je l'ai fait demander pour lui remettre votre lettre. Je ne le trouve pas du tout éloigné de ces idées de bon ménage qui sont venues me sourire pour quelqu'un que j'aime beaucoup. Je ne sais comment je vous écris, j'ai sur ma table un amas de lettres arriérées, aussi haut que le Mont-Blanc, et je ne réponds à personne; on s'en plaint; mais les visites se succèdent tellement chez moi, que je ne dîne que bien rarement.

» Je voudrais vous parler d'un séjour tranquille; mais il faut s'attendre à voir toute l'Europe agitée et campée. Avoir des habitudes simples, des goûts purs, c'est l'essentiel. Ah! qu'on est heureux quand on peut se délivrer des mensonges de ce monde et de toute la responsabilité de cette vie.

» J'ai vu votre mère et votre future belle-sœur; elles sont excellentes. Madame d'Arjuzon est venue me voir; j'en ai été contente, elle viendra à Dien; partout où il y a de l'âme, quand même il y a encore trouble et agitation, il y a besoin de quelque chose de plus grand que ce misérable monde.

» J'attends ce soir, s'il plaît à Dieu, quelqu'un à qui je vais parler de vos affaires (1). Je n'ai pu le faire qu'en courant : à demain donc. Encore deux mots :

» C'est avec bien de la peine que je trouve un moment, chère amie, mon temps est si occupé que je ne puis plus guère en disposer. La malheureuse madame de Labédoyère m'a occupée tous ces jours-ci; j'ai eu le bonheur de voir son mari mourir comme un véritable chrétien. Sa sainte mort doit réjouir tous les cœurs auxquels il reste une ombre de zèle pour la vrai religion de l'Évangile; elle doit calmer toutes les haines. Ne me mêlant à rien de terrestre, j'ai pu tout franchir, tout dire, et prêcher la repentance et la rémission des péchés par le sang du Sauveur... Oh! que cette mission est belle, c'est elle qui fait régner quand les rois de la terre tremblent. Oh! quand sentirons-nous que tout n'est rien; que Dieu seul est grand, tendre, aimable? que nous resterait-il, si nous n'avions recours à lui? Ah! je en vous conjure; pensez souvent à cela, chère Louise; et re-

(1) L'empereur de Russie.

présentez à votre amie, que la religion vivante donne un bonheur au-dessus de tous les bonheurs. J'ai senti depuis des années qu'elle m'était confiée, et sa résistance que j'ai prévue m'a fait de la peine. Ah! dites-lui bien que mon cœur lui est dévoué et désire ardemment son bonheur.

» Tout va devenir encore plus sombre, on ne peut s'attendre à aucune autre chose qu'à *des calamités*. C'est à nous à voir si nous voulons être sauvés.

» J'ai revu l'Ange, ou plûtot le véritable chrétien(1); il a déjà pensé à ce qui peut convenir à la duchesse, et pris des mesures pour ses fils; il a écrit à son ministre pour le séjour de la duchesse.

» Je finis ma lettre à la hâte, chère amie, je ne sais encore comment je l'ai écrite, je n'ai pas un moment pour vous embrasser. J'ai dit à Paul (2) de me donner une lettre; il n'écrit pas, mais il est bien. Si vous voyez mon Paul (3), dites-lui mille amitiés.

» Ecrivez-moi ici encore votre réponse chère, à M. de Vacy.

(1) L'empereur Alexandre.
(2) Boutikim.
(3) Son fils.

» Paul est revenu hier, rempli d'intérêt pour vous ; il veut vous écrire aussi. »

J'aurais donné tout au monde pour avoir l'exaltation religieuse de cette bonne madame de Krüdner, car elle console de tout.

XIX.

Sang-froid de la Reine en présence des événements. — Le premier acte politique de Louis XVIII. — Un conseil de Talleyrand. — Les fils de Lannes et de Berthier. — Les origines oubliées. — Étonnement et manque de mémoire d'une duchesse de fabrique impériale. — Réponse piquante à une impertinente question. — Lettre de M. le baron de Krüdner. — Madame Armand écrit au nom de la prophétesse. — Les nouveaux chrétiens. — Résolution des souverains relativement à la Reine. — Curieuse déclaration. — La Reine demande à habiter Prégny. — Lettre du préfet de Chambéry.

La Reine, calme et résignée, était loin d'être insensible à tous les chagrins qui l'accablaient; mais, malgré ses douleurs, cela ne l'empêchait pas de juger les événements avec sang-froid, à moins qu'il ne s'agît des malheurs qui frappaient ses amis; elle lisait les infamies qui se publiaient sur le compte de sa famille et sur le sien, avec autant de tranquillité que si c'eût été une ancienne histoire dans laquelle elle aurait été parfaitement désintéressée. Un jour, je l'entendis faire une exclamation d'approbation qui me surprit fort. « Voilà qui est bien! me dit-elle, c'est la première action vraiment politique que fait Louis XVIII; je gagerais qu'il a été conseillé par M. de Talleyrand qui connaît la France, et qui sait bien que ce n'est que par des actes pareils que l'on peut se concilier la nation.

— Et qu'a-t-il donc fait? lui demandai-je presque impatientée de lui voir trouver des éloges pour ses ennemis?

— Il vient de rendre une ordonnance relativement à la formation de la Chambre des Pairs, et les fils de Lannes et de Berthier, qui sont en bas âge, y ont été compris. Il fait par là l'amalgame de la nouvelle et de l'ancienne noblesse, et c'est fort habile : de cette manière, il rassure l'armée et calme bien des mécontentements; car, il faut le dire, le plus souvent les hommes ne sont mus que par leurs intérêts; beaucoup de bonapartistes se rallieront à lui lorsqu'ils verront qu'on ne repousse pas tout ce qui est des leurs. Le Roi a tout à gagner à cela. Les enfants de cette nouvelle noblesse qu'il adopte, qu'il classe parmi l'ancienne, seront élevés dans les idées du corps auquel on les associe. Ils oublieront ainsi d'où ils sortent pour adopter les opinions aristocratiques au milieu desquelles ils vivront; ils suivront une ligne opposée au principe de leur origine, qui était toute populaire ; le Roi s'en fait des créatures, tandis que, les laissant de côté, ils se fussent mis en opposition contre lui. »

La Reine avait raison ; car, aujourd'hui que vingt ans sont écoulés, il n'y a pas un des héritiers de nos grands dignitaires de l'empire qui ne tienne plus à son titre de duc qu'à la gloire de son père qui le lui a valu. Cette réflexion me rappelle une duchesse de l'empire, que j'ai revue il n'y a pas longtemps : je parlais devant elle de ma bien-aimée Reine et de son mari, dans les termes dont je me servais du temps de leur grandeur, et que mon affection d'accord avec mon devoir leur a conservés.

« De quelle reine et de quel roi parlez-vous donc? me dit la duchesse en m'interrompant avec une espèce d'impatience et d'humeur.

— De ceux dont le frère vous a fait duchesse ! — lui répondis-je vivement, et un peu piquée de son interruption ; et surtout de ce que c'était au milieu d'un cercle assez nombreux qu'elle m'était adressée. Au fait ce n'est qu'après avoir placé ses frères sur des trônes, que l'Empereur a donné des titres de noblesse à ses officiers, et je ne sais pas ce que seraient ceux qui oublient si vite la reconnaissance qu'ils lui doivent, si cette famille qu'ils veulent à présent traiter d'égal à égal n'avait pas existé.

En arrivant à Aix, j'avais adressé à M. le baron de Krüdner, qui était alors à Zurig, chargé d'affaires de la Russie, une lettre que sa mère m'avait remise pour lui; je reçus quelque temps après la réponse suivante:

« Schinsnack, le 26 août 1815.

» Mademoiselle,

» J'ai reçu la lettre infiniment aimable que vous avez bien voulu m'écrire, en m'envoyant celle de ma mère, ce qui n'a pu qu'ajouter beaucoup au plaisir que cette dernière m'a fait. Veuillez me pardonner de n'avoir point cédé plus tôt à l'empressement de vous répondre: je partais de Zurig au moment même où votre lettre me parvint, et je suis arrivé malade à Schinsnack où je prends les eaux. Le premier moment de mieux est celui dont je profite pour vous remercier, mademoiselle, d'une marque de souvenir à laquelle j'attache le plus grand prix, n'ayant point oublié les bontés dont on a bien voulu m'honorer à Saint-Leu; ayez celle de mettre aux pieds de madame la duchesse l'hommage de mon respect et de ma reconnaissance; elle peut disposer des moyens qui sont en mon pouvoir pour la servir, et, si elle daignait le faire, elle devrait être très-persuadée que ma bonne volonté n'aurait d'autres bornes que celles du possible; personne ne serait plus heureux que moi, mademoiselle, de vous savoir en Suisse, et d'y trouver l'occasion de vous offrir l'hommage de mes sentiments.

» Veuillez croire à ceux de respect et de dévouement avec lesquels je suis, mademoiselle, votre très-humble et très-obéissant serviteur,

» Baron Krudner. »

M. de Krüdner avait été autrefois attaché à la légation russe à Paris; en cette qualité, il avait été reçu chez la Reine avec toute l'ambassade; elle l'avait accueilli à Saint-Leu, et, comme on le voit, il en conservait un souvenir très-reconnaissant; il était alors fort jeune et très-blond, il avait l'air doux et délicat, et possédait de très-bonnes manières. Je ne connaissais pas sa mère à cette époque; depuis que je m'étais liée avec elle, je me le rappelais avec plus d'intérêt. Il avait sa bonté, son esprit, sans son exaltation qu'il n'approuvait pas toujours. Moi, je ne pouvais qu'aimer et admirer cette excellente madame de Krüdner, car elle m'enlevait à ce monde de misères et de perversité dont tant de choses me faisaient souffrir, pour ceux que j'aimais. Comme cette chère amie n'avait pas un moment pour m'écrire, elle me fit donner de ses nouvelles par une personne qui était de moitié dans les actions pieuses qui marquaient toutes les journées de cette sainte femme. Une occasion qui se présenta pour la Suisse ne lui avait pas laissé oublier qu'elle y avait une amie à qui son souvenir serait une consolation, car elle me croyait encore à Genève. Un jour je reçus le billet qu'on va lire.

Le 2 septembre 1815. « C'est de la part de madame de Krüdner que je vous écris, mademoiselle, elle me charge de vous exprimer ses regrets de ne pouvoir profiter de cette occasion pour vous témoigner tous ses sentiments pour vous, elle n'a pas un moment à elle; c'est au point qu'elle n'a pas le temps de manger, et qu'elle ne mangerait pas si ce qui l'entoure n'y veillait pas.

» On peut dire, sans exagération, que son état de santé est surnaturel; car, en dissipant beaucoup et en réparant peu, elle devrait s'en ressentir; eh bien! non : elle est aussi fraîche, aussi colorée, aussi forte qu'une personne qui se soigne beaucoup. La cour et la ville, les savants et les ignorants, viennent en foule, et s'en retournent, par la grâce de Dieu, meilleurs qu'ils n'étaient venus. Il y a de grands mouvements dans les âmes : l'on sent le besoin de la prière, et les églises sont fréquentées toute la journée. On a commencé les prières de quarante heures et celles de quarante jours. L'on expose à Notre-Dame les reliques de Sainte-Geneviève, et le peuple s'y rend. Quand je dis le peuple, j'entends toutes les classes. Mademoiselle de Krüdner réunit aussi quelques personnes pour la prière, et cette assemblée a lieu à sept heures du soir. Si vous voulez vous y rendre en esprit, mademoiselle, c'est pour toute la famille humaine que l'on prie, mais particulièrement pour la France.

» Mademoiselle de Krüdner s'intéresse à deux ou trois personnes pauvres et souffrantes qui sont à Genève : elle les recommande à votre charité, mademoiselle. L'une de ces personnes est âgée de vingt-huit ans, et souffre, si je ne me trompe, depuis dix. Il semble que le Seigneur la laisse sur la terre pour donner un témoignage ou une preuve de sa grâce sur ceux qui lui appartiennent entièrement, et édifier, encourager ceux qui veulent lui appartenir. Les souffrances les plus aiguës n'altèrent point la soumission, la résignation de cette angélique créature, nommée mademoiselle Peyzy. Les dames de Krüdner ont été souvent lui faire des visites ; mademoiselle de Krüdner, à genoux devant son lit, priait avec ferveur et amour. Combien cette pauvre malade serait heureuse de voir une personne amie des dames Krüdner, et guidée par les mêmes sentiments ! Si vous la voyez, mademoiselle, ayez la bonté de lui exprimer la tendre amitié et le tendre intérêt dont nous sommes tous animés pour elle. Quant aux autres personnes, elles ne sont pas moins recommandables par leur piété et le malheur de leur situation temporelle ; mais, comme je ne dois pas vous fatiguer par de plus longs détails, la personne à qui l'incluse est adressée se fera un devoir de vous accompagner, soit chez mademoiselle Peyzy, soit ailleurs, si vous le jugez bon : c'est un chrétien de nos amis.

» Quant au départ de mademoiselle de Krüdner, elle ne sait elle-même s'il est proche ou éloigné; l'on sent qu'il faudra partir incessamment; et, d'un autre côté, la Providence lui envoie de l'occupation qu'elle ne croit pas devoir refuser en partant. Cette Providence conduira tout. Si *l'on part* (1) dans peu, mademoiselle, et que madame de Krüdner ne puisse vous en informer, j'aurai l'honneur de vous écrire. Soyez bien persuadée de la tendre amitié qu'elle vous porte, et des vœux qu'elle fait pour votre bonheur présent et à venir. Croyez que madame de Krüdner n'est pas seule; que sa fille et les amies qui l'entourent désirent toutes votre avancement dans la véritable vie. J'ai bien du regret que vous n'ayiez pu voir notre ami; j'apprends qu'il est aux bains de Saint-Gervais. Vous aurez vu M. Vucerin; il a un vicaire nommé

(1) L'empereur Alexandre.

M. Chenet, qui est un homme bien distingué par la pureté de son christianisme.

» Agréez, mademoiselle, l'expression de mon respect.

» Votre très-humble serviteur,

» ARMAND. »

« *P. S.* J'ajouterai un mot, mademoiselle : la personne en question (1) s'intéresse à tout ce qui vous intéresse. On lui a remis une lettre que madame votre mère avait donnée à M. votre père. Cela va comme vous le désirez. »

M. Devaux et M. de Voyna continuaient à donner à la Reine le détail des démarches qu'ils faisaient pour elle; ils lui apprirent enfin, que les puissances alliées *pour remplir le vœu bien prononcé de madame la duchesse de Saint-Leu* d'habiter la Suisse, et en même temps pour donner une espèce de satisfaction à l'esprit public (qui se prononçait dans quelques cantons contre les membres de la famille impériale) avaient décidé dans une

---

(1) L'empereur de Russie.

séance du 27 août que madame la duchesse de Saint-Leu pourrait habiter la Suisse ; *mais qu'elle y serait sous la surveillance des quatre cours* et de sa majesté très-chrétienne. Une copie de cette déclaration se trouve encore entre mes mains, la voici :

Extrait du procès-verbal des conférences des ministres réunis des cours alliées.

« Séance du 27 août 1815.

» MM. les membres de la conférence conviennent de faire exiger des personnes auxquelles il sera accordé asile dans les états alliés une soumission conforme au formulaire prescrit.

» Les ministres réunis des cours alliées ont considéré que la fixation du séjour des personnes de la famille de Bonaparte devait être soumise à des restrictions, attendu que le lieu de leur établissement n'est pas indifférent au maintien de la tranquillité publique. Dans le cas où Louis Bonaparte aurait, ainsi qu'on l'assure, l'intention de s'établir dans les états-romains, les cours alliées n'y mettraient aucune difficulté.

» Pour ce qui est de madame la duchesse de Saint-Leu, les cours alliées sont disposées à lui laisser continuer son séjour en Suisse, où elle sera sous la surveillance des missions des quatre cours et de celle de sa majesté très-chrétienne, près de la confédération helvétique. »

Une autre déclaration, de la même époque, me paraît assez curieuse pour figurer ici.

Extrait de la déclaration et des principes d'après lesquels les cours d'Autriche, de Russie, d'Angleterre et de Prusse conviennent de vouloir régler leur conduite, relativement aux individus compris dans les deuxièmes classes, désignées par l'ordonnance du Roi, en date du 24 juillet.

PREMIÈRE CLASSE.

« Individus arrêtés avec Bonaparte..........
....»

DEUXIÈME CLASSE.

« Il a été convenu que les individus de cette classe, qui seraient bannis de France en vertu d'un jugement légal, ou qui demanderaient à quitter le royaume, et qui se trouveraient munis de passeports en règle du gouvernement français, seraient admis dans les monarchies autrichienne, russe et prussienne, sous les conditions suivantes.

» 1.° Qu'ils signeraient un engagement de se conformer, durant leur séjour, aux lois et réglements de police, relatifs aux étrangers, en vigueur dans les monarchies.

» 2° Que certaines provinces leur seraient assignées pour demeures, dans lesquelles ils jouiraient de la liberté et protection accordée aux étrangers, et placés cependant sous une surveillance plus particulière.

» Il a été convenu que le séjour de ces individus ne saurait être toléré, ni en Suisse, ni dans les états intermédiaires en Allemagne, ni dans les Pays-Bas, ni en Italie. »

C'était de cette dernière déclaration que s'appuyaient ceux qui s'opposaient au séjour de la Reine en Suisse. Il est probable que les Suisses ne furent pas plus satisfaits qu'elle-même de la déclaration qui l'autorisait à rester dans leur pays. Cette surveillance imposée à la Reine, et dont elle ne s'accommodait guère, ne plaisait pas davantage aux cantons, vu qu'en s'exerçant chez eux elle pouvait aussi s'exercer sur eux. La Reine fit faire de nouvelles démarches, pour jouir du bénéfice entier de la disposition générale qui avait été prise à son égard, et à laquelle le roi de France lui-même n'avait mis aucune restriction : elle demandait qu'il lui fût permis d'habiter Préguy.

Peu de jours après qu'on lui eut fait connaître la première déclaration, la Reine reçut, du préfet de Chambéry, la lettre suivante :

« Chambéry, le 6 septembre 1815.

» Madame,

» Je m'empresse d'avoir l'honneur de vous annoncer que son excellence le duc d'Otrante, ministre secrétaire d'état de la police générale du royaume, me prévient que, dans une conférence tenue le 27 août, à Paris, par les ministres des cours alliées, il a été déterminé que vous seriez autorisée à séjourner en Suisse.

» Le ministre me charge, madame, de vous faire connaître cette détermination et de vous délivrer les passeports qui vous seront nécessaires. Il ajoute que la résolution des cours alliées va être communiquée officiellement au gouvernement suisse, et qu'il paraîtrait convenable que vous ne vous missiez en route qu'après vous être assurée que le gouvernement est disposé à vous recevoir.

» Je me félicite bien sincèrement, madame, d'avoir à vous apprendre une décision qui, je crois, est conforme à vos désirs; je vous serai obligé, quand vous le jugerez convenable, de me faire connaître vos intentions pour l'expédition de vos passeports.

» Je suis, madame, avec un profond respect,

» Votre très humble et très-obéissant serviteur,

Le baron Finot. »

FIN DU TROISIÈME VOLUME.